몸에서 자연으로, 마음에서 우주로

# 몸에서 자연으로, 마음에서 우주로

with 동의보감 & 숫타니파타

**발행일** 초판4쇄 2024년 6월 20일 | 초판1쇄 2021년 11월 25일
**지은이** 고미숙 | **펴낸곳** 북튜브 | **펴낸이** 박순기
**주소** 경기도 고양시 덕양구 소원로 181번길 15, 504-901
**전화** 070-8691-2392 | **팩스** 031-8026-2584 | **이메일** booktube0901@gmail.com

ISBN 979-11-92128-00-9  03100

북튜브 책으로 만나는 인문학강의 세상

# 몸에서 자연으로, 마음에서 우주로

with 동의보감 & 숫타니파타

고미숙 지음

이 책이 정말 나올 수 있을까? 서문은 보통 맨 마지막 작업이다. 최종교정을 남겨 두고 책을 내는 감회를 토로하는 코스다. 지금 상황도 그렇다. 기본 작업은 끝났고 최종교정만 마치면 된다. 그런데 나는 왜 이런 '뜬금없는' 질문을 던지는 거지? 지난 9월 중순, 추석 연휴를 앞두고 초고 작업을 시작할 때부터 약 한 달 동안 실로 다이내믹한 '시간터널'을 거친 탓이다. 액운인지 액땜인지 모를 사건·사고가 쓰나미처럼 몰아닥쳤다.

그리고 이 서문을 쓰는 지금, 나는 한 대학병동의 병실에 와 있다. 난생처음이다. 시간이 나를 여기 도착하게 한 것이다. 아무튼 격하게 벌어진 사건들의 한가운데서 나는 초고 작업을 완수했고, 이제 몇 주 후면 책이 되어 나오기로 되어 있다. 하여, 내가 지금 이 '타임라인' 위에서 해야 할 일은 서문을 쓰는 것이다. 서문을 쓰려고 노트북을 켜자마자 가슴속에서 저절로 하나의 문장

이 터져 나왔다. ──'이 책이 정말 나올 수 있을까?'

인생은 살면 살수록 공교롭다. 한 치 앞을 예측할 수가 없다. 내일은커녕 일 초, 아니 영 점 일 초 사이에 생사가 엇갈릴 수 있음을 실감한다. 찰나에 인생의 무대가 뒤바뀌어 버릴 때의 그 낯섦과 이질감이란! 그런데 여기 기막힌 반전이 있다. 그 오묘한 엇갈림 속에서 전혀 예기치 않은 시간의 주름들이 펼쳐진다. 이번에도 그랬다. 한쪽 다리를 다쳐 꼼짝없이 14일간의 '자가격리(!)'를 당해야 했는데, 덕분에 할 수 있는 일이라곤 오직 초고(수정) 작업뿐이었다. 먹고 수정하고 자고, 다시 먹고 수성하고 사고…. 그리고 마침내 탈고! 마치 원고에 집중하라고 다리를 묶어 버린 것처럼. 이 무슨 천지자연의 조화인가. '아픔에도 불구하고' 작업을 한 게 아니라, '아픈 덕분에' 오직 원고 작업에만 전념할 수 있었다.

그리고 가장 큰 위로이자 구원은 시간이 흐른다는 것. 시간은 참으로 부지런하다. 우리를 쉬지 않고 어디론가 데려간다. 이 파도타기는 어찌나 강렬한지 그 리듬에 몸을 맡기다 보면 저절로 '지금, 여기'라는 순간만이 살아 있다. 그렇다. 무상함은 진정 구원이다! 뜻하지 않게 '몸에서 자연으로' 이어지는 여행을 한 셈이다.

이번의 산전수전이 내게 선사한 또 하나의 여행. 타고난 건강 덕분에, 특히 다리가 튼튼했던 덕분에 나는 통증에 무감했다. 산다는 건 아프다는 것의 연속임을 잊은 것이다. 하지만 통증과 불편함이 일상화되자 무수한 감각과 생각들이 내 몸을 스크린 삼아 명멸하기 시작했다. 돌연사가 이상한 게 아니라 이렇게 멀쩡히 살아 있는 게 더 신기한 일이라는 연암의 말, 뉴스를 장식하는 온갖 불의의 사고들, 그동안 나의 친구들이 겪었을 갖가지 통증들, 부모님이 겪은 평생의 고생살이 등등. 이전에는 추상이고 이미지였던 사실들이 다 '리얼'로 다가왔다. 갑자기 내 감각의 공간이 대폭 확장된 것이다. 경전에서 수도 없이 봐 왔던 붓다의 6년 고행, 그 제자들이 밟아 간 구법의 수난이 문득 뼈에 사무쳤다. '마음에서 우주로' 가는 행로였다.

그리고 매일 아팠지만 매일 웃었다. 격리생활 동안 일상을 지켜 준 친구들 덕분이다. 친구가 있다는 건 생존에 절대적으로 유리하다.^^

이것이 이 책이 세상에 나오기까지의 '비하인드' 서사다. 물론 이 책의 서막은 2020년 코로나가 막 도래했던 그즈음이었다. 코비드19라는 낯선 미생물의 습격하에 전 지구가 요동치던 그 시절, '이제 어떻게 살아야 하지?' '어디로 나아가야 하지?'라는 질문과 함께 그동안 막연하게 품어 왔던 두 개의 고전에 대한 서사를 강의로 펼치게 되었다. 『동의보감』 vs 『숫타니파타』. 두 개의 고전을 교차하면서 삶과 문명의 지도를 다시 그려 보고 싶었다. 전자가 몸에서 자연으로 이어지는 경로라면, 후자는 마음에서 우주로 연결되는 행로다. 전자가 동아시아 문명의 역사와 전통이 무르익은 노년의 로고스라면, 후자는 브라만교라는 오래된 전통을 깨고 인류 지성사에 막 등장한 풋풋한 청년의 파토스다. 노년의 로고스와 청년의 파토스가 교차하는 지적 모험을 시도해 보고 싶었다. 물론 몸에서 자연으로 가는 여행, 마음에서 우주로 가는 여행은 결코 분리될 수 없다. 정화 스님의 말씀대로, "우리는 온전히 물질이고, 온전히 영혼"이기 때문이다.

강의는 온/오프 투트랙으로 진행되었다. 먼저 코로나 폭풍을 뚫고 현장에 직접 자원방래하신 분들, 먼 곳에서 화면으로 함께해 주신 분들. 그리고 온/오프 사이를 생동감 있게 연결시켜 준 매니저들. 모두에게 고마움을 전한다. 강의를 마친 이후, 영상이 '강감찬tv'에 업로드되었고, 수많은 시청자들을 만났다. 그리고 다시 깨봉 청년들에 의해 녹취가 진행되었다. 와우~ 언제나 그렇지만, 하나의 책은 그 자체로 인드라망이다!

여기서 끝이 아니다. 녹취록에서 책으로, 참 쉬울 것 같지만 그렇지 않다. 말의 길과 글의 길은 엄연히 다르다. 후자를 따르자니 전자가 거세게 반발하고, 전자의 리듬대로 가사니 후자가 계속 딴지를 건다. 오도 가도 못하는 형국이다. 어떤 점에선 그냥 원고를 쓰는 것보다 더 난감하다. 강의와 책, 그 사이의 깊은 강을 건널 수 있게 해준 건 전적으로 편집자 덕분이다. 북튜브의 박순기 실장에게 진심으로 경의를 표하는 바이다. 만약 이 책이 무사히 세상에 나온다면 그건 전적으로 박 실장 덕분이다.

『동의보감』에 대해서는 이미 몇 권의 책을 냈지만 여전히 초짜에 불과하고, 『숫타니파타』는 이제 막 공부가 시작되었다. 내 이름처럼 '미숙'하기 그지없다.^^ 하지만 나는 문헌학자가 아니고 고전평론가다. 생명과 지혜의 샘물을 발견한 이상 세상에 일단 알리고 봐야 한다. 여기 깊고 청정한 생명수가 있다고, 누구든 일단 와서 맛보라고. 그 힘으로 한 걸음, 딱! 한 걸음만 내디뎌 보자고. 다른 건 몰라도 이 절절한 마음만은 독자들에게 꼭! 전달되었으면 좋겠다.

2021년 10월 12일

남산 아래 필동 곰숲에서

고미숙 쓰다

# 차례

## 일러두기

1 이 책에서 『동의보감』을 인용한 경우, 2005년 동의보감출판사에서 출간된 판본(윤석희·김형준 옮김)을 저본으로 하였으며, 『숫타니파타』의 인용은 한국빠알리성전협회에서 나온 판본(전재성 역주)을 저본으로 하였습니다. 문헌의 서지정보는 해당 서지가 처음 나오는 곳에 지은이, 서명, 출판사, 출판 연도, 인용 쪽수를 모두 밝혔으며, 이후 인용 시에는 서명(편명)과 인용 쪽수만을 표시했습니다. 단 『숫타니파타』의 경우에는 독자들이 판본과 관계없이 해당 문헌을 찾아볼 수 있도록 경의 제목만을 표시했습니다. 예시 : 허준 지음, 『동의보감』, 윤석희·김형준 외 옮김, 동의보감출판사, 2005, 10쪽 / 『동의보감』(내경편), 16쪽.

2 단행본의 제목에는 겹낫표(『 』)를, 책의 편명 및 논문·영화·드라마·노래 등의 제목에는 낫표(「 」)를 사용했습니다.

3 인명·지명 등 외국어 고유명사는 2002년 국립국어원에서 펴낸 외래어표기법을 따라 표기했습니다. 단 『숫타니파타』에 등장하는 인명과 지명의 경우에는 한국빠알리성전협회에서 출간된 판본의 표기를 따랐습니다. 예시 : 고타마 → 고따마, 셀라 → 쎌라, 카필라바스투 → 까삘라밧투

# 몸에서 자연으로,
# 마음에서 우주로

# 우리는 무엇을 모르는가?

## 코로나19, '모른다'의 공포

반갑습니다. 코로나 때문에 인문학 강의의 방식도 많이 바뀌었죠. 온라인 강의가 엄청 늘었고, 오프라인으로 하더라도 이렇게 투명 칸막이를 치고 하게 되었네요. 참 이전에는 상상조차 하지 못했던 일입니다. 아무튼 코로나라는 거대한 광풍이 몰아쳤고, 우리는 지금 좌충우돌하면서 그 광풍 속을 헤쳐 나가는 중입니다. 팬데믹이라는, 이런 식의 전 지구적 재난을 경험하는 일은 진짜 특이한 거예요. 덕분에 우리가 전 세계 모든 사람과 연결되어 있음을 리얼하게 체험하고 있습니다.

동시에 우리의 삶이 바이러스나 미생물하고도 긴밀하게 이어져 있다는 것을 깨닫게 된 계기이기도 하죠. 그 덕분에 바이러스 공부도 많이 한 것 같아요. 코로나 바이러스는 DNA 바이러스가 아니고 RNA 바이러스라고 하죠. 두 겹이 아니라 한 겹으로 되어 있어서 훨씬 더 이동과 변이가 쉬운 형태라 합니다. 이런 미세한 세계가 이토록 엄청난 위력을 발휘하다니, 그것 자체가 충격입니다.

그런데, 우리가 코로나를 왜 이렇게 두려워할까요? 폐렴이나 독감 같은 병도 주기적으로 많이들 앓고 또 사망률도 꽤 되거든요. 코로나도 그런 유형의 병인데 왜 이렇게 두려울까요? 치료제와 백신 개발이 쉽지 않기 때문일 것 같아요. 다른 병들은 치사율이나 감염률이 높아도 치료제나 백신이 있으니까 일단 의료적 대응을 할 수 있습니다. 물론 완벽하게 되는 건 아니지만, 그래도 뭘 해야 하는지는 알 수 있는 거죠. 한데, 코로나는 치료제가 없다는 것, 그리고 백신도 일 년 만에 개발은 했지만 바이러스를 완벽하게 막아 줄 수는 없다는 것, 이런 사실 때문에 두려운 겁니다. 정체를 모르니 진행 상황도 알 수 없는 거죠. 한마디로 예측불가능하다는 겁니다. 자, 여기에서 핵심은 '모른다'는 사실이에요. 시작을 모르니 중간과 끝도 알 수가 없죠. 그걸 안다고 해서 당장 방법이 나오는 건 아닙니다. 하지만 '모른다'와는 차원이 다릅니다. 정체를 알 수 없는 대상과 마주한다는 것, 그것은 엄청난 두려움과 공포를 야기합니다.


## "난 누구? 여긴 어디?"


그런데 그런 관점에서 우리 삶을 한번 돌아보면 놀라운 사실을 발견하게 됩니다. 바로, 우리는 우리 자신에 대해서 잘 '모른다'는 것. 그렇지 않습니까? 해서 니체는 "현대인은 자기로부터 가장 먼 존재"라고 말합니다. 자기가 누군지 잘 모르는데, 자신에 대한 집착은 무척 강해요. 그러면 어떻게 될까요? 무지와 편견에 휩싸여서 엉뚱한 걸 '나'라고 고집을 하게 됩니다. 그리고 그 엉뚱한 '자아'를 위해 인생을 걸고 목숨을 거는 일도 종종 벌어집니다. 참 슬프고 어이없죠. 그런데, 그 원천에 뭐가 있는가 하면, 결국 '모른다' 즉, 무지가 있거든요. 그러면 어떻게 되는가? 몸도 마음도 아픕니다. 늘 피곤하고 불안하고 초조하고 허무하고…. 뭐 그런 식이죠. 그런 상태에서 어떤 예측불가능한 사건이나 질병에 노출되면 완전히 멘붕이 오는 겁니다. 지금 이 팬데믹의 상황과 상당히 비슷하죠. 그런 점에서 본다면, 우리는 우리 자신에 대한 치료제와 백신이 없는 채로 살아간다고 할 수 있습니다. 늘 위태위태합니다.

그러면 무엇을 보고 사는 거죠? 바깥을 보고 살아갑니다. 외부에 설정된 기준에다 그냥 나를 맞추는 거예요. 물론 이것도 쉽지 않습니다. 외부의 기준과 내 생명의 척도가 잘 맞을 리 없잖아요? 그러니 근근이 맞추면서 살기 때문에 모든 게 소외로 드러나게 됩니다. 열심히 뭘 하긴 하는데, 가슴 한구석엔 늘 '이건 아닌데…'라는 생각이 떠나질 않는 거죠. 학교에 다니는 것도 소외, 공부도 소외, 직장도 소외. 성공을 해도 소외, 성공하지 못해도 소외. 결국 인생 자체가 소외로 점철되는 거죠. '소외'는 '멀다, 낯설다, 어긋나다', 이런 뜻입니다. 이 소외를 극복하려면 어떻게 해야 할까요? 간단합니다. 자신에 대해 알려고 하면 됩니다. 우리는 알지 못하면 살 수가 없죠. 매일매일 무언가를 배워야만 살아갈 수 있습니다. 그 아는 만큼의 힘으로 사는 거예요. 그래서 인류를 호모 사피엔스라고 하는 겁니다. 더 정확히는 '호모사피엔스사피엔스'죠. 사피엔스를 사피엔스한다, 다시 말해 생각을 또 생각한다는 의미잖아요. 동물이나 벌레들도 다르지 않습니다. 매일 뭘 배워야 먹고 살잖아요. 그렇다면 생명과 앎은 분리되지 않는다고 할 수 있죠. 아주 중요한 테제입니다. 생명이란 무엇인가? 꽤 거룩하고 거창한 질문이지만, 답은 의외로 소박합니다. 앎을 향한 운동. 그래서 이걸 포기하고 외부의 기준에 맞춰 버리면 소외의 연속이 되는 거죠.

우리 시대의 기준은 간단합니다. 노동과 화폐가 거의 모든 것이죠. 유치원부터 대학까지 청춘의 거의 모든 시간은 노동시장에 투입되기 위해서, 그다음엔 오직 화폐를 증식하기 위해서 바쳐집니다. 노동하기 위해서 이렇게 많은 시간을 바치는 세대나 시대도 없었던 것 같아요. 그러면 바로 이 현장에서 자아의 대부분이 구성되겠죠. 나의 노동, 나의 화폐, 그것이 나의 본질이 되어 버리는 겁니다. 거대한 착각이죠. 점점 더 자기 자신, 생명의 베이스와는 멀어집니다. 그 간극만큼 몸도 마음도 아프게 되겠죠. 그런데 그 이유를 잘 모릅니다. 여기서도 '모른다'가 관건입니다. 그래서 두려움에 휩싸입니다.

코로나 같은 경우는 예측불가능하고 그래서 두렵기도 하지만, 우리가 뭘 조심하면 되는지, 설령 감염이 되어도 잘 쉬고 마음이 편안하면, 그래서 면역력이 작동하면 바로 회복될 수도 있구나, 이렇게 알기 때문에 그나마 헤쳐 나갈 수가 있습니다. 우리의 인생도 다르지 않습니다. 너무 위축되지도 않고 너무 방심하지도 않는, 그런 상태를 유지하는 길밖에는 없을 것 같아요. 그리고 이제 이런 태도를 다른 질병과 괴로움에도 적용할 수 있습니다. 전염병이 휩쓸 때만큼 조심하고 살면 다른 병들도 굉장히 많이 치유되리라 봅니다. 실제로 코로나 때문에 계절 독감이나 폐렴 같은 질병은 현저히 줄었다고 하잖아요. 공기도 예전보다 청정해져서 폐 질환 앓는 분들이 많이 치유되기도 하고요. 코로나로 인해 이런 예상치 못한 치유력이 발휘되었다니 그건 좀 위로가 되죠. 그래서 재난이 일어날 때 거기에 매몰되지 않고 전체를 두루 조망하는 시선이 필요합니다.

이런 관점에 비춰 보면, 우리 인생 또한 무지와 소외의 연속이었음을 알 수 있습니다. 인생의 대부분을 왜 노동과 화폐에 바치는가? 내 삶에 대한 탐구는 대체 언제 하는 건가? 이런 질문을 던져야 할 때죠. 저는 중년에 노동시장에서 추방을 당하는 바람에 아주 역설적으로 그다음부터는 소외를 별로 겪지 않았어요. 매일매일 생존에 집중하면서 보람차게 살 수 있었는데요.^^ 만약 직장에서 잘 살아남아서 계속 화폐를 증식하는 일을 했다면 거기에 빠져 허우적거렸을 겁니다. 그러다 50~60대가 되면 화폐의 양적 증식은 이루었겠지만 사는 게 너무 허무했을 거 같아요. 그러면 저절로 '난 누구? 여긴 어디?'라는 말이 터져 나왔을 거 같습니다. 그런데 요즘은 청년들이 이 말을 일상적으로 하더라구요. 청년기에 이미 그런 경지(?)에 도달한 거죠. '이렇게 노동과 화폐를 위해 사는 삶이 대체 무슨 의미가 있지?'라는 허무주의가 엄습한 겁니다.

이게 바로 그동안 '내가 나 자신으로부터 너무 멀었기' 때문에 생긴 일입니다. 나의 본성, 나의 생명력이 뭔지를 몰랐던 거고요. 우리 몸은 일단 생명력을 바탕으로 합니다. 당연히 생명에 대한 탐구가 있어야 합니다. 체질이나 혈당, 혈압 이런 수치들의 정상/비정상을 말하는 게 아니라, 보편적인 생명의 네트워크에서 우리가 태어나고 산다는 것의 의미와 방향을 탐구해야 한다는 겁니다. 이렇게 생명에 대한 탐구를 해야 내가 외부에서 강요된 척도들을 대책 없이 따라가는 소외의 질주를 멈출 수 있게 됩니다. '난 누구? 여긴 어디?'가 주는 두려움 속에 머무르면 위험해요. 그걸 진짜 질문으로 바꾸어야 합니다. 나라는 존재와 시공간에 대한 탐구의 동력으로 말이죠.

## 타인의 시선에 붙들린 삶

코로나가 워낙 엄청난 사건이다 보니, '포스트-코로나'에 대한 여러 가지 문명적 비전이 제시되고 있는데요. 제 생각으론, 우선 자기 몸과의 소통을 시작해야 됩니다. 제가 2007년에 『동의보감』을 본격적으로 공부하면서 지금까지 책을 여러 권 써 왔는데요. 『동의보감』을 만나면서 처음 깨달았던 바가 '우리가 우리 몸에서 참 멀리 있구나' 하는 것이었습니다. 자기 몸을 잘 모르니까 돌볼 수가 없는 거예요. 잘 모르니까 겉으로 드러나는 외모, 체중, 키, 이런 수치에만 관심이 있는 거죠. 현대인이 갖고 싶은 외모의 기준은 간단하죠. 젊고, 날씬하고, 예쁘고, 잘 생긴 것을 원합니다. 우리 공동체에도 처음에 올 때는 화려하게 차려 입고 오는 분들이 많아요. "세상에 어떻게 저런 옷이?"라는 생각이 드는 옷들을 입고 오는데, 들어와서 공부를 하다 보면 저절로 평범해져요. 그런 옷을 입을 때는 사람들의 주목을 받고 싶은 욕구가 있었을 텐데, 공부하는 장에서는 그런 데 별 관심이 없다는 걸 깨닫게 되고 그러고 나면 당연히 편안한 옷으로 바뀝니다. 성구별도 잘 안 돼요. 그리고 머리는 점점 짧아지기 시작합니다. 이유는 딱 하나예요. 성가시거든요. 사실 머리카락도 번뇌의 원천입니다. 수도하는 분들이 삭발을 하거나 머리를 가리는 게 그런 이치 때문일 겁니다. 실제로 머리에만 신경 안 써도 스트레스가 훨씬 줄어듭니다.

그런데 우리가 왜 이렇게 외모에 온 신경을 다 쏟고 있는지 생각해 봐야 합니다. 왜 그럴까요? 남에게 시선을 받으려고 그런 거잖아요. 이게 참 신기합니다. 정말 희한한 이타주의잖아요? 왜 남을 위해 이렇게 애를 쓰는 걸까요. 일부러 거울을 보지 않는 이상 평소 자기는 자기 얼굴을 못 보잖아요. 그럼 나한테 이로운 건 별로 없고, 오로지 남에게 보여 주기 위한 것입니다. 일종의 서비스를 하는 거예요. 이걸 위해서 피부 마사지다 뭐다, 하루에 엄청나게 많은 시간과 돈을 거기에 쏟아붓습니다. 실용적으로 따져 봐도 굉장히 이상한 일이거든요. 그리고 외모에 약간이라도 흠집이나 결함이 생기면 하루 종일 번뇌가 부글부글하잖아요. 요즘은 남학생들도 이마에 여드름만 좀 나도 학교가 아니라 마사지숍을 간다고 그러더라구요. 이런 시대가 된 거예요. 자기를 위한 투자, 자기계발, 이렇게 말하지만 실제로 자기를 위한 게 아니라는 거. 정말 '헌신(자기 자신을 헌신짝처럼 내팽개치는)'적인 삶인 것 같아요.^^

게다가 이런 '헌신'은 당연히 에로스적 충동과 관련이 있겠죠. '젊고 날씬하고 섹시하다', 이런 기준에는 당연히 성적 욕망이 포함되어 있어요. 성적 욕망을 구현하기 위해 최선을 다하는 거죠. 그런데 그 욕망은 타고나는 거라서 특별히 노력을 하지 않아도 원초적으로 세팅이 되어 있어요. 특히 청춘 남녀들의 경우는 그 파토스가 엄청납니다. 굳이 더 뭘 첨가하지 않아도 존재자체로 성에너지가 막 뿜어진다는 뜻입니다. 그런데 그걸 더 드러내기 위해 '올인'을 한다는 거죠. 복근을 만든다, 바디프로필을 찍는다, 턱을 깎는다 등등. 이건 아무래도 좀 이상합니다. 성적 충동은 청춘의 원동력이지 전부는 아닙니다. 그래서도 안 되고요. 그걸 바탕으로 삶을 힘차게 살아가는 건데, 오직 그 욕망에만 충실하다는 거죠. 그럼 나이 들면 나아지는가, 하면 그것도 아니에요. 요즘은 60이 넘어서도 연애가 지상의 목표인 것처럼 사는 분들이 많다고 하는데, 그렇다면 현대인들은 평생 동안 오직 성욕을 항진하는 일에 전념하는 셈입니다. 말하자면, 이성으로부터 인정받고 동성의 부러움을 사는 일을 아주 열심히 하고 있는 셈이죠.

그러다 보면 질투를 유발하기도 하고 내가 질투를 하기도 하겠죠. 질투심은 인간의 감정 중에 가장 거칠고 지독한 감정이라서, 평생 동안 그걸 제어하면서 살아야 합니다. 질투심을 벗어나는 게 윤리의 핵심이라고도 할 수 있어요. 그런데, 우리 시대 문화는 그걸 계속 부추기거나 더한층 끌어올리는 경우가 참 많습니다. 오디션 프로그램이 너무 많은 것도 그 중 하나예요. 노래와 춤 같은 것조차 다 경연으로, 게임으로 만들어 버리는 것이죠. 이렇게 경쟁이 일반화되면 부러움에서 질투로, 그러다 거기에 분노와 탐욕 같은 게 덕지덕지 붙고 그러다 보면 무지의 덩어리가 엄청나게 커져 버리죠. 무지가 얼마나 위험한 건지는 앞에서도 말씀드렸죠. 무지는 맹목과 일심동체라 무조건 달려가게 됩니다. 좀비들의 질주를 연상하면 됩니다.

그런 식의 정서적 패턴 속에서 살다 보면 남는 건 오직 타인의 시선 그러니까 인정욕망뿐이죠. 외부의 기준, 타인의 시선만 바라보고 달리다 보면 정말 숨이 차겠죠. 목구멍까지 숨이 턱 찰 정도로 괴로워하는 분들이 실제로 많아요. 남이 나를 허투루 볼까 봐, 예쁘지 않게 볼까 봐, 젊어 보이지 않을까 봐 등등. 그래서 한동안 『미움 받을 용기』 같은 제목의 책이 꽤 유행했었죠. 이제 용기를 내서 미움을 받자는 내용이겠죠. 그런데 용기를 낼 것도 없이 알고 보면 지금까지 계속 미움을 받고 있었던 겁니다. 외모에 대한 기준이 작용하는 관계망에 들어가면, 사실은 다 서로 미워합니다. 자기 자신을 잘 살펴보면 금방 알 수 있어요. 예쁘고

젊고 섹시하고 그러면 사랑을 받는다고 착각을 하지만, 사람들은 그런 상대를 절대 사랑하지 않아요. 속으로 질투하면서 언제 폭망하나, 그것만 바라는 사람들로 가득해요. 바로 자기 자신이 남한테 그렇게 하잖아요. 질투심이 미움으로, 미움이 증오로. 이런 식의 감정훈련을 열심히 하는 셈입니다. 몸과 마음이 참으로 피곤하겠죠.

## 자기를 탐구한다는 것

그래서 이런 외적 조건에 목을 매고 그것을 '자기'라고 착각을 하면 내 몸은 완전히 소외된다는 것을 알아야 합니다. 일단 그것부터 자각하게 되면 내 몸이 자연이고, 내 마음이 우주라는 앎의 지평선으로 나아가게 됩니다. 그 지평선 위를 한 스텝 한 스텝 가다 보면 내가 착각하고 있는 자아로부터 벗어날 수 있어요. 남이 나를 보고 있는 그 척도("나이 들어 보인다", "남성적이다/여성적이다" 등등)는 사실 자기가 설정한 거예요. 지금은 정말 유니섹스 시대라서 남성들이 나날이 예뻐지고 있습니다. 그런 걸 보면서 아, 원래 남성들, 수컷들이 장식을 많이 했었다는 사실을 새삼 발견하게 됐죠. 여성은 본디 화려한 존재가 아니에요. 화려하게 자기를 치장하는 건 남성이고 수컷이었어요. 왜냐하면 남성들은 짝짓기 경쟁에서 살아남아야 하기 때문에 자기과시를 열심히 했던 거고 여성은 임신과 양육이 가장 중요한 생명활동이라서 몸을 화려하게 치장할 겨를도 이유도 없었던 거죠. 그래서 산업혁명 이전까지는 남성들의 외양이 훨씬 화려했습니다. 나폴레옹 대관식이나 청나라 황제들의 패션을 떠올리시면 됩니다. 산업혁명 이후 공장시스템이 가동되면서 남성들의 패션이 거의 수도승들처럼 회색, 검정색 일색이 되었던 거죠. 산업자본주의는 남성들에게 엄청난 금욕을 강요했던 겁니다. 그러다 이제 디지털 문명이 도래하면서 남성들의 과시본능이 다시 본격화되고 있는 거고요.

이런 식으로 원리와 이치, 그리고 역사적 변화를 찾아가다 보면 몸에서 자연으로, 마음에서 우주로 가는 길이 열리게 되죠. 일단 그렇게 되면 부질없는 인정욕망, 그리고 그 위에서 구축된 자의식이 떨어져 나가면서 몸이 한결 가벼워져요. 그 가벼워짐 자체가 면역력입니다. 스트레스를 받으면 면역력이 떨어진다, 이건 다 아시잖아요. 그런데 스트레스의 대부분은 인정욕망과 관련이 있어요. 타인의 시선을 의식하지 않으면 스트레스 지수는 훨씬 줄어듭니다. 인정욕망을 벗어나면 그때부터 자기에 대한 탐구를 해나갈 수 있거든요. 물론 자기에 대한 탐구를 통해 인정욕망을 벗어나기도 하구요. 그런 식의 상호작용을 수행이라고 합니다. 물론 그런 상태에서도 스트레스는 있습니다. 세상에 쉬운 일은 없으니까요. 명상이나 요가, 고전과 철학을 시작하면 그동안 전혀 쓰지 않던 경로를 열어야 하기 때문에 뇌도, 심장도 다 좀 놀랍니다. 명상을 할 때도 갑자기 내려놓으라고 하면 뭘 내려놓아야 하는지 몰라 당황하게 됩니다. '멍 때리는 건 알겠는데 내려놓는 건 뭐지?' 혹은 '머리에 든 것도 없는데 뭘 비우라는 거야?' 이런 생각이 들기도 합니다. 하지만 이런 스트레스는 내 몸과 마음에 꼭 필요합니다. 생명력을 일깨우는 과정이니까요.

이런 스트레스조차 없다면 대개는 아주 산만해져요. 산만한 것만큼 피곤해지고, 이 산만함 자체가 활동력을 떨어뜨리게 됩니다. 팬데믹 이후 저희 공동체에서도 조그만 증세만 있어도 바로 자가격리를 시키고 그랬는데, 그럴 경우에 "격리 동안 나를 돌아보는 시간을 갖게 되었다"고 하는 사람도 있지만, "뭘 해야 될지 몰라 힘들었다"고 하는 사람도 있어요. 삶의 지향이나 목표가 없는데 갑자기 시간이 주어지면 일을 할 때보다 더 힘이 들기도 합니다. 더 피로감을 느끼거나 아니면 기운이 축 처지거나 하는 거죠. 그건 절대 휴식이 아니에요. 휴식은 긴장 안에서 평화가 있어야 합니다. 그 포인트를 잘 잡아야 합니다.

그런데 타인의 인정욕망에 사로잡히거나 탐욕과 분노의 화염에 휩싸여 스트레스를 받으면 점점 내면이 깜깜해집니다. 무지와 맹목이 같이 타오르는 상태입니다. 그런 스트레스는 생명력을 현저하게 떨어뜨려요. 몸과 마음을 다 피폐하게 만듭니다.

또 그런 경우에는 대개 그 스트레스를 풀기 위해 엄청나게 폭식을 하거나 밤새 클럽활동을 하시거나 하겠죠. 클럽이 코로나 감염지가 되었을 때, 저는 새벽까지 클럽에서 노는 사람들이 좀 의아했어요. 백수라서 그런가? 이렇게 생각했지만, 사실 우리처럼 '공부하는 백수'는 밤을 절대 그렇게 보내지 않습니다. 백수는 밤에 잡니다. 낮에 충분히 활동했기 때문에 밤늦게까지 해야 할 일이 없어요. 밤은 오롯이 충전의 시간인 거죠. 그런데 밤을 그렇게 뜨겁게 보낸다는 건 낮의 활동이 다 스트레스였다는 걸 뜻합니다. 그러니까 밤에 그냥 잠들 수가 없는 거예요. 뭔가 살아 있다는 느낌을 받고 싶은 거죠. 그러다 보니 낮밤이 뒤바뀌게 되고, 낮에는 소외와 스트레스, 밤에는 충동과 흥분 사이를 오가게 됩니다. 당연히 면역력이 떨어지겠죠? 이런 왜곡된 리듬을 바로잡으려면 방향을 바꾸어야 합니다. 낮에는 활기 있게, 밤에는 평안하게.

그래서 모든 사람은 자기의 몸을 탐구해야 합니다. 그리고 내 몸의 토대인 생명과 자연에 대한 앎의 비전을 가져야만 됩니다. 그렇게 되면 내 안의 자연성이 회복되면서 타인의 인정을 필요로 하지 않습니다. 삶이 자연스럽게 펼쳐지는 거죠. 그러면 예기치 않은 재난이나 고난에 처하더라도 그다지 스트레스를 받지 않습니다.

## 욕망과의 거리두기

코로나를 극복하는 길도 이렇게 자신에 대한 탐구를 통해 가능할 거라고 생각합니다. 앞에서 말씀드렸다시피, 코로나19로 인해 정말 미생물의 위력이 얼마나 대단한가를 확인할 수 있었죠. 핵미사일보다 더 무서운 거 같아요. 그런데 코로나가 어디서 시작했죠? 생물학자들의 얘기에 따르면 박쥐에 있는 바이러스에서 시작되었다고들 하잖아요. 박쥐는 코로나 바이러스와 공생체인 거죠. 한데, 그 박쥐를 인간들이 자꾸 먹어 대는 바람에 그 안에 잠들어 있던 바이러스를 깨우게 된 거죠. 사스, 메르스 등을 거쳐 마침내 코로나19로 변이하여 인간의 몸으로 들어오게 된 겁니다. 또 다른 숙주로 천산갑 이야기도 나오던데, 천산갑을 먹는다는 게 저는 잘 상상이 안 갑니다. 그 동물을 보고 '먹고 싶다', 이런 생각이 든다는 거 자체가 미스터리입니다. 물론 박쥐도 마찬가지고요.

그런데 도대체 왜 이런 것들까지 먹는 걸까요? 그게 중국이나 우한의 문제가 아니에요. 야생동물에 대한 탐식은 전 세계적인 현상이더라구요. 기근이 든 것도 아니고, 먹을 것도 넘치는 시대에 이런 기괴한 식탐이라니. 정말 희한한 일 아닙니까? 예전에 텔레비전 탐사보도에서 설악산인가 어디 농장에 산 채로 곰쓸개즙을 빼 먹는 곳이 나온 적이 있어요. 정력을 보강하려고 그랬다는 겁니다. 그때 어린아이들이 그 장면을 보면서 울고불고 해서 한동안 큰 사회적 파장을 일으킨 적이 있었는데, 저는 아직도 그 몇 장면이 뇌리에 남아 있어요. 그래서 한때는 죽기 전에 마지막으로 북극곰 살리기 운동을 해서 인간의 죄를 좀 씻어야 하지 않을까 이런 생각을 한 적도 있습니다. 그런 점에서 이 코로나 재난도 정말 자업자득이라고 하지 않을 수 없습니다.

식탐과 성욕이 결합하다 보면 결국 기이한 야생동물로 넘어가게 되어 있어요. 이쯤에서 멈춘다, 이런 관념이 없습니다. 그런데 이것들이 다 어디로 연결되어 있어요? '젊고 예쁘고 섹시하다', 이 욕망과 연결되어 있잖아요. 그래서 이게 박쥐나 천산갑을 먹어 대는 특정한 사람들만의 문제가 아닌 겁니다. 알게 모르게 우리 모두가 다 거기에 동참을 하고 있는 셈이죠. 그 욕망의 회로를 다 함께 끊어야만 이 악순환에서 벗어날 수 있습니다.

그런 점에서 포스트 코로나 시대의 비전은 '욕망과의 거리두기'가 핵심이라고 할 수 있습니다. 코로나 때문에 '거리두기'라는 언어가 귀에 못이 박혔는데, 사회적 거리두기도 중요하지만 궁극적으로 욕망과의 거리두기를 해야 돼요. 특히 식욕, 성욕과 거리두기를 해야 합니다. 모든 관광, 쇼핑, 이벤트 이런 평범해 보이는 욕망의 밑바닥에 다 그게 있는 거죠. 사람들이 야생동물을 먹는 것이 설마 자연과 조화를 이루기 위한 것은 아니잖아요. 그렇게 해서 야생동물과 교감을 하겠다는 걸까요? 아니죠. 폭력적으로 그 능력을 전유해서 나의 성적 능력을 최대한 높이겠어, 나의 쾌락의 레벨을 더더욱 높이겠어, 그런 심보인 거죠. 그런 욕망이 지금 나의 몸, 나의 생명력을 저하시키고, 마침내 바이러스의 대역습을 당하고 있는 거고요.

그러면 이제 이런 원칙만 분명히 알아도 어디서 멈추어야 되는지, 어떻게 내 욕망과의 거리두기가 가능한지를 알 수 있습니다. 일단 욕망과의 거리두기를 할 수 있으면 몸과 생명, 마음과 우주의 관계를 다시 맺을 수 있어요. 그런 식의 변화가 오지 않는다면 인류의 문명에 무슨 희망이 있겠습니까. 코로나가 종식이 되어도 더 이상한 변종이 다시 올 텐데요. 많은 생물학자들은 팬데믹의 일상화를 이미 예견하고 있지 않습니까. 일단 이 위기만 넘기고 보자는 건 사실 돌려막기에 불과합니다. 다음 세대에 떠넘기는 것이니까요.

인간은 절대 미생물을 못 이겨요. 인공지능이고 드론이고 다 소용이 없는 거 같아요. 물건을 생산하고 유통하고 이런 영역에선 대단한 능력을 발휘하지만 바이러스가 이동하는 경로는 탐색할 수가 없는 거죠. 유럽이나 미국에서 저렇게 엄청난 환자가 발생할 거라고 상상이나 했겠습니까? 핵미사일을 만들어 내고 화성탐사는 할 수 있어도 바이러스를 감당하지 못하는 게 인류 문명의 현주소입니다. 21세기 들어 4차혁명, AI, 로봇시대 등에 대한 이야기를 하도 들어서 인간이 기계가 되는 거 아닌가? 기계가 인간을 지배하는 거 아닌가? 이런 걱정들을 많이 했는데, 그건 걱정하지 않아도 될 거 같습니다. 인공지능이 아무리 발전해도 생명과 유기체의 세계를 컨트롤하는 건 불가능하다는 걸 코로나가 알려 주고 있네요. 참 역설적이게도!

# 동의보감과 숫타니파타

## 존재와 우주에 대한 탐구

### 생로병사를 보는 눈

그런 욕망과의 거리두기를 하려면 생명, 자연에 대한 탐구가 꼭 필요하다는 겁니다. 생명, 자연, 우주에 대한 탐구는 결국 시간과 공간, 즉 '시공'에 대한 탐구입니다. 철학의 가장 어려운 문제는 시간과 공간을 해명하는 것이죠. '시간과 공간은 어떻게 존재하는가?', '시간과 공간은 별도로 존재하는 것인가? 아니면 동시적인가?', '시공간이 열리는 시점을 빅뱅이라고 하는데, 그때 창조주인 신은 어디에 있었을까?' 등등의 질문이 가능하죠. 이렇듯 시간과 공간은 아주 심오한 문제인데요. 불교에서 명상의 깊은 경지로 들어가면 시공이 사라진다고 합니다. 왜냐? 시간이나 공간도 다 인간의 의식이 창조해 낸 것이라는 거죠. 헐~ 이런 오묘할 데가! 맞습니다. 그야말로 오묘하고 미묘한 세계예요. 그래서 이런 세계를 탐구하다 보면 무한한 지평선이 열립니다. 그런 탐구가 내 삶의 비전이 되면 지금까지와는 다른 식의 일상을 살게 됩니다. 노동과 화폐가 주는 소외로부터 벗어나는 시간을 갖게 되는 거죠. 바로 그 '자유의 공간'을 확보하셔야 합니다.

이런 비전이 없으면 돈과 시간이 엄청나게 주어져도 그걸 쓸 수 있는 능력이 없어요. 그래서 한없이 무기력해지거나 대책 없이 흥청망청 놀아나거나. 정말 그래요. 돈을 모을 때는 미친 듯이 몰두하다가 그걸 쓸 때는 허무하게 탕진을 해버리는 '탕진잼'이라는 말도 있더라고요. 아무튼 이런 사이클을 왔다갔다 하는 게 자본주의 인간형이거든요. 사람이 이렇게 살 수는 없죠. 또 청년들에게 이런 삶을 살라는 비전을 줘서도 안 되고요.

앞에서도 말씀드렸듯이 저는 『동의보감』을 배우면서 몸에 대한 공부가 중요하다는 것을 알게 되었는데요. 『동의보감』에서 말하는 몸에는 육체와 정신이 온전히 결합되어 있어요. 또 몸의 생리적 구조는 자연의 물리적 이치와 연결되어 있습니다. 다시 말해, 시공간의 변화와 오장육부의 배치, 나아가 생로병사의 회로가 다 연결되어 있는 겁니다. 그래서 내 몸과 자연의 관계를 잘 탐구하면 몸을 이해할 수 있는 지도가 그려진다는 것입니다. 이런 과정을 양생이라고 합니다. 양생을 잘 하면 긴장과 휴식을 적절하게 유지할 수 있고, 노동이 아니라 활동, 즉 낮에는 활기차게 살고 밤에는 평온하게 쉴 수 있는 리듬이 만들어진다는 거죠. 이게 바로 면역력의 핵심이구요.

그런데 지금 현대인들이 면역력을 이야기할 때는 주로 어떤 음식, 어떤 영양제를 먹을까 이런 식으로 생각을 합니다. 비타민, 로열젤리, 홍삼 등 각종 영양제들이 쏟아지고 있어요. 비타민 중독자들도 엄청 많구요. 오직 물질, 입자직으로만 접근을 하는 거죠. 그런데 정말로 중요한 건 리듬입니다. 하루의 리듬, 일상의 흐름을 잘 타는 것이 무엇보다 중요한데 이 항목은 쏙 빠져 있어요. 밤에 잠을 못 자는데 로열젤리나 홍삼을 아무리 많이 먹으면 뭐합니까. 또 하나, 물질이 아닌 정신의 면역에 대해서는 아무 생각이 없어요. 마음이 '불안지옥'인데, 각종 비타민을 먹는다고 그게 제대로 효능을 발휘할까요? 약간만 스트레스 받아도 소화가 안 되는 게 우리의 몸인데, 감정, 정신, 마음, 이런 영역에 대해서는 지나치게 소홀한 거죠. 달라이라마께서 유튜브로 하는 설법에서 누누이 강조하듯이 이제 생리적 위생뿐 아니라 정신적 위생에 대해서도 깊이 탐구해야 할 때가 되었습니다.

예컨대, 요즘 주식이나 비트코인을 하시는 분들이 많은데, 거의 24시간을 이것만 생각하고 들여다보고 있잖아요. 이게 과연 남는 장사일까요? 설령 대박을 친다 해도 24시간 내내 주식표를 보고 있는 게 나의 삶을 이롭게 하는 것인지를 생각해 봐야죠. 폭망한 사람들이야 그거 수습하느라 많은 세월을 보내야 할 테니 말할 것도 없고, 혹시라도 좀 이익을 본 경우, 아니 대박을 친 경우는 어떨까요? 잘 먹고 잘 살까요? 제 생각엔 계속 주식을 할 거 같아요. 더 큰 규모로 하겠죠. 그래서 더더욱 쉴 틈이 없을 거 같습니다. 그러다 몸이 망가지겠죠. 정신은 아주 혼탁해졌을 테고. 결국 투자에 성공하든 실패하든 몸과 마음이 무너지는 건 동일한 셈이죠. 그런데도 왜 이렇게 어리석은 게임을 계속할까? 생각하고 또 생각해 볼 일입니다. 야동이나 야식도 마찬가지죠. 짧은 쾌락을 누린 대가로 아침이 오면 몸과 마음이 다 엉망이 되어 있겠죠? 잘 따져 봐야 합니다.

그래서 삶의 리듬을 잘 타려면 마음을 제어해야 해요. 그리고 비전을 가지려면 내가 생로병사 전체를 보는 눈이 있어야 되거든요. 이게 마음의 근육, 마음의 위생이에요. 일단 마음을 들여다봐야 하는데, 우리의 감정, 즉 칠정(희로애락애오욕)은 항상 널뛰기를 한다는 걸 알아차려야 합니다. 이걸 깨닫기만 해도 참 대단한 겁니다. 자기 감정대로 막 행동하는 것이 사춘기에 하는 짓인데, 많은 사람들이 평생을 사춘기로 살아요. 자기 감정에 휘둘려서 분노하고 욕망하고 하는 거죠. 갑질로 오명을 떨친 재벌가 자제들 뉴스만 봐도 감정훈련을 안 하면 삶이 어떻게 망가지는지가 분명해집니다. 그런 사람들은 자기 뜻대로 안 될 때는 무조건 화내는 연습을 엄청 했을 테니까, 늘 그런 상태가 준비되어 있는 거죠.

그래서 감정은 훈련을 통해 제어해야 하는 대상이지, 그냥 내버려두다가는 나를 제멋대로 끌고 다니게 됩니다. 그렇게 휘둘리다 보면 그야말로 자존감이 바닥을 칩니다. 그러면 결국 누군가를 원망하거나 '나는 원래 이래', 혹은 '나는 왜 이 모양이지?' 하면서 자포자기에 빠지게 됩니다. 결국 자신에게 가장 해로운 짓을 한 셈이죠.

사람의 감정은 원숭이 같다고 해요. 원숭이는 잠시도 가만히 못 있잖아요. 원숭이한테 가장 어려운 일이 앉아서 명상하는 일이에요. 『서유기』를 보면 손오공도 72가지 분신술에 근두운, 여의봉 등 무소불위의 힘을 가지고 있지만 딱 한 가지! 가만히 앉아 있는 걸 못합니다. 비와 바람을 부르고 하늘을 열었다 닫았다 할 수는 있지만 부동자세로 앉아 있는 것만은 못한다고 스스로 고백을 합니다. 현대인의 특성과 많이 닮은 듯하네요. 몸도 그런데 감정이야 말할 나위도 없죠. 사람들은 다 그렇게 불규칙하고 예측불가능한 감정을 타고납니다. 그래서 감성을 어떻게 제어하는가가 내 일생, 그리고 내가 맺는 관계를 결정하게 되는 거고요. 이렇게 조율을 해나가야 하는 건데, 앞서 말한 것처럼 "나는 원래 이래", 이러면서 손을 놓으면 감정이 널뛰기하는 걸 계속 방치하는 것이죠. 그렇게 하면 어느 순간 마음이 완전히 황무지가 되어 버립니다.


## 『동의보감』, 양생의 기예

『동의보감』이 바로 그런 이치를 전해 주는 고전입니다. 『동의보감』은 조선왕조의 아주 중요한 성취라고 할 수 있습니다. 대한민국 사람들이 자랑스러워하는 고전이고요. 『동의보감』의 의학적 콘텐츠는 대부분 중국에서 받아들인 내용들이지만, 동양의학을 이렇게 잘 집대성해서 정리한 책은 중국에도 없어요. 단순히 정리만 한 게 아니라 아주 독창적인 방식으로 분류를 했죠. 요즘 식으로 말하면 '리-에디팅'이라 할 수 있는데, 그 점에선 세계 최고라고 할 수 있습니다. 『동의보감』에는 유교, 불교, 도교의 사상이 다 들어가 있는데, 그 중에서도 특히 도교의 양생술 쪽으로 포커스가 맞춰져 있어요. 주로 단전호흡을 통한 정기신(精氣神)의 순환을 바탕으로 하면서 양생의 기예를 펼치고 있습니다.

물론 이 양생술에는 유교적 윤리도 결합되어 있습니다. 유학은 오상(五常), 즉 인의예지신(仁義禮智信)이 척도예요. 이 오상에 맞춰서 정치, 경제, 문화 모든 영역이 제도화되고 예법화되어 있거든요. 그러니까 인간은 누구든 다 인의예지신을 지켜야 합니다. 그래야 군자가 될 수 있고, 그렇지 않으면 소인배인 거죠. 그럼 왜 인의예지신을 지키지 못할까요? 욕망에 사로잡혀 있기 때문이죠. 구체적으로 식욕, 성욕이잖아요. 식욕과 성욕을 컨트롤하지 못하면 수신제가는 물론이고 치국평천하는 불가능합니다. 역사적으로 모든 왕조가 멸망할 때면 황제나 왕들이 그런 상태에 빠지는 거고요. 오늘날도 다르지 않죠. 먹방이 너무 많잖아요. 왕이 아니니까 나라야 망하지 않겠지만, 개개인의 삶은 위태로워지는 거죠. 내가 자꾸 이상한 음식이 땡긴다, 밤만 되면 기름진 음식이 먹고 싶어진다, 그러면 위험신호라고 보시면 됩니다. 빨리 그런 욕망에서 벗어나야 합니다. 또 누구를 사랑하는 게 아니라 성적 충동만 느껴진다, 그러면 삶 자체가 위태로운 거구요.

　이렇게 감정이 복잡하게 얽히고설킨 것, 그게 또 정신없이 표출되는 양상은 특히 현대에 들어와서 두드러지게 된 현상입니다. 일단 먹고사는 문제가 해결이 되어야 그렇게 되거든요. 예전에는 일년 내내 농사를 짓고 노동을 해야 의식주가 해결되었습니다. 그다음에 도시화와 산업화 시기를 거칠 때는 공장에서 그야말로 '뼈 빠지게' 일했잖아요. 이런 상태에선 자의식이나 인정 욕망에 시달리고 자시고 할 게 없는 거예요. 오직 생존이라는 기준으로만 살면 어떤 면에선 마음의 병이 별로 없습니다. 오히려 너무 부지런하고 근검절약을 해서 그게 병이 되죠.

그런 시대를 산 세대는 지금 청년들의 마음이 이렇게 정처 없는 걸 이해할 수가 없어요. "배가 불러서 그러나?", "대체 뭐가 부족해서 그러는 거야?" 이런 식으로. 그러니 청년들이 그 세대를 이해해야 합니다. 그분들이 이해해 주기를 바라지 말고요. 그 세대는 생존이 자기 삶의 기준이었어요. 그리고 자식을 키우고 공부시키는 일이 생의 비전이자 목표였고요. 나의 또다른 분신인 내 자식들이 나보다 더, 남보다 더 잘 살게 되는 것만이 목표였기 때문에 집중력이 굉장히 뛰어났던 거죠. 그러니 정처 없음, 무기력 등을 겪을 여지가 별로 없었습니다. 마음의 병이 본격적으로 드러나려면 사회적 부가 상당히 축적되어야 합니다. 유럽에서는 이미 1960년대에 우울증, 편집증, 강박증 같은 심리적 질환이 많았다고 하죠. 우리나라는 21세기 들어 본격적으로 마음의 병이 등장하기 시작했고요.

먹고살 만한데 타인들과 연결되지 않는 것, 그 마음이 우울증이거든요. 인간에게는 마음의 연결이 정말 중요합니다. 마음은 전 우주의 파동으로 이어져 있습니다. 그런 파동을 각자의 몸에 내재하고 태어난 거예요. 우주 전체와 연결되는 그 마음정보가 없다면 절대 태어날 수가 없습니다. 그런데 자본주의하에서 자기를 완전 고립시켜 놓고 남들을 이기려는 마음으로만 살게 되면 늘 조급하고 각박해집니다. 두려움과 적대감 이 두 개의 감정밖에 안 생겨요. 그러면 생명의 레벨이 점점 하락하면서 면역력이 떨어집니다. 사람이 죽고 싶다고 느끼는 건 이 세상 어떤 것과도 연결되지 않을 때입니다. 그럴 때, '살아서 뭐 하지?', '사는 게 무슨 의미가 있지?', 이런 생각에 빠져 버리는 겁니다. 최근 통계를 보니, 우리나라가 OECD 국가 중에 자살률이 1위라는데, 그 첫번째 원인이 바로 정신질환이라고 하더라구요. 정신질환이 곧 마음의 병인데, 마음이 병드는 이유는 다른 게 없어요. 고립과 단절입니다.

## 불교, 마음의 과학

그래서 마음을 탐구하는 지혜가 필요하다는 겁니다. 그리고 그런 마음에 대한 탐구를 2600년 전에 어마어마하게 하신 분이 붓다입니다. 그래서 보통 불교를 '마음의 과학'이라고 지칭합니다. 우리한테는 마음과 과학이 연결되는 게 좀 낯설죠? 하지만 마음이야말로 추상과 잠언이 아닌 깊이 있게 세밀하게 분석해야 할 대상입니다. 감각과 감정의 표면적인 흐름에서 지성과 영성, 더 나아가 무의식 깊이 잠재되어 있는 업(까르마)이라는 영역까지 탐구해 들어가는 것이 불교입니다. 심지어 우리에겐 신화적 상징처럼 보이는 윤회나 환생 같은 사건도 과학적으로 접근해 들어가죠.

우리의 몸은 백지로 태어나는 것이 아닙니다. 유전자 구조를 보면 우리라는 존재가 아무것도 씌어 있지 않은 백지가 아니잖아요. 과학은 까르마를 이렇게 DNA로 설명하는 것이라고도 할 수 있는데, 사실 DNA가 주는 정보가 생각보다 많지 않아요. 그나마도 주로 외형적인 차이를 설명하는 데 그칩니다. 하지만 불교는 마음을 탐구해 보면 그 안에 오랜 생에 걸쳐 형성된 정보가 들어 있다고 이야기합니다. 심오하고 오묘한 이야기지만 이런 탐구야말로 21세기에 꼭 필요한 가이드라고 할 수 있어요.

나의 까르마나 마음의 심연을 탐구하고 싶을 때 어디 가서 상담받거나 검사를 해서 알 수 있는 게 아니죠. 요즘은 심리상담도 많고 정신과에 가서 검사도 많이들 받고 하는 모양인데, 주 내용은 대개 유년기에 대한 것인 듯합니다. 어렸을 때 이런저런 상처를 받았기 때문에 지금 그런 증상이 생겨났다, 이런 식인 거죠. 그런데 이건 불교의 입장에서 보면 참으로 얕은 지식에 해당합니다. 달라이라마가 종종 서양 심리학에 대해 '킨더가르텐'(유치원)이라고 표현을 하시는 것도 그런 맥락입니다. 서양 심리학은 역사가 짧은 터라 인간의 심층을 탐사하는 데는 취약하다고보는 거죠. 그러다 보니 결국 유년기, 그리고 가족관계에서 원인을 찾을 수밖에 없는 겁니다.

그런데 그것만으로 설명될 수 없는 게 너무너무 많아요. 흔히 '결손가정'이라서 정신병을 앓거나 범죄를 저지른다 등의 이야기를 하는데, 약간의 영향은 있을 수도 있겠죠. 하지만 그 인과관계는 너무 희박해요. 틀리는 경우도 아주 많고요. 그렇지만 일단 이런 프레임이 작동하면 거기에 또 목을 매는 거죠. 내가 워킹 맘이라 아이를 제대로 돌보지 못해서 애가 삐뚤어졌다는 둥, 이런 자책들을 하죠. 그런데 이게 맞나요? 엄마가 워킹 맘이라고 애가 삐뚤어지나요? 오히려 아이가 더 독립적이 될 수도 있습니다. 또 엄마의 돌봄을 받는다고 다 인성이 좋은 것도 아니고 오히려 그 반대인 경우도 많고요. 그리고 어릴 때는 엄마랑 함께 있는 걸 좋아하지만, 사춘기 되면 엄마가 늘 집에 있는 게 너무 싫고, 말 거는 것도 싫고 그럴 수 있어요. 간섭하는 거 자체가 싫은 거죠.

부모가 사랑을 표현할수록 숨이 막힌다는 청년도 많아요. 그건 생명활동이 아니에요. 우리가 가족관계로만 사는 게 아니잖아요. 그건 일종의 출발지에 있는 베이스캠프 같은 거예요. 우리는 전 우주적인 존재로 하늘과 땅 사이에서 태어나는데, 일단 가족이라는 베이스캠프에서 시작하는 거죠. 거기서 성장하고 힘을 키운 다음엔 각자의 길로 가야 합니다. 가면서 길 위에서 또 새로운 캠프를 설치해서 머무르면 되는 거죠. 새로운 시절이 다가오면 다시 또 떠나면 되는 거고. 이런 관점이 없으니까 무조건 사랑이 넘쳐야 한다고 보는 겁니다. 그래서 조금이라도 결함이 생기면 사랑이 부족해서야, 이렇게 해석하는 거죠. 하지만 그때의 사랑은 소유와 집착으로 갈 소지가 많습니다.

그 결과 가족은 상처의 온상이 되어 버렸지요. 보다시피 4인 가구를 벗어나 아예 1인 가구로 흩어지는 중입니다. 앞으로의 문제는 어떻게 이 1인들이 새로운 방식, 새로운 관계로 연결될 것인가가 관건일 텐데, 그런 점에서 이제야말로 정말 마음을 탐구하는 길을 열어야 합니다. 코로나 방역으로 선진국의 대열에 섰으니 이젠 마음의 위생을 챙겨야 할 때가 온 거죠. 그러기 위해선 고전의 지혜를 적극 활용해야 합니다.


## 고전의 공부법


동양에서 고대의 지혜라고 하면 유교, 불교, 도교를 말할 수 있겠지요. 중화문명에서 유교와 도교가 발달했고, 나중에 인도에서 불교가 들어오면서 삼교가 서로 혼융이 된 거죠. 그래서 조선의 선비들은 공부를 할 때 삼교회통을 중시했습니다. 지금도 이 정도의 기본기는 가르쳐야 한다고 봅니다. 인류 지성사의 베이스에 해당하니까요. 일단 중요한 텍스트를 다 외우게 하면 됩니다. 『논어』 외우고, 불경 외우고, 『동의보감』도 외우고. 그러면 평생의 자산이 됩니다. 만약에 앞으로 코로나 이후 또 다른 팬데믹이 와서 거리두기를 해야 한다면, 모든 아이들에게 고전을 통째로 외우게 하면 면역력에도 큰 도움이 될 겁니다.

　제가 활동하고 있는 남산강학원과 감이당에서도 몇 년 전부터『주역』을 공부하기 시작해서 지금은 모든 프로그램에『주역』이 들어가 있고, 일년 내내『주역』만 공부하는 프로그램도 있습니다. 그런데『주역』을 공부한다고 하면 '감히『주역』을 막 읽는다!' 이렇게 생각하시는 분들이 꽤 있어요. 그런데 고전은 다 우리를 위해 존재하는 거예요. 지혜란 본디 모든 중생과 만물을 살리기 위한 것인데, 거기에 무슨 자격이나 제한이 있을 수 없습니다. 누구나 해야 하고, 누구에게나 기회가 주어져야 합니다. 그걸 누릴 수 있는 권리와 반드시 해야 하는 소명이 동시에 있는 거죠. 더구나 고매한 경전일수록 일용할 양식으로 써야 합니다. 고전을 저 아득한 시공에 모셔 둔 채 박제화하거나 유폐시키면 안 됩니다. 가장 고귀한 것은 가장 일상적이어야 됩니다. 우리가 살기 위해서는 빛이 있어야 하고, 공기가 있어야 하고, 물이 있어야 하죠. 이런 일상적인 것들이 가장 고귀한 것들입니다. 고전도 마찬가지예요. 빛이고 공기고 물인 거죠. 빛과 공기, 물을 이해한 다음에 사는 게 아니잖아요? 지혜도 마찬가지입니다. 일단 암송한 다음 계속 되새기는 식이죠.

　감이당은 고전의 공부법을 적극 활용합니다.『주역』64괘를 다 외우는 공부를 몇 년째 하고 있습니다. 사람들이 고전을 외운다고 하면 일단 겁부터 먹습니다. 하지만 몇 년째 저의 '강요'와

'협박'에 못 이겨서 외우기 시작한 분들은 '와~ 이런 감동의 물결이!' '주역 외우느라 다른 스트레스가 다 날아갔어' 등등의 간증을 하십니다. 『주역』을 외운다는 행위가 일상의 리듬을 잡아준다는 걸 실감하고 있는 거지요.

그러다가 참 뜻밖의 경험을 하게 되었는데, 공동체의 청년들도 『주역』을 너무 좋아한다는 사실이었어요. 요즘 청년들은 정말 종잡을 수가 없습니다. 툭하면 '죽고 싶다'는 말을 하고, 게임, 유튜브, 웹툰 같은 데 심하게 중독되어 있고, 눈에 초점이 없고 몸도 성한 데가 없어요. 그런데, 또 다들 예쁘고 잘생겼어요. 청년과 중년, 노년의 속성이 막 뒤섞인 거 같은 느낌이 들 정도입니다. 공부하는 방식도 그런 게, 읽고 쓰는 것도 힘겨워하고 고전은 더더욱 어려워하는데, 명리학, 『주역』, 불경은 아무 생각 없이 다 공부를 해요. 이건 또 뭐죠? 종이책은 별로 안 좋아하는데, 고전 중의 고전인 『주역』과 불경은 애호한다? 우리가 생각하기엔 가장 나중에 해야 할 거 같은데 가장 먼저 한다는 겁니다. 그래서 곰곰이 생각을 해봤어요.

제 결론은 이렇습니다. 그러니까 가장 기술문명에 노출되어 있지만 또 어떤 점에서는 가장 영성을 필요로 하는 세대가 등장한 거예요. 웬만한 정보는 네이버나 유튜브에 다 있거든요. 검색하면 됩니다. 검색도 너무 잘하죠. 그런데 내면은 한없이 공허합니다. 어떻게 살아야 할지, 마음을 어떻게 추슬러야 할지, 도무지 모르겠거든요. 한데『주역』, 명리, 별자리, 불경 같은 고전은 왠지 그런 갈증을 해소해 줄 거 같은 느낌이 드나 봅니다. 자신에 대해 말해 주는 뭔가 특별한 내비게이션을 발견한 느낌이랄까요. 그게 아주 절실했던 거죠. 심리학, 가족관계, 콤플렉스 이런 거 말고 좀더 심층적으로, 좀더 원대한 차원에서 자신에 대해 말해 주는 지도 말입니다. 사실 그게 고전의 진정한 용법이기도 하구요.

그런 점에서 바야흐로 자본이 영성과 마주치는 시점이 온 거예요. 앞서도 언급했듯이, 자본에 의지해서, 그것이 제공하는 서비스와 제도 안에서 살아간다는 건 그 자체로 소외를 유발합니다. 자본은 결코 마음을 해방시킬 수가 없어요. 마음이 해방되지 않으면 이제 자본도 설 자리가 없게 되겠죠. 그래서 앞으로 기술이 발전되고 자본이 더욱 고도화될수록 영성에 대한 욕구는 더 커질 듯합니다. 영적 탐구가 아니고선 이 참을 수 없는 공허함, 황량함을 달랠 길이 없으니까요.


## 불교, 청년의 사상

우리가 읽어야 할 고전은 참 많습니다. 이번 강의에서는 그 수많은 고전들 중에서도『동의보감』과『숫타니파타』를 이야기해 보려고 합니다. 제가 몇 년 전부터 불교 공부를 하고 있는데, 본격적으로 공부한 지는 얼마 안 됐지만 공부를 할수록 정말 우리 시대에 꼭 필요한 고전이라는 확신을 갖게 되었고, 해서 이번에 『동의보감』과 함께 살펴보게 되었습니다. 사실 저도 지금 막 공부를 하는 중이라 많은 오류가 있을 테지만, 거의 실시간으로 중계하는 거라서 신선도는 있을 듯합니다.^^

『숫타니파타』는 법정 스님이 번역하면서 우리에게 친숙해진 불경이기도 한데요. 초기경전에 속하는 텍스트입니다. 초기경전이란 부처님이 보리수나무 아래서 깨달음에 이른 직후 그 깨달음을 전파한 초기의 설법들입니다. 강가에서, 들판에서, 다양한 중생들과 주고받는 따끈따끈한 이야기들로 이루어져 있습니다. 훗날 승가공동체의 규모가 엄청나게 커지고 부처님이 모든 중생들의 스승이 되기 전 단계의 이야기들이라서 아주 생동감이 넘치는 경전이지요.

처음에 불교 공부를 시작했을 때, 부처님이 성도하고 설법을 시작한 나이가 35세라는 사실이 참 놀라웠습니다. 35세면 지금은 당연히 청년에 해당하죠. 실제로 UN이 규정한 청년은 65세까지라고 되어 있어요. 65세까지 청년, 79세까지가 중년, 80세 이후부터가 노년이라는 거예요. 좀 어이가 없었는데, 곰곰이 생각을 해보니 요즘 사람들은 나이가 들어도 걷는 모습하고 골격이 잘 안 바뀌는 거예요. 예전에 할머니라고 하면 허리가 꼬부라졌잖아요. 걷는 모습을 보면 노인이라는 걸 금방 알 수 있었죠. 얼굴이 아무리 젊어 보여도 걷는 모습이나 골격에서 확실한 변화가 보였는데, 요즘은 60대나 70대도 뒤에서 보면 잘 구별이 안 됩니다. 물론 외모도 예전보다 훨씬 젊어 보이고요.

아무튼 35세는 예나 지금이나 젊은 나이입니다. 석가모니가 35세에 깨달았다면, 이건 청년의 사상인 거잖아요. 그런데 우리는 불교를 노년의 종교라고 생각하는 측면이 있습니다. 왠지 불교 공부는 늙은 다음에 하는 거라는 선입관이 있는 거죠. 또 스님이라고 하면 대체로 나이 지긋한 노승을 떠올리잖아요. 어쩌다 불교가 이렇게 노년의 사상이 되었을까요? 무지와 편견의 소산인 거죠. 무지와 편견에서 벗어나려면 직접 탐구를 해보면 됩니다.

일단 불교는 이전의 모든 사상을 전복하면서 등장했고, 이후에도 기존의 지배적인 사유구조를 해체하는 역할을 해왔습니다. 이 점만 보더라도 그야말로 청년의 사상이죠. 그에 비하면, 중화문명의 도교나 유교, 즉 공자나 노자의 사상은 노년의 사상이에요. 청년의 역동성이나 이미지를 떠올리기가 어렵습니다. 그런 점에서 중화사상이 '노년의 로고스'라면, 불교는 '청년의 파토스'라 할 수 있습니다. 무엇보다 불교는 마음을 탐구하는데, 그 마음의 격정이 가장 심한 때도 청년기잖아요. '질풍노도'의 시절이라고 하죠. 불교는 바로 그 역동성의 산물입니다.

까삘라밧투 왕국의 싯다르타 왕자였던 부처님은 29세에 출가를 합니다. 그런데 출가를 마음먹은 건 훨씬 이전이죠. 열대여섯 살쯤부터 출가를 하려고 했는데 왕자인 데다 후계자였잖아요. 나라를 책임져야 하니까 아버지 슈도다나 왕이 제발 아들만 낳아 주고 출가하라고 만류했죠. 그래서 아이를 낳을 때까지 기다렸다가 태자비가 아들을 출산하는 그날 바로 출가를 했어요. 그러니까 이미 청년기에 생과 사에 대한 강렬한 질문을 가지고 깨달음을 향해 나아간 겁니다. 출가를 하긴 했지만 한창의 나이인데, 얼마나 격정이 심했겠습니까. 그 격랑을 헤치고 온갖 선정수행과 6년간의 고행을 거쳐 열반에 이르는 길을 터득한 겁니다. 그때 나이가 35세라는 거죠. 여전히 혈기왕성한 때입니다. 청년의 에너지를 격정을 채우는 쪽이 아니라 격정에 끄달리는 마음을 해방시키는 쪽으로 온전히 투여한 것입니다.

그러면 반대로 붓다처럼 격정을 다스리지 않으면 어떻게 될까요? 마음이 황무지인 채로 다른 것에 열심히 매진하는 거예요. 정말 다들 얼마나 열심히 노력을 합니까. 현대인들은 익스트림 스포츠에 도전하기도 하고, 오지탐험에 '극한 직업'도 거뜬히 해내죠. 하지만 정작 자기 마음을 돌보고 컨트롤하는 일에는 무관심합니다. 시선이 오직 외부를 향해 있는 거죠. 그러다 보니 내부, 마음은 속절없이 무너지고 있습니다. 바로 우리의 현주소죠. 그래서 늘 불안하고 쓸쓸합니다. 그런데 무려 2600년 전에 바깥이 아니라 내부로, 적을 정복하는 것이 아니라 내부를 해방시키는 방향으로 나아가신 분이 있었던 겁니다. 마침내 궁극에 도달하여 불안과 허무에서 벗어나 절대적 환희에 도달한 분이 있다는 사실이 얼마나 든든합니까. 그것도 한창 팔팔한 청년의 나이에.

## 하늘에 해와 달이 있듯이

자, 그럼 이제 무엇을 해야 할까요? 외부를 향해 치달리는 시선을 거두어 자기의 몸과 마음을 탐구해야 합니다. 그러기 위해서는 고전의 지혜가 필요하다고 했죠. 그래서『동의보감』을 통해서는 우리 몸과의 소통을,『숫타니파타』를 통해서는 마음의 심연을 탐사하는 시간을 갖도록 하겠습니다. 오늘은 첫 시간이니까『동의보감』과『숫타니파타』에 나오는 가장 대표적인 구절들을 음미해 보도록 하겠습니다.

『동의보감』은 번역본으로 2500쪽쯤 되는데, 아래에 인용한 글은 맨 첫 장에 나오는 글입니다. 손진인이라고 도교의 최고 경지에 도달한 명의가 쓴 것입니다.

하늘에 해와 달이 있듯이 사람에게는 두 눈이 있고, 하늘에 밤과 낮이 있듯이 사람은 잠이 들고 깨어난다. 하늘에 우레와 번개가 있듯이 사람에게 희로(喜怒)가 있고, 하늘에 비와 이슬이 있듯이 사람에게는 눈물과 콧물이 있다. 하늘에 음양(陰陽)이 있듯이 사람에게는 한열(寒熱)이 있고, 땅에 샘물이 있듯이 사람에게는 혈맥이 있다. 땅에서 풀과 나무가 자라나듯 사람에게는 모발이 생겨나고, 땅속에 금석이 묻혀 있듯이 사람에게는 치아가 있다. 이 모든 것들은 사대(四大)와 오상(五常)을 바탕으로 하여 잠시 형을 빚어 놓은 것이다. 허준 지음, 『동의보감』, 윤석희·김형준 외 옮김, 동의보감출판사, 2005, 10쪽

　사람의 몸이 천지자연과 연결되어 있다는 것입니다. 해와 달/두 눈, 우레와 번개/희로, 비와 이슬/눈물과 콧물, 음양/한열, 풀과 나무/모발 등등. 이런 식의 대쌍이 끝없이 이어집니다. 여기 나열되어 있는 것 말고도 우리 몸의 모든 형색과 현상들은 다 자연에서 유래한다고 보는 겁니다. 예컨대, 요즘 남성들은 머리 빠지는 거 엄청 고민하시잖아요. 모발 때문에 번뇌가 장난이 아닌데요. 『동의보감』에서는 모발을 풀과 나무에 비유하고 있죠. 그럼 풀과 나무가 잘 자라려면 어떻게 해야 할까요? 땅이 두텁고 물이 잘 공급이 되어야죠. 그래야 비옥하게 자랍니다. 그럼, 머리숱이 풍성해지려면 어떻게 해야죠? 일단 머리까지 물이 공급되어야겠죠. 우리 몸에서 진액의 공급과 유통은 신장이 주관

합니다. 그러니 신장이 건강해야 머리털이 풍성하고 윤기가 나겠죠. 신장에서 진액이 공급되지 않으면 머리카락도 가뭄이 들었을 때의 논두렁 밭두렁처럼 푸석푸석하고 성글어지겠죠. 또 머리를 뜨겁게 해도 안 됩니다. 바깥의 열보다 내부의 열이 사실 더 무섭죠. 그래서 머리카락이 그렇게 소중하다면 열 받는 일을 줄이셔야 합니다. 스트레스를 받아도 안 되지만, 술과 폭식도 열을 보태는 일이죠. 진액이 고갈될 수 있으니까요. 이런 식으로 자연현상에서 벌어지는 일이 우리 몸에서도 거의 유사한 패턴으로 일어난다는 겁니다.

그런데 더 눈여겨봐야 할 것은 인용문의 마지막 구절입니다. "이 모든 것들은 사대와 오상을 바탕으로 하여 잠시 형을 빚어 놓은 것"이라고 합니다. 여기서 '사대'는 '지수화풍'(地水火風)으로 불교에서 말하는 네 가지 요소예요. '오상'은 '인의예지신'으로 유교의 윤리적 준칙입니다. 이런 것들을 바탕으로 '잠시' 형을 빚어 놓았다는 겁니다. 여기서 제일 중요한 것은 '잠시'입니다. 우리는 영원한 존재나 절대적 존재가 아니라는 거예요. 잠시 우리는 이 몸으로 이 시공간에 머무르는 거예요. 그러니까 이 몸에 대한 집착으로 자기를 힘들게 하지 말라는 겁니다. 몸은 잠시 머무르는 거예요. 그런데 이 몸을 나의 자아라고 굳게 믿어 버리면 생로병사의 무상한 변화를 건너가기 어렵습니다.

## 무소의 뿔처럼 혼자서 가라

초기경전은 잘 모르지만 『숫타니파타』를 기억하는 분들은 꽤 있습니다. 이 경전을 유명하게 만든 구절이 있죠. "무소의 뿔처럼 혼자서 가라", 바로 이 문장 때문입니다. 언제 들어도 멋지고 당당하고 근사합니다. 근데 무소를 본 적이 없죠. 뿔이 어떻게 생겼는지 몰라요. 아마 코뿔소처럼 뿔이 한 개인 건 틀림없습니다. 또 '혼자서 가라'는 건 무슨 뜻일까요? 아무도 만나지 말고 고독하게 살라는 걸까요? 글쎄, 꼭 그런 의미는 아닌 거 같은데요. 하나하나 따져 보면 상당히 까다롭습니다. 이 구절이 후렴구처럼 붙은 게송이 참 많은데, 그 중 가장 아름답고 심오하고 유명한 게송을 소개합니다.

> 소리에 놀라지 않는 사자같이, 그물에 걸리지 않는 바람같이,
> 진흙에 물들지 않는 연꽃같이 무소의 뿔처럼 혼자서 가라.
>
> 「무소의 뿔의 경」

조금 더 이해가 되시나요? 먼저 '소리에 놀라지 않는 사자같이' 가라는 겁니다. 사자는 새끼 때부터 소리에 놀라지 않는다네요. 그만큼 두려움이 없다는 건데, 그러니까 무소의 뿔처럼 혼자서 간다는 건 두려움 없이 가라는 뜻입니다. 모든 두려움에서 해

방되는 것, 그것이 붓다의 길입니다. 옆으로 잠깐 새면, 사자는 분명 두려움이 없습니다. 백수의 제왕이니까요. 그런데 문제는 사자를 보면 다른 동물들이 다 두려워한다는 거죠. 그래서 사자는 해탈이 안 되는 거겠죠? 두려움이 없는 최고의 경지는 나도 두려워하는 대상이 없어야 하지만 그 누구도, 어떤 미물도 나를 두려워해서는 안 되는 겁니다. 나를 보고 뒷걸음질치는 존재가 있다면 그건 진정한 자유의 경지는 아닙니다. 그런데 현대인들은 남들을 무릎 꿇리고 두렵게 하려고 애를 쓰잖아요. 참으로 어리석은 짓입니다. 그 두려움은 결국 원한감정이 되어 되돌아올 테니까요.

그다음에는 "그물에 걸리지 않는 바람같이" 혼자서 가라고 합니다. 걸림이 없이 자유롭게 가라는 뜻입니다. 바람은 어떤 그물에도 걸리지 않잖아요? 그런데 사람들은 왜 그런 자유를 누리지 못할까요? 바람처럼 가볍고 부드럽고 빠르지 못해서겠죠. 자아가 너무 비대해서 온갖 그물에 다 걸려 버립니다. 외부에서 친 그물도 있지만 사실은 자기가 친 그물에 자기가 걸리는 경우가 태반입니다. 그러면서 늘 자유를 외칩니다. 참 공허하죠. '과연 누가, 무엇이 나의 자유를 가로막는가?'를 잘 헤아려 보시기 바랍니다.

마지막으로 "진흙에 물들지 않는 연꽃같이" 혼자서 가라고 합니다. 연꽃의 청정함이 진리 혹은 깨달음을 상징하는 것은 알겠는데, 그것이 진흙 속에서만 핀다는 게 문제입니다. '번뇌가 보리'라는 말이 이런 뜻이겠죠. 그러니까 번뇌의 한가운데서 청정할 수 있어야지 번뇌가 없는 고요하고 적막한 상태에서 진리를 논해 봤자 허사라는 거죠. 이런 것들 하나하나가 우리가 곱씹고 따져 봐야 할 화두라 할 수 있습니다.

이다음에는 "모든 사유를 불살라 남김없이 안으로 잘 제거한 수행승은 마치 뱀이 묵은 허물을 벗어 버리는 것처럼 이 세상도 저 세상도 다 버린다"「뱀의 경」와 같은 구절들이 이어집니다. 이런 구절을 만나면 그냥 좋은 말이구나 하고 넘기시지 말고 질문을 던져야 합니다. 사유를 불사른다는 것이 뭐지? 뱀이 묵은 허물을 벗어 버리는 건 또 어떤 상태를 뜻하는 거지? 이 세상도 저 세상도 다 버린다는 건 또 무슨 뜻일까? 이런 의심이 막 솟아나야 합니다. 또 "이것이 내게 고뇌이고 종기이고 재난이며, 질병이고 화살이고 공포다. 욕망의 가닥들에서 이러한 두려움을 보고 무소의 뿔처럼 혼자서 가라"「무소의 뿔의 경」고 하는데, 이 비유 하나하나가 정확하게 겨냥하는 바가 있어요.

앞으로 강의에서 『숫타니파타』의 게송들을 자세히 살펴볼 텐데, 간단한 구절들은 외우고 되새기면서 끝까지 함께하면 좋겠습니다. 그러다 보면 문득! 깨달음이 올지도 모르니까요.^^ 자 오늘은 여기에서 마치겠습니다.

# 청년의 파토스,
# 노년의 로고스

# 『동의보감』, 노년의 로고스

## 양생이 필요한 시대

그동안 우리는 우리의 건강을 병원에 다 맡기고 살았죠. 현대의학이 엄청나게 발달하고 있다고 굳게 믿었는데, 코로나를 겪으면서 봤더니, 정말 백신이나 치료제 만드는 게 보통 어려운 게 아니라는 걸 알게 되었습니다. 또 전염병이 돌 때마다 가장 위험한 곳이 병원이잖아요? 그래서 사람들이 가능한 한 병원을 안 가려고 합니다. 그래서 건강에 이로운 점이 있기도 하구요. 어지간한 아픔은 스스로 해결하려고 하니까요. 이런 마음이 면역력을 키웠다고도 할 수 있겠죠. 그래서 의사들이 1년 파업을 하면 국민 건강지수가 쑥쑥 올라갈 거라는 '블랙 유머'도 있다고 합니다. 이반 일리치(Ivan Illich)의 그 유명한 책, 『병원이 병을 만든다』가 여전히 울림을 주는 이유이기도 하고요. 그러니까 핵심은 이런 겁니다. 현대의학의 수준이 대단히 높은 건 맞지만, 그 시스템이 고도화될수록 사람들의 의존도가 높아지고, 그런 마음 자체가 자가 면역력을 떨어뜨릴 수 있다는 겁니다. 코로나가 그런 아이러니를 적나라하게 보여 주고 있는 거죠.

이런 때일수록 섭생이 몹시 중요합니다. 섭생이라고 하면 의식주를 잘 돌보는 걸 우선 생각할 텐데, 물론 그게 일차적이지만 생리적인 것만 살펴서는 안 되겠죠. 무엇보다 마음을 잘 다스려야 합니다. 분노조절이 안 된다, 스트레스가 쌓인다, 우울감이 짙어진다, 이런 마음상태가 지속되면 면역력이 떨어지면서 병에 아주 취약해지는 겁니다. 그래서 진짜 양생은 몸과 마음을 같이 돌보는 겁니다.

스트레스나 감정의 기복이 얼마나 해로운가를 안다면 모두가 다 마음을 다스리는 수행을 할 겁니다. 그걸 모르기 때문에 자꾸 기분전환만 하려고 하죠. 쇼핑, 맛집, 노래방, 게임 등등. 맛집에 가서 자극적인 음식을 먹고, 이차로 호프집에 가서 치맥을 먹고, 노래방에서 질탕하게 노래공연을 하고. 이게 풀코스던데, 그러면 스트레스가 풀렸다는 착각은 들죠. 그런데 사실 그게 풀린 게 아니에요. 원래의 스트레스는 고스란히 쌓아 놓은 채, 안 써도 되는 에너지를 끌어올려 발산한 거라 이중으로 병을 키우는 격입니다. 한편으론 누적된 스트레스가 5년, 10년 되면 대부분 암이나 화병, 정신질환 등으로 나타나고요. 다른 한편으론 또 에너지를 늘 과잉으로 썼기 때문에 과속에서 오는 불균형이 나타납니다. 이게 뭐냐면, 늘 지친 상태인데 속도가 줄지를 않아요. 생각해 보세요. 피곤하고 지치면 쉬면 되잖아요? 그런데 늘 발산하는 방식으로 살다 보니 그 속도가 몸에 새겨져 버린 거예요. 그래서 정말 힘든데, 심지어 통증이 심하기도 한데, 그런데도 쉬지를 못하는 거죠. 뭔가를 하지 않으면 못 견디는 체질이 된 거죠. 그러면 마음은 어떻게 될까요? 항상 불만과 의심으로 가득차게 됩니다. 세상에 대한 불만, 타인에 대한 불신도 일상화되지만, 가장 큰 문제는 자기 자신이 늘 못마땅한 거, 그게 주는 스트레스는 이루 말할 수가 없습니다. 불평불만이 가득 찬 사람이 자신을 존중할 리가 없잖아요? 이런 악순환의 고리에 휘말리지 않으려면 사실 간단해요. 피곤하면 쉰다, 마음이 괴로울 땐 더더욱 차분히 쉰다, 발산을 멈추고 내면을 잘 들여다본다, 이런 기준을 세우면 됩니다.

그런데 이런 건 왜 학교에서 안 가르쳐 주는 걸까요? 시간이 많이 필요한 것도 아닌데 말이죠. 일주일에 한 시간씩만 배치를 해도 충분할 거 같은데 우리 교육에는 아예 그런 식의 설정이 없는 거 같습니다. 법을 지켜라, 상식을 지켜라, 민주시민이 되어라, 약자를 배려해라, 이런 건 강조하지만 그 이전에 자신의 감정을 어떻게 컨트롤해야 하는지는 가르쳐 주지 않아요. 인격적 완성이라는 게 결국은 욕망과 감정을 다스릴 수 있느냐에 달려 있는데 말입니다. 『동의보감』의 의학적 베이스이자 비전도 결국 그걸 바탕으로 하고 있습니다.

가르치지 않는 건 아마도 이성으로 다 통제될 수 있다고 생각하기 때문일 테죠. 계몽주의적 관점인 겁니다. 물론 이성적 훈련이 중요하긴 한데, 우리나라 교육에서 이성은 결국 성적과 스펙으로 환원되는 수준이고요. 그런데 머리 좋은 사람이 감정통제를 잘 하나요? 오히려 그런 사람이 자기 탐욕에 성실하게 복무할 가능성이 높아요. 요즘 시대에는 정보화 사회라서 머리가 좋지 않으면 욕망이 부글거려도 아이디어가 부족해서 범죄를 못 저지릅니다. 시스템이 너무 복잡하거든요. 보이스피싱의 수법을 보면 혀를 내두를 지경이에요. 현대인의 심리와 동선, 그리고 디지털의 배치를 다 꿰고 있는 느낌입니다. 와우~ 그에 비하면 예전의 소매치기들은 참 소박했죠. 그래서 우리 같은 사람은 얼마나 다행입니까. 법 없이도 살 수 있잖아요.^^ 이렇게 이성으로 세상이 통제되지 않는데 왜 교육은 여전히 그런 식의 코스만 고집하고 있을까. 이런 질문도 『동의보감』이나 불경을 공부하면서 새삼 던지게 되었습니다.

# 몸과 우주의 정치경제학

『동의보감』은 허준이 개인적으로 집필한 게 아니라, 선조가 특별히 국가적 사업으로 명령을 내려서 만들어 낸 의서입니다. 선조는 선천적으로 몸이 약해서 스스로 의학공부를 많이 했어요. 의학의 수준이 꽤 높았던 듯합니다. 그래서 그냥 의서를 집대성하라고 한 게 아니라 구체적인 지침을 내립니다(이에 대한 자세한 내용은『동의보감, 몸과 우주 그리고 삶의 비전을 찾아서』, 42쪽을 참조하면 됩니다). 첫째, 중국 의서를 보니 대체로 너무 조잡하다, 여러 의서들을 참조하여 새로운 책을 편찬하라는 것. 둘째, 가장 중요한 건 섭생과 수양이다, 약물은 그다음이다. 무슨 뜻인가 하면 병이 든 다음에 고치는 게 아니라 병이 들기 전에 평소에 잘 하라는 겁니다. 이게 바로 양생술인 거죠. 셋째, "궁벽한 고을에 의사와 약이 없어 요절하는 자가 많은데, 우리나라에서는 약재가 많이 산출되지만 사람들이 제대로 알지 못하니 종류별로 나누고 명칭을 알 수 있도록 하라"는 것입니다. 좀 감동적이죠.

그때까지 약재는 중국의 의서에서 온 것들이 많아서, 당연히 한자어로 되어 있었던 거죠. 그래서 백성들이 쉽게 구해서 이용할 수 있도록 조선 땅에서 나는 약재를 조선 이름으로 많이 처방하라는 거였습니다. 그래서『동의보감』의 '탕약편'에 가면 천지만물이 다 약이라는 느낌을 받을 수 있습니다. 별 희한한 약들이

다 나오는데 최상품이야 녹용이나 인삼 등이 쓰이지만 하품에 가면 우리가 먹는 대부분의 음식들, 파, 콩나물, 율무 등이 다 약입니다. 물론 모든 약은 치명적인 독이기도 합니다. 하긴 녹용과 인삼도 잘못 먹으면 사경을 헤매게 되고, 몸에 좋다는 음식물들도 마찬가지죠. 어떤 음식이건 많이 먹거나 잘못 먹으면 그 고통은 이루 말할 수가 없잖아요? 이런 현상이 너무 신기하죠. 약과 독이 실체적으로 존재하는 것이 아니라, 몸과 어떻게 마주치느냐에 따라서 약이 되기도 하고 독이 되기도 하거든요. 사실 술도 인류 최초의 약이었어요. 일종의 마취제 같은 거였죠. 그런데 아플 때만 쓰는 게 아니라 아프지 않을 때도 일상적으로 먹으면서 술이 병이 된 거죠. 담배도 똑같아요. 지금도 남방에서는 스님들한테 담배를 선물로 드린답니다. 처음 조선에 들어올 때는 '남영초', 즉 '남쪽의 신령스러운 약초'라고 불렸는데, 요즘은 아예 공공의 적이 되어 버렸죠. 저는 사실 비타민 중독에 대해 들었을 때 좀 충격이었어요. 비타민은 그저 좋기만 한 줄 알았더니 그것 또한 지나치게 복용하거나 내 몸의 리듬과 어긋나면 독으로 작용한다는 거죠. 결국 절대적인 독이나 절대적인 약 같은 건 없어요. 그런 걸 새삼 깨닫게 해주는 것이 『동의보감』의 「탕액편」입니다.

다시 앞으로 돌아가서 선조가 내린 첫번째 주문을 살펴보죠. 선조의 말은 중국 의서를 죽 훑어봤더니 너무 산만하다는 겁니다. 그러니 잘 종합해서 다시 분류하라는 뜻입니다. 이걸 허준이 100퍼센트 수행합니다. 선조의 깊은 뜻을 찰떡같이 알아들은 거죠. 『동의보감』의 목차는 크게 「내경」, 「외형」, 「잡병」, 「탕액」, 「침구」 편으로 아주 간결하면서도 체계적인 구성을 갖추고 있어요. 동양의서는 다 이런 거 아닌가 싶었는데 아니더라구요. 허준이 처음 시도한 아주 독창적인 체계라는 겁니다. 세부적으로 들어가면 동아시아 의서의 고대 경전인 『황제내경』(黃帝內經)에서 허준 시대와 아주 가까운 '금원사대가'(중국 금나라와 원나라 시대의 사대 명의)의 의술에 이르기까지 다 망라되어 있습니다. 특히 『동의보감』에는 『황제내경』의 영향이 큰데요. 이 고전은 꼭 기억해 두시기 바랍니다. 하긴 동양의학에 입문하면 하도 많이 들어서 저절로 기억이 되기도 해요.^^

『황제내경』에서 '황제'(黃帝)는 진시황 같은 중국 천자를 부르는 명칭이 아닙니다. 중국 고대사에 나오는 전설적인 리더 중한 명인데요. 중국 고대사에 처음 등장하는 위대한 추장에 해당하는 인물은 복희씨입니다. 그다음에 신농씨, 그다음에 나오는 인물이 황제 헌원씨인데 이분을 '황제'라고 부릅니다. 이렇게 복희씨, 신농씨, 황제 헌원씨에 대한 이야기는 구술로 전해질 뿐유적은 아직 발견이 안 됐어요. 그래서 아직은 신화 속의 인물로 간주되지만 저는 대체로 사실이라고 생각합니다. 그렇게 오랫동안 구술로 전승되었다는 건 인류의 무의식에 깊이 새겨졌다는 뜻이거든요.

복희씨는 그물을 만든 분이라고 합니다. 그물을 짠다는 건 지금의 스마트폰 기술보다 더 충격적인 혁신이었을 겁니다. 일단 물고기 잡는 스케일이 달라질 거고요. 그밖에도 그물이 할 수 있는 기능은 엄청납니다. 그다음에 신농씨는 온갖 식물을 다 먹어 보고 독과 약을 구별했다고 하는 농사의 신 같은 인물입니다. 오곡백초의 속성을 다 파악한 건데, 그걸 달리 파악할 방법이 없으니 본인이 직접 먹어 보는 수밖에 없었던 거예요. 매번 부작용으로 얼굴이 팅팅 부었다고 합니다. 그래서 황소의 얼굴을 가졌다는 스토리가 전승되는 거구요. 신농씨의 이런 실험이 있어서 지금 우리가 이렇게 사는 겁니다. 굉장히 감동적이지 않습니까. 우리가 지금 먹고 사는 게 다 이전의 모든 존재들의 실험과 모색의 덕분이라고 생각하면 왠지 가슴이 벅차오릅니다. 그 모든 존재들과 다 연결되었다는 느낌, 그게 바로 자존감의 원천이죠. 이 공부를 하고 있는 이 순간 우리는 저 아득한 시대의 복희씨, 신농씨하고 연결되는 겁니다. 삶의 지평이 대폭 넓어지는 기분이 들지 않으세요?

그리고 세번째 황제 헌원씨는 수레와 배를 만들었습니다. 배가 없으면 어떻게 돼요? 강을 직접 가로지를 수가 없으니 먼 길을 돌아서 다녔겠죠. 그래서 이승과 저승의 사이에도 늘 강이 있다고 묘사되잖아요. 강물이 주는 경계가 그토록 대단합니다. 하지만 배가 만들어지면서 강이나 물을 바로 가로질러 가게 되고, 또 수레가 생기면서 이전에는 갈 수 없었던 궁벽한 오지도 갈 수 있고, 반대로 수레로 인해 새로운 길이 만들어지기도 하죠. 그렇게 되면 속도와 길, 시간과 공간에 대한 개념도 엄청나게 달라집니다. 세계를 어떻게 구성하느냐에 따라 인식의 구조도 바뀐다는 것, 그래서 주체와 세계는 서로 분리될 수가 없는 겁니다.

아무튼 이 황제와 기백이라는 신하가 서로 주고받은 대화의 기록이 『황제내경』입니다. 사람의 몸에는 오장육부가 있고, 정, 기, 신, 혈 같은 걸로 구성되고 움직이는데, 이런 것들을 잘 연구해서 몸을 다스리는 이치를 밝히고 그 원리를 나라를 다스리는 데 적용하겠다는 겁니다. 가령 나라 안에 도로를 닦는다고 하면, 우리 안의 혈맥들이나 경맥이 소통하는 이치를 살펴야 한다는 거죠. 어디에서 모이고 어디로 흩어져야 하는지, 어디에 뭘 공급할 것인지. 그걸 바탕으로 생산과 유통의 라인을 결정하는 겁니다. 말하자면 국가를 하나의 유기체, 하나의 신체처럼 생각하는 거죠. 그러니까 이럴 때 의역학은 통치술, 요즘으로 치면 정치경제학적 원리에 해당합니다. 저의 스타일로 표현하면, '몸과 우주의 정치경제학'이라고 할 수 있죠. 자본주의는 이와 정반대죠. 자본의 생산, 유통을 절대적 기준으로 놓고 몸과 우주, 생명과 자연은 종속적 변수로 취급합니다. 자본의 증식을 위해 몸과 생명을 불태우라는 명령인 거죠. 그 결과가 바로 지금 우리가 겪는 코로나 재난과 기후위기입니다. 이걸 극복하려면 몸과 우주를 기준으로 놓는 새로운 정치경제학이 필요합니다. 동양 고대의 지혜를 적극적으로 소환해야 하는 이유도 거기에 있습니다.

이 내용이 문자로 기록된 것은 전국시대이지만 오랫동안 구술로 전승이 되어 왔기 때문에 가장 오래된 동양의학의 원조라고 칭해집니다. 동아시아 의학은 거기에서부터 시작하는 거죠. 『황제내경』 이후 수많은 명의들이 등장하여 전설적인 의서들을 쏟아내는데요. 허준 앞 시대의 명의들로는 금원사대가, 즉 금나라와 원나라 시절 이름을 떨친 네 명의 의사가 있습니다. 이들을 '사대가'라고 묶어서 부르고요. 『동의보감』은 이렇게 가장 고대의 문헌부터 최신의 의학서까지를 망라했습니다. 의학에 관한 모든 지혜, 양생의 기예를 두루 다 망라하여 단순명쾌한 방식으로 재편집을 한 거죠. 제가 『동의보감』을 노년의 로고스라고 부르는 이유입니다. 수천 년의 지혜를 누구나 일용한 양식으로 활용할 수 있게 해주었다는 점에서 그렇습니다.

여기서 잠깐, 금과 원은 다 북방 유목민이 세운 나라네요. 중국 한족들은 오랑캐라고 부르지만, 금나라는 여진족, 원나라는 몽골이 세운 나라입니다. 금나라가 북방을 점령하면서 중국 왕조인 송나라는 남쪽으로 물러났고 그때부터 남송이라 불립니다. 이후 금나라가 몽골에 정복당하면서 원나라가 세워졌고 이후 원나라가 송을 멸망시키면서 중원 전체를 통일합니다. 금나라는 후에 다시 만주족으로 변신하면서 청나라를 세워 중원을 통치하게 됩니다. 그러니까 여진이나 몽골은 잠깐 떴다 스러진 오랑캐가 아니라 중원은 물론 전 세계의 지형을 뒤흔든 유목제국사의 주인공입니다.

유목민의 왕조에서 최고의 명의와 의서가 출현했다는 건 여러모로 의미심장합니다. 그 당시가 그만큼 질병과 괴로움이 많았다는 뜻도 되고, 동시에 가장 몸과 마음에 대한 탐구가 활발했다는 뜻도 되죠. 그래서 역사가 아이러니의 연속이라고 하는가 봅니다. 아무튼 『황제내경』과 함께 금원사대가는 꼭 기억해 두시고요.

## 전란 속에서도 삶은 계속된다

선조가 허준에게 의서 집필을 명한 때는 바야흐로 1596년입니다. 당시 허준은 58세. 지금이야 한창때지만 당시엔 원숙한 노년에 해당하죠. 1596년? 그즈음 벌어진 역사적 사건이 있죠? 그렇습니다. 임진왜란이 1592년에 시작되었죠. 조선왕조 건국이 1392년이니까 꼭 200년 뒤에 이런 엄청난 환난을 겪은 겁니다. 임진왜란을 7년 전쟁이라고도 합니다. 그렇다면 1596년에도 전쟁이 아직 끝나지 않았다는 뜻이네요. 네, 맞습니다. 그러니까 임진왜란이 한창일 때 의서편찬 작업이 시작되었다는 거죠. 어떤 고난 속에서도 삶은 계속된다는 진리를 보여 준 것입니다. 코로나 재난 속에 있는 우리도 그런 마음으로 살아가야겠죠.

임진왜란 당시 중국은 명나라, 일본은 도요토미 히데요시가 막 일본열도를 통일했던 시기입니다. 그 이전 일본은 전국시대를 거치면서 무려 150년 동안 전쟁을 했어요. 그러다가 마침내 도요토미 히데요시에 의해 통일이 된 겁니다. 히데요시는 밑바닥에서부터 올라온 인물로 유명하죠. 얼굴도 약간 원숭이처럼 생겼고 글자도 못 읽는 하층민 출신이었죠. 전쟁이 오래되면 계층의 이동이 상당히 유연해집니다. 능력만 있으면 바로 올라가는 거죠. 그렇게 해서 성공한 전형적인 인물이었습니다. 그런 상황에서 전쟁을 끝내고 내치를 하려면 엄청난 덕성과 카리스마가 필요합니다. 정말 어려운 일입니다. 정복보다 통치가, 공격보다 수비가 훨씬 어렵다는 것이 이런 이치겠죠. 히데요시는 머리가 비상하고 전략전술에 능한 인물이지만 지성과 덕성을 갖춘 리더는 아니었습니다. 그래서 중국을 정복하겠다는 야욕을 내세워 사무라이들의 힘을, 바깥의 전쟁으로 돌려 버린 거예요. 중국을 정복하자니 조선을 통과해야겠고, 그렇게 임진왜란이 발발한 겁니다.

일본과 달리 조선은 전쟁을 안 한 지가 정말 오래되었죠. 위화도회군 정도를 전쟁이라고 해야 할까요? 원나라에서 명나라로 교체되는 그때, 이성계가 위화도회군으로 고려 왕조를 엎고 조선을 개국했잖아요. 하지만 '전쟁'이라고 하기에는 좀 그렇죠. 이후에도 왜구들의 침략은 종종 있었지만, 전면전을 치른 적은 없습니다. 그리고 잊어서는 안 되는 것이 조선은 사대부의 나라였다는 사실입니다. 사대부가 뭘 하는 사람이죠? 성리학을 하는 엘리트 집단이죠. 성리학은 주자가 창안한 것으로 공맹의 유학을 형이상학적 체계로 집대성했다고 평가받는 학문입니다. 앞에서 말씀드린 남송 시대의 산물이죠. 이후 명나라 때는 주자학에 대한 반발로 양명학이 등장했고요. 금원사대가의 의역학과 송명의 신유학(송의 주자학과 명의 양명학), 이렇게 정리하면 북방 유목민 왕조와 중원 제국의 특징이 잘 대비되네요. 아무튼 그 성리학이 조선 건국의 이념이 되었고, 사대부는 바로 그 철학을 평생 연마하는 집단인 거죠. 플라톤은 철학자가 통치를 하는 철인정치를 가장 이상적인 모델로 제시했는데, 조선이 바로 그 '철인정치'를 구현한 왕조였습니다. 플라톤이 생각한 대로 정말 이상적이었는지는 따져 볼 일이지만요.

이것은 조선이 가지고 있는 아주 독특한 특징입니다. 일본은 사무라이들의 나라잖아요. 일본 하면 사무라이 정신이 먼저 떠오르고, 20세기 이후 대동아전쟁, 태평양전쟁 등을 일으킨 것도 다 그 연장선에 있는 거죠. 중국은 워낙 복잡다단하긴 하지만, 일단 무협을 빼놓고 중국 문명을 말할 수는 없습니다. 유럽의 귀족 역시 기사 출신이에요. 그러니까 거의 모든 나라에서 상류 지배층, 곧 귀족은 무인, 다시 말해 칼을 쓰는 사람이었습니다. 그런데 참 놀랍게도 조선은 지도층이 철학을 했습니다. 양반은 기본적으로 문과 무를 겸비해야 하지만, 중심은 어디까지나 문이지 무가 된 적은 없습니다. 20세기 초 서구의 도래와 함께 일본의 식민지가 된 이후, 사대부들의 문화가 무지막지하게 비판을 받았지만 지금 21세기적 관점에서 보면 좀 다릅니다. 고려 후기 무인통치기를 보면 정말 끔찍합니다. 죽고 죽이는 학살의 연속이죠. 조선이 무인의 시대였다면 역시 그랬겠죠. 일본이 150년간의 전국시대를 겪은 것처럼 말입니다. 역사를 좀더 와이드 비전으로 봐야 하는 이유입니다.

아무튼 이렇게 사무라이의 파워가 넘쳐나는 일본이 전쟁이라곤 해본 적이 없는 조선으로 쳐들어오면서 임진왜란이 시작되었는데 초반의 엄청난 파국을 겨우 수습한 뒤, 전쟁이 소강 상태에 들어섰을 때 선조가 『동의보감』을 '발주'합니다. 허준을 포함해서 당시 최고의 도교 수련자들이 대거 포함된 대규모 프로젝트였죠. 아마 그 팀에서 전체적 얼개를 짰을 듯한데, 그다음 해 바로 정유재란이 일어나면서 이 프로젝트 팀이 해체되었습니다. 이후 허준 혼자 조금씩 작업을 진척시켜 나가던 중 선조가 죽고 광해군 때인 1610년에야 집필이 마무리됩니다. 마지막 작업은 유배지에서 해야 했죠. 무려 14년의 대장정이었습니다. 전란

의 화염 속에서 시작하여 북풍한설 몰아치는 유배지에서 완성했
다는 그 사실만으로 충분히 감동적입니다. 어떤 고난, 어떤 재앙
속에서도 삶은 계속된다는 이치를 깨우치게 되거든요. 여러분도
『동의보감』의 양생술 이전에 이 고전이 완성되기까지의 과정을
마음속에 잘 담으시기 바랍니다. 자세한 내용은 제가 쓴 『동의보
감, 몸과 우주 그리고 삶의 비전을 찾아서』에 실려 있으니 그걸
참고하시면 되구요.

## 비하인드 스토리

이렇게 선조는 『동의보감』 편찬에는 결정적인 역할을 했지
만, 그 인생사를 보면 정말 애증이 교차하는 인물입니다. 일단
여성에 대한 애착이 많아서 후궁을 많이 뒀어요. 후궁을 많이 둬
서 자손을 많이 낳는 것이 왕의 의무이기도 했으니까 후궁을 둔
것 자체를 뭐라고 할 수는 없는데 그로 인해 엄청난 비극이 생겨
납니다. 광해군과 영창대군이 그 주인공인데요. 처음에 자기가
가장 아끼는 후궁에게서 낳은 광해군을 세자로 세웁니다. 꽤 영
민하고 유능했죠. 임진왜란 때 성인이었으니까 전쟁터를 종횡하
면서 세자로서의 입지를 다졌는데, 여기까지는 별 문제가 없습
니다. 한데, 선조가 말년에 다시 중전을 맞이합니다. 이 사람이

인목대비죠. 중전으로 책봉되고 나서 영창대군을 낳는 겁니다. 딸이면 문제가 없었을 텐데, 왜 아들을 낳았을까요. 이런 게 정말 인연의 오묘한 엇갈림입니다. 광해군은 후궁의 자식이고, 영창대군은 소위 적장자란 말입니다. 게다가 노년에 젊은 왕비한테서 아들을 얻었으니 얼마나 예뻤겠습니까. 광해군은 이미 성인이라 아버지한테 그렇게 귀하게 보이질 않아요. 오히려 라이벌처럼 생각되죠. 광해군 입장에서는 또 어떨까요? 일찌감치 세자로 책봉되었고, 전란을 지휘하느라 산전수전 다 겪었는데 이제 와서 아버지가 어린 동생한테 마음을 빼앗기니 그 심정이 오죽했겠습니까? 아버지에 대한 원망과 인목대비와 영창대군에 대한 미움이 부글부글했겠죠? 그러니 또 신하들은 어떻겠어요? 당연히 두 갈래로 나뉠 밖에요. 당시는 사색당파 가운데 북인이 주도하던 시대인데, 북인이 다시 광해군을 지지하는 대북파, 영창대군을 지지하는 소북파로 나뉘어졌죠. 이 당쟁의 결론이 영창대군의 비극적 죽음이고, 훗날 광해군의 폐위로 이어지죠. 허준도 여기에 연루되어 유배를 가게 되었던 거고요.

　광해군이든 영창대군이든 다 선조의 소중한 자식인데, 아버지의 사랑이 두 아들을 모두 비극으로 몰아넣은 셈입니다. 그게 다 선조의 책임이라 할 수는 없지만, 아버지로서 무책임했다는 비난은 면할 수 없죠. 평생 동안 권력의 비정한 법칙을 목격했을 텐데, 그럼에도 젊은 아내와 어린 아들이 생기니까 자신의 감정을 컨트롤하지 못한 겁니다. 거기서부터 무시무시한 비극이 싹을 틔우기 시작한 거죠. 어디 왕의 인생만 그렇겠어요? 누구나 마찬가지입니다. 자기도 잘 살고, 자기 주변 사람들도 잘 살려면 감정이 치우쳐서는 안 됩니다. 감정을 다스리는 것이 양생의 기초인 이유도 거기에 있습니다.

그런데 재미있게도 도요토미 히데요시도 이 과정을 비슷하게 겪습니다. 히데요시도 아들이 없어서 조카한테 후계 자리를 물려줬어요. 그런데 나중에 젊은 애첩을 부인으로 삼았는데 그 애첩이 임진왜란 와중에 아들을 낳은 거예요. 왜 아들이 하필 이때 태어났을까요? 딸이었으면 문제가 없었을 텐데. 아들을 얻자마자 히데요시도 그 아들한테 끔뻑 죽는 거예요. 일본 열도를 통일하고 동아시아 전체 판도를 뒤흔들어 놓은 인간도 애첩이 낳은 아들한테는 아무런 이성이 작동을 안 한다는 거, 참 놀랍지 않습니까? 범부들하고 다를 게 하나도 없어요. 더군다나 그렇게 하면 그 아이가 위험해질 수 있다는 사실을 모른다는 게 참 이상하더라구요. 평생을 적자생존의 전쟁터에서 살아남았으면서도 말이죠. 그 탁월한 전략전술은 대체 어디로 간 걸까요?

그래서 저는 이런 역사를 보면서 부모들이 수행을 하지 않으면 사랑의 이름으로 자식을 지옥에 빠뜨리는 일을 반복하게 된다고 생각합니다. 돈과 권력을 가진 능력이 있는 부모일수록 자식을 편애하기 쉽고, 그러다 보면 그 자식이 나중에 위험해져요.

그래서 어떻게 보면 부모가 돈과 권력이 없는 걸 참 감사해야 해요. 고민할 일이 없잖아요. 형제끼리 싸울 일도 없고, 법정에 갈 일도 없고. 미워하고 원망하는 마음을 갖지 않게 해주는 것, 그런 부모라면 인생의 스승이라 할 수 있죠. 농담으로 하는 말이 아니라 정말로 그렇습니다.

아무튼 히데요시는 그렇게 어린 아들에게 빠져 있다가 어느 날 갑자기 죽어 버렸어요. 그와 동시에 임진왜란도 종결되었죠. 히데요시가 갑자기 죽은 이유도 좀 어이가 없었는데, 십만, 이십만 군대를 조선에 보내 놓고 자기는 매일 오사카의 나고야 성에서 성애(라기보다 변태)의 향연을 펼쳤다고 합니다. 구체적인 내용은 잘 모릅니다만, 상상을 초월하는 수준임은 분명합니다. 그러다가 갑자기 폭사를 한 거예요. 해서 그다음에 권력을 잡은 도쿠가와 이에야스는 히데요시를 반면교사 삼아서 평생 동안 양생의 원칙을 지켰다고 합니다. 그게 뭘까요? 아주 간단하죠. 주색잡기를 멀리하고 늘 소식하고 일상을 소박하게 꾸려 가는 것이 전부입니다. 그 덕분에 자신도 장수를 했을 뿐 아니라 덕이 있는 군주로 추앙을 받았고, 이후 에도 시대를 250년 가까이 지속시킬 수 있었던 겁니다.

다시 앞으로 돌아가서, 히데요시가 그렇게 갑자기 죽자 전쟁은 끝이 났는데 아들은 어떻게 되었겠어요? 아들은 물론이고 일족이 완전히 몰살당했죠. 바로 자신한테 충성서약을 한 그 신하들로부터. 자식에 대한 사랑이 자식을 사지로 몰아넣은 셈이죠. 이래서 부모자식 간을 전생의 원수였다고 하는가 봅니다.^^ 이를테면, 최고의 복수는 그 자의 부모가 되는 겁니다. 원수를 자식으로 낳은 다음 지극정성으로 키워요. 지독한 편애를 해서 모두에게 미움을 받도록 하는 거죠. 혼자 힘으로 살 수도 없고 타인들과 교감할 수도 없게 하면 제대로 된 복수를 한 셈이죠. 요즘 이런 경우 적지 않습니다. 잘 되돌아 보시구요.

어떤 동화에 보면 이와 반대의 이야기도 나옵니다. 원수의 자식으로 태어나서 온갖 사랑스러운 짓을 다 하고 정말 부모의 입안에 든 혀처럼 그렇게 부모를 기쁘게 해주다가 그 절정의 순간에 갑자기 죽어 버리는 이야기가 있어요. 그럼 어떻게 되죠? 부모는 평생 그 자식에 대한 그리움에 몸부림치면서 살아가게 되겠죠. 와~ 소름끼치네요. 정말 지독한 복수라는 생각이 듭니다. 이런 스토리를 교훈 삼아 지독한 사랑, 끔찍한 증오, 한없는 그리움, 이런 것들이 어디에서 비롯할까, 이런 걸 잘 따져 보시기 바랍니다.

다시 『동의보감』으로 돌아와서, 선조 사후 대북파와 소북파의 정쟁 속에서 허준도 그 희생양이 되어 말년에 북방으로 유배를 가게 됩니다. 참 서글픈 일인데, 여기 또 반전이 있어요. 그 유배지에서 『동의보감』을 완성합니다. 유배를 가지 않았으면 『동의보감』이 탄생하기 어려웠을 수도 있어요. 당시 허준은 고령인

데다 내의원 수장이라 늘 바쁘고 분주했죠. 그래서 진척이 더뎠는데, 유배를 가는 바람에 안식년을 갖게 된 겁니다. 정말 모든 사건에는 반전이 있고, 모든 일의 완성에는 타이밍이 있는가 봅니다. 유배지에서 1년 8개월 만에 거의 다 완성을 했어요.

말년에 유배지에서 의서를 완성하는 허준도 대단하지만, 어떻게 보면 『동의보감』이라는 미션이 있었기에 그 험난한 시절을 견딜 수 있었다는 생각이 듭니다. 삶의 목표와 비전이 있다는 것, 그건 정말 멋진 일이거든요. 만약 그게 아니었다면, 말년에 당쟁의 희생양이 되어 유배객이 된 자신의 생애가 얼마나 한심하고 허무했겠습니까. 이렇게 해서 『동의보감』이라는 대작이 완성됩니다. 전쟁터와 유배지에서 피어난 꽃이랄까요. 이 안에 동아시아 의학사의 정수와 도교 양생술이 다 압축되어 있습니다. 가히 유네스코 최고 기록문학으로 인정될 만한 고전입니다.

제 스타일로 요약해 보면, '몸과 자연에 대한 로고스의 대향연'이라고 할 수 있습니다. 특히 무르익을 대로 무르익은 노년의 로고스! 왜 굳이 노년인가? 먼저 오래된 지혜의 집대성이라는 차원에서 그렇고, 허준의 생애만 놓고 보아도 평생의 경륜과 지식을 오롯이 담아 냈다는 차원에서 그렇습니다. 그게 약 400여 년을 거쳐 우리에게 도착했습니다. 감격스럽지 않습니까?^^

## 2

# 청년의 파토스, 『숫타니파타』

---

## 불교는 반지성적이다?

『동의보감』이 동아시아 한자 문명권에서 나온 몸과 자연에 대한 탐색을 종합한 것이라면, 불교는 인도 산스크리트 문명권에서 나온 마음과 우주에 대한 탐구입니다. 우리는 불교에 대해서 고정관념이 많습니다. 저도 감이당의 멘도이신 성화 스님께 20여 년 동안 불교 강의를 들었는데도 불구하고, 그저 막연히 난해하다는 생각만 가지고 있었어요. 아울러 우리의 일상, 특히 세속적 일상과 동떨어져 있다는 이미지를 가지고 있기도 했고요.

그래서 뭐든 스스로 탐구를 해야 편견과 통념을 깰 수 있습니다. 몇 년 전부터 불교 공부를 본격적으로 해야겠다고 마음먹고, 초기경전에서부터 대승경전까지 쭉 읽고 있는데, 그렇게 직접 탐구를 시작하니까, 정화 스님이 말씀하신 것들이 언뜻언뜻 뇌리에서 연결되는 느낌이 있더라구요. 물론 아직은 겨우 입문한 수준에 불과합니다.

일단 입문을 한 입장에서 다시 헤아려 보니까 불교에 대한 편견들이 애초에 "색즉시공, 공즉시색" 같은 말들로 불교를 접했기 때문이 아닌가 싶어요. 「반야심경」에 담긴 이 게송이 다르마의 핵심이긴 한데, 일체의 선지식이 없이 이 구절을 대하면 뭐랄까 '세상이 참 헛되다, 허무하다, 아득하다' 그런 느낌이 듭니다. 일종의 니힐리즘이라고 할까요. 거기에 덧붙여 법정 스님 때문에 유명해진 '무소유'라는 개념도 인생과 세계에 대한 깊은 통찰이 수반되지 않으면 뭔가 수동적이고 피세적인 아우라가 느껴져요. 게다가 우리가 떠올리는 산사의 분위기는 새소리가 들리고, 찻잔에 차를 따르는 소리가 맑게 들리고, 운무 자욱한 산이 눈앞에 보이는 이런 이미지가 대부분이죠.

그런데 저는 왜 스님들이 그렇게 차를 좋아하시는지 좀 의아해요. 언젠가 친구들이랑 절에 몇 번 묵으면서 스님들 말씀을 들은 적이 있는데, 그러면 차를 계속 돌려 주시잖아요. 그게 한 바퀴 돌면 또 오고 또 오고. 몇 차례씩 돌다 보면 취하지는 않는데 사실 너무 오줌이 마려워요. 그래서 사위가 적막하고, 스님의 법문은 계속 들려오는데, 정작 어느 타이밍에 화장실을 가야 되나, 그거 궁리하느라고 머리가 텅 비어 버립니다. 이런 비움은 깨달음과는 거리가 멀죠.^^ 절에 가면 마음이 맑아지고 힐링이 되는 건 맞습니다. 하지만 깨달음은 힐링이나 청정한 분위기 같은 게 아니거든요. 우리를 지배하는 모든 분별망상을 타파하는 것인데, 자칫하면 또 다른 분별을 지을 수도 있겠다 싶습니다. 어찌됐건 그런 이미지에 감싸여 있게 되면 불교와 세속, 붓다와 중생은 더욱 멀어지게 될 거 같습니다.

또 하나 불교에 대한 오해는 우리나라의 불교가 선불교 중심인 데서 나옵니다. 우리나라 선불교의 가장 기본적인 수행법은 화두를 들고 명상을 하는 겁니다. 온몸으로 화두를 들고 그걸 타파하는 데 올인하는 거죠. 동안거, 하안거도 그런 수행을 위한 것이고요. 그런데 그런 선수행의 기본은 불립문자(不立文字), 언어도단(言語道斷)입니다. 그래서인지 모든 언어나 문자로 된 지성을 알음알이라고 하여 타파하는 것이 불교의 본래면목이라고 생각하는 경우도 많은데요. 깨달음이 언어나 문자의 장벽을 넘어서는 경지임은 틀림없지만, 그렇다고 언어나 문자의 세계를 부정하는 건 참 위험한 발상입니다. 부처님도 세속에 계실 땐 크샤트리야 계급에게 주어지는 모든 학문을 다 섭렵하셨어요. 당연히 산스크리트어를 포함하여 수사학이나 음운학, 음악과 공예, 점성술에 이르기까지…. 그래서 훗날 설법을 하실 때 팔만 사천 법문을 쏟아 내실 수 있었던 거죠. 그런데 어느샌가 우리가 아는 불교에는 그런 지성의 파토스가 생략되어 버렸습니다. 선문답, 목숨을 건 명상, 그리고 단박에 깨치는 돈오, 이런 식으로 대충 알고 있으니까, 왠지 불교에 입문하려면 지성을 포기해야 될 거 같은 생각이 드는 거죠.

저는 40대에 중년백수가 되어 고전을 공부하면서 20년 넘게 인문학 공동체에서 살고 있는데, 공부는 그 자체로 수행이라고 생각해요. 더구나 고전의 공부는 지식에서 지성으로, 지성에서 지혜로 가는 길입니다. 지혜는 영성이라고도 할 수 있습니다. 그리스도의 사랑, 붓다의 자비도 당연히 그 지평선 위에 있어요. 지식과 지성을 생략한 채 영성으로 가는 건 불가능하지 않나, 이런 생각을 해봅니다. 물론 고도의 집중을 통한 돈오의 길도 없진 않겠지만, 설령 그렇더라도 중생구제를 위한 설법을 할 때는 역시 문자와 언어가 필요한 게 아닐까요. 언어의 길을 알아야 언어도단이 가능하고, 문법을 알아야 문자가 야기하는 분별망상을 타파할 수 있지 않겠습니까. 붓다의 팔만 사천 법문은 말할 것도 없고, 훌륭한 스님들이나 구도자들은 예외없이 책을 쓰고 강의를 하시더라구요. 네, 맞습니다. 그러니까 불교는 신을 믿는 종교가 아니고 그야말로 지성의 산물인데, 저를 포함하여 우리는 불교가 '반지성적'이라는 편견에 사로잡혀 있었던 거죠.

# 앎은 기쁨이다

그래서 마음을 먹고 초기경전부터 쭉 읽으면서 충격을 많이 받았습니다. 예를 들면, 이런 대목인데요. "화살을 뽑아 버린 위대한 영웅은 사자처럼 숲속에서 포효한다."「쎌라의 경」붓다가 서른 다섯에 보리수나무 아래에서 깨달았을 때의 장면입니다. 존재와 우주의 모든 법칙을 깨달은 다음에 고따마 존자에서 붓다가 된 것을 묘사한 건데요. 얼마나 활발발합니까. 이 언어 어디에 우리가 불교에 대해 가지고 있는 정적이고 반지성적이고 니힐리즘 같은 이미지가 있나요? 그리고 경전에는 깨달은 다음에 절대적 기쁨과 환희를 누리는 장면이 수시로 나옵니다. 우리가 늘 추구하는 즐거움이나 행복 같은 것들은 일시적이고 상대적인 것이라 몹시 불완전합니다. 그와는 달리, 깨달음 직후에 붓다가 누린 이 환희는 그 무엇에도 기대지 않는 절대적인 것이었죠.

우리는 솔직히 그런 식의 절대적 환희를 상상조차 하지 못해요. 그래서 너무 좋다가도 금세 그 기쁨이 마치 연기처럼 사라지는 체험을 수시로 합니다. 정말 먼지 같고 아지랑이 같아요. 행복이건 기쁨이건 도대체 잡아 둘 수가 없죠. 최근에 빅 히트를 친 드라마 「부부의 세계」를 보면서도 그런 걸 많이 느꼈는데, 이 드라마는 어렸을 때 본 납량특집 「월하의 공동묘지」 이후 제일 무섭게 본 드라마예요.^^ 내용은 한마디로 부부가 행복을 소유하기 위해 필사적으로 전투를 벌이는 내용입니다. '나는 기필코 행복해질 거야', '나는 반드시 스위트홈을 완성하고야 말 거야', 이런 허상을 설정해 놓고 살아가는데 정작 현실은 끝없는 의심과 의혹, 불행과 복수로 점철되죠. 드라마가 세태 반영이라면 오늘날 거의 모든 부부가 이렇다는 뜻이겠죠? 애를 쓰면 쓸수록 불안하고 불행해지죠. 이건 꼭 남편이 불륜을 저질러서만도 아니에요. 별 문제 없이·가정이 유지되고 있더라도 마찬가지입니다. 삶의 모든 기반은 무상하게 변해 가기 때문에 늘 불안정할 수밖에 없습니다. 불안과 불행은 한끝 차이죠. 불안이 지속되면 어느 순간 불행하다는 감정에 휩싸여 버리거든요. 시공간이, 풍경이, 관계가 무상하게 변하기 때문에 도저히 어찌할 수가 없어요. 행복을 갈망할수록 더더욱 불행해지는 아이러니가 연출됩니다.

붓다는 마침내 모든 인간에게 숙명처럼 주어지는 그런 식의 조건과 굴레에서 벗어난 해방에 도달하게 된 거죠. 그때 붓다가 누린 자유와 환희에는 반대항이 없어요. 이원론적 굴레에서 벗어났기 때문입니다. 그래서 완전한 경지인 거죠. 그래서 7일 동안 보리수나무 아래서 그 기쁨을 누리시다가 그다음엔 나무를 옮겨 가면서 다시 7일씩, 모두 49일 동안 그 환희를 지속하셨다고 합니다. 그런데 이 기쁨은 황홀경과는 다른 것입니다. 그러면 가르침이 될 수가 없잖아요. 황홀경을 어떻게 다른 사람에게 전달하겠어요. 그래서 약물이라든가 격렬한 제의를 통해서 엑스터시를 느끼는 것은 진리라고 할 수가 없어요. 황홀경을 느껴 봤자 그건 특정 조건에 의존한 것이고, 그렇기 때문에 그런 기쁨은 순식간에 사라져 버립니다. 부처님은 오로지 인간 내면의 본성을 깨워 낸 것입니다. '붓다'라는 말 자체가 '스스로 깨어난 자'라는 뜻입니다. 인간은 물론 신에게도 의존하지 않고 스스로 깨달았다는 뜻인 거죠.

이것이 『숫타니파타』에 나오는 "무소의 뿔처럼 혼자서 가라"의 첫번째 의미라고 할 수 있습니다. 그 무엇에도 의존하지 않는 절대적 생명, 절대적 기쁨. 그러니까 사자후를 막 토해 내는 거예요. 앞의 강의에서도 "소리에 놀라지 않는 사자같이"라는 구절이 나왔죠. 부처님의 설법은 거의 다 '사자후'로 비유됩니다. 부처님이 열반에 드실 때, 생의 마지막 순간에 사자처럼 누웠다는 묘사도 보입니다. 오른쪽으로 누운 자세를 '사자와'(獅子臥)라고 하는데요. 이렇듯 붓다의 카리스마는 사자의 이미지와 늘 함께 갑니다. 두려움이 없이 나아간다, 어떤 충격에도 흔들리지 않는다, 물러섬이 없다, 이런 의미가 담겨 있겠죠. 최근에 들은 달라이라마의 일화 가운데 달라이라마가 인터뷰를 하고 있는데 갑자기 다람살라에 지진 같은 큰 흔들림이 있었다는 거예요. 그러자 다들 몸을 낮추고 숨고 했는데, 달라이라마는 원래 자세 그대로 계셨다는 겁니다. 그게 바로 마음의 힘이겠죠? 여기에 허무하고 수동적이고 피세적인 이미지는 전혀 없죠. 힘차고, 강건하고, 자유로운 모습이죠. 게다가 사자는 모두를 떨게 하지만 붓다나 달라이라마의 이 강건함은 누구에게도 두려움을 야기하지 않죠. 오히려 모든 이들로 하여금 두려움을 벗어나게 해주죠. 이런 게 진정한 강함, 강/약의 이분법을 벗어난 강함이 아닐까요?

## 붓다는 청년이다

앞에서도 밝혔다시피 붓다는 스물아홉에 출가, 서른다섯에 성도를 하셨는데, 그럼 청년의 몸인 거예요. 스물아홉에 출가해서 6년간 고행을 하면서 하루에 좁쌀 하나를 먹었다는데 이건 청년이 아니면 불가능한 코스거든요. 다음 쪽 사진을 보시면 이게 바로 붓다의 고행상입니다. 스물아홉에서 서른다섯 살까지, 아직 붓다가 되기 전 '고따마 존자'일 때의 모습을 묘사한 거죠. 인간의 몸으로 겪을 수 있는 극단의 고행을 하다가 문득, '아, 고행으로는 깨달음에 이를 수 없구나!'라고 자각하면서 고행을 중단합니다. 그때 수자타라는 여인한테 유미죽이라고, 요즘으로 치면 밀크티나 우유죽 같은 걸 탁발해서 드시는데요. 드시자마자 붓다의 몸이 원래 갖고 있던 서른두 가지 호상, 관상학적으로 볼 때 최고로 완성된 몸이 딱 회복이 되었다고 합니다. 과장

Syed Muhammad Naqvi(commons.wikimedia.org)

파키스탄 라호르 박물관에 소장되어 있는 부처님의 고행상.

이 지나치다고 생각할 수도 있는데, 회복력이 그만큼 빨랐다는 거잖아요. 이것 역시 청년이니까 가능한 겁니다. 나이가 들면 이렇게 회복이 안 됩니다. 고행을 견디기도 어렵지만, 이게 아니다 싶어도 멈추기도 쉽지 않습니다. 멈추는 것도 에너지가 필요하거든요. 또 멈추는 순간 원래의 체력과 형체를 회복하는 건 더욱 어렵죠. 이렇게 정리하고 보니 고따마 존자의 몸은 고도의 유연성과 탄력성을 지니고 있음을 절로 알게 되네요. 그래서 나이와 무관하게 청년의 신체라는 생각이 듭니다.

그리고 그다음, 바로 보리수 아래 가부좌를 틀고 깨닫기 전에는 절대 이 자리에서 일어나지 않겠다고 결심합니다. 이것 또한 청년의 투지, 청년의 역동성을 보여 주는 장면이죠. 우리 시대 청년들의 이미지가 워낙 자존감 낮고 무기력하고 면역력은 더 낮고…. 이렇다 보니 잘 실감이 안 가지만 저는 고따마 존자가 보여 준 이 장면들이 그야말로 청년의 파토스를 표현한다고 생각합니다.

또 한 가지, 수행은 힘들기도 하지만 또 그에 못지않게 유혹이 쉬지 않고 덮쳐 옵니다. 사자처럼, 코끼리처럼 유혹과 정면으로 대결할 수 있어야 해요. 유혹을 피하거나 깊이 숨기거나 하는 건 이미 구도의 여정이라 할 수 없습니다. 그래서 청년이라는 시기가 중요한 거죠. 고행을 감당하려면 활발한 신체성이 필요하고, 더 나아가 온갖 유혹과 맞짱을 뜨려면 더더욱 에너지가 넘쳐

야겠죠. 번뇌의 한가운데를 통과할 수 있어야 거기에서 자유로
워질 수 있는 법이니까요.

그래서 불교의 가르침은 절대 산속으로 은둔하거나 도피하
라고 하지 않습니다. 실제로 불교는 도시문명의 산물이에요. 고
향인 까뻴라밧투 역시 종족국가에서 도시국가로 나아가던 공화
국의 하나였구요. 붓다의 활동무대였던 북인도는 도시문명의 발
달로 교역이 아주 활발했어요. 물론 수많은 왕국들이 각축하면
서 정복전쟁도 그치지 않았고요. 시대의 대전환이 이루어지는
아주 역동적인 분위기 속에서 불교가 등장한 겁니다. 이후 대승
불교가 중국으로 이동할 때도 실크로드를 따라 이동하는 카라
반들과 함께였습니다. 그러니까 불교는 은둔의 종교가 절대 아
닙니다. 조선시대가 성리학을 택하고 척불을 외치면서 사찰들이
산속으로 들어갈 수밖에 없었지만 신라와 고려는 그야말로 불교
왕국이었죠. 경주를 가 보면 그냥 도시 전체가 불국토잖아요.

불교는 또 굉장히 실용적인 사상입니다. 왜 인생은 이토록
괴로운가를 탐구하고 그 괴로움에서 벗어나기 위한 방법을 찾고
자 하는 것이 바로 불교입니다. 우리가 보통 느끼는 세속적인 괴
로움이라고 하면 보통 인간관계의 애착에서 오는 경우가 태반
입니다. 그 애착의 대상을 상실했을 때 괴로움이 생기죠. 실연을
당하거나 가족을 잃거나 할 때 극심한 괴로움을 느낍니다. 또 하
나는 물질적으로 내가 뭘 얻고 싶은데 못 얻는 걸 괴로움이라고

생각하죠. 불교는 바로 이런 괴로움을 타파하기 위한 것입니다. 괴로움을 없앤다고 하면 보통 기복종교를 바로 떠올립니다. '절에 가서 열심히 절하고 기도하면 나를 힘들게 하는 일들이 해결될 거야', 혹은 '내가 원하는 것을 얻게 될 거야' 등등. 하지만 이것은 불교 이전에, 종교가 아니라는 걸 아셔야 합니다. 종교는 신의 뜻을 이루는 일인데 그렇게 사리사욕에 물들어 있으면 과연 신이 들어주실까요?^^ 입장 바꿔 한번 생각해 보세요. 더구나 불교는 붓다라는 신을 믿는 종교가 아닙니다. 무엇보다 붓다는 신이 아닙니다. 우리와 똑같은 인간이고, 우리들의 스승입니다.

이게 불교를 이해하는 가장 중요한 키워드입니다. 영화 「쿤둔」을 보면 부처님이 이렇게 말씀하시죠. '나는 열반에 이르는 도를 깨우쳤지만, 누군가를 열반에 이르게 할 수는 없다, 다만 그리로 가는 길을 알려줄 수 있을 뿐'이라고…. 열반에 드실 때도 제자들한테 마지막으로 궁금한 게 있으면 질문하라고, 세 번이나 말씀을 하십니다. 그래도 질문을 안 하니까. '내가 어려워서 말을 못하는 것이냐? 그냥 벗이라고 여기고 의심나는 점이 있으면 지금 꼭 물어보라'고 당부하십니다. 그래도 제자들이 질문을 안 하니까 마지막 말씀으로, '모든 것이 무상하게 변해 가니 부디 용맹정진하라', 이게 붓다의 마지막 유언이십니다. 그야말로 진정한 스승의 모습이죠. 마지막까지 부디 공부해서 나처럼 열반에 이르라고 당부하시는.

다른 종교들은 보통 신, 즉 초월자나 절대자를 상정하잖아요. 그래서 우리네 인간과는 분리된 존재입니다. 인간과 절대자 사이에는 엄청난 간극이 있습니다. 그러면 인간은 신에게 전적으로 의존하고 매달려야 하죠. 온갖 의례와 종교의식 등이 필요한 이유도 거기에 있습니다. 하지만 불교는 깨달음의 종교예요. 그러니까 종교를 넘어선 종교, 종교를 전복한 종교라고 할 수 있습니다. 인간의 몸을 가지고 인간의 내적인 힘을 통해서 자기를 해방하는 종교인 거죠. 다른 종교를 믿는 이들도 신에게 자신들을 해방해 달라고 빌죠. 그 해방이 신, 혹은 신성함에 다가가는 것이면 구도자라 할 수 있지만, 지상에서의 복락, 사후의 천국을 간구하는 것이라면 그건 샤머니즘과 다를 바가 없어요. 현대인들의 종교활동은 주로 후자에 방점이 찍혀 있죠. 그래서 우리가 종교에 대해 냉소적이 되어 가는 거구요.

그런데 불교는 일단 신을 섬기는 종교가 아니니까 부처님한테 가서 복을 내려 달라, 구원을 해달라고 비는 거는 굉장히 민망하고 쑥스러운 일입니다. 기도를 한다고 해서 들어주시는 것도 아니고, 또 들어준다고 해서 해결되는 문제도 아니니까요. 붓다의 가르침은 존재와 세계, 마음과 우주의 다르마를 깨달아서 자신을 묶고 있는 온갖 사슬에서 벗어나라는 것입니다. 그걸 알고 나면 어떻게 되죠? 부처님 앞에서 열심히 정진하겠다는 이야기 말고는 할 수가 없습니다.

# 『숫타니파타』의 머나먼 여정

이제 『숫타니파타』에 대해서 살펴보도록 하겠습니다. 처음에 '숫타니파타'라는 제목을 듣고는 '숫타니'와 '파타'로 나눠지겠거니 생각했었어요. 발음이 너무 근사했는데. 원어를 분석해 보니까 '숫타', '니파타'인 거예요. '숫타'가 경, 잘 설해진 말씀이라는 뜻이고, '니파타'는 그걸 모았다는 뜻이더라고요. 굉장히 단순하죠. 그리고 『숫타니파타』는 빨리어로 된 경전입니다. 불교사와 불교의 분파를 이해하는 데, 언어의 차이를 이해하는 것이 굉장히 중요한데요. 우리가 다룰 초기경전은 다 빨리어로 되어 있습니다. 부처님이 직접 쓰셨을 것으로 추정되는 언어입니다. 부처님의 주 활동무대는 북인도였고, 그 중에서도 대표적인 강대국이었던 마가다국의 언어로 설법을 하셨다고 합니다. 그런데 거기에 가장 가깝게 기록된 것이 빨리어인 거죠. 인도 문명에서는 산스크리트어가 가장 고귀한 언어입니다. 중국이 한자를 쓰고 유럽이 라틴어를, 중동이 아랍어를 쓰는 것과 같은 이치입니다. 빨리어는 산스크리트어랑 비슷하긴 한데 다소 대중적이고 통속적인 방언에 해당합니다.

그런데 부처님이 열반한 다음에 제자들이 모여서 소위 '결집'을 통해 부처님의 말씀을 정리하는 작업을 몇 차에 걸쳐서 했는데, 초기에는 당연히 구술로 전승되다가 나중에 빨리어 문자로 기록을 했는데, 그래서 초기경전을 빨리어 경전이라고 하는 거죠.『숫타니파타』는 그런 빨리어 경전에 속하는 경전이고요. 붓다가 되긴 했지만 아직 지명도가 낮고 게다가 나이도 너무 젊은 터라 여전히 '고따마 존자'라고 불리는 대목이 종종 나옵니다. 깨달음을 전파하는 초기의 다양한 양상이 드러나는 '최고층의 경전'이라고 합니다(이에 대한 자세한 해설은『숫타니파타』[전재성 역주, 한국빠알리성전협회, 2004] 해제를 참고하세요). 청년 붓다의 생생한 목소리와 여정이 담겨 있다고 보시면 됩니다.

그다음으로 이 경전이 우리에게 도달하기까지의 여정을 좀 살펴보겠는데, 이 과정 자체도 아주 흥미진진합니다. 붓다의 육성을 정리해서 구술을 통해 전승하다가 기원전 3세기경부터 문자로 기록되기 시작했습니다. 그 주역이 바로 아소카왕입니다. 진시황이 중국을 최초로 통일했다면, 아소카왕은 인도를 최초로 통일한 왕입니다. 그렇게 엄청난 위업을 달성한 인물인데, 정복 전쟁 과정에서 너무 많은 살생을 하면서 깊은 회의에 빠졌고 이후 독실한 불교신자가 되어서 불교를 중흥시키는 데 큰 공헌을 합니다. 이 아소카왕 비문에『숫타니파타』의 경이 다수 새겨져 있다고 하네요.

이무튼 이 불심 깊은 아소카왕이 자기 아들 딸, 즉 공주와 왕자를 실론 섬, 지금의 스리랑카로 보내서 불교를 전파하게 했대요. 처음엔 구전으로 전승하다가 기원전 1세기경에 문자화되었는데, 이게 바로 빨리어 경전입니다. 이후 남방불교에서는 이 빨리어 경전만 인정하게 됩니다. 부처님이 직접 설하신 것만을 경전으로 인정한다는 거죠. 비슷한 시기에 산스크리트어 전승도 시작되었는데, 이렇게 해서 불경은 빨리어와 산스크리트어 두 가지 문자체계를 갖추게 되었죠. 산스크리트어 경전은 초기경전도 약간 포함되지만 대승경전이 주를 이룹니다. 대승불교는 석가모니가 돌아가시고 오랜 시간이 지난 후에 새로운 불교운동으로 일어난 겁니다. 그래서 대승불교에서도 새로운 경전이 막 출현합니다. 이렇게 불교는 계속 경전을 창조하는 종교예요. 다른 종교에서는 이런 것이 가능하지 않죠. 『코란』을 누가 새로 창조할 수가 있나요? 구약에 누가 덧붙이는 것이 가능하지 않죠. 신약도 마찬가지입니다. 그런데 불교는 계속 경전이 창조됩니다. 우리나라 불교는 조계종이 주류니까, 『육조단경』도 소의경전(所依經典: 종교나 종파의 근본사상이 담긴 경전) 중 하나입니다. 당나라 때 스님인 육조 혜능(慧能) 스님의 일대기와 가르침이 담겨 있는 게 『육조단경』인데, 이렇게 나중에 출현한 텍스트들도 경전으로 인정합니다. 그리고 『금강경』, 『반야심경』 같은 경전들도 초기경전이 아니기 때문에 거기에 부처님이 등장하시긴 하지만 부처님이 직접 설하신 것이라는 증거는 없습니다. 너무 신기한 일입니다. 불교는 '언어도단'이라고 해서 진리를 문자로 표현할 수 없다고 했는데요. 그 말을 거꾸로 하면 무수한 언어를 창조할 수 있다는 말도 됩니다.

그런데 이렇게 대승불교가 등장하면서 이전의 불교를 소승이라고 칭하게 되었죠. 그러다 보니 소승불교, 곧 초기불교는 빨리어를 통해 남아시아로, 대승은 산스크리트어를 통해 중국으로, 이렇게 분화되는 흐름을 보입니다. 또 7세기 이후엔 티베트로 전파되고요. 중국이나 티베트로 간 불경은 거기서 문화적 융합을 일으키면서 자체적으로 발전해 나가는데, 남아시아로 간 초기경전은 비교적 처음 전승된 그대로 유지됩니다. 그러다가 18세기 이후 서세동점이 시작되면서 이 빨리어 경전들이 서양인들에게 발견되어 유럽에 알려지게 됩니다. 『숫타니파타』가 그 대표적인 케이스였죠. 서양 지성인들에게 큰 충격을 주었다고 합니다. 서양인들의 상상력을 뛰어넘는 그야말로 파천황적인 사유였던 거죠. 『주역』이 번역되었을 때도 그랬습니다. 융(Carl Gustav Jung)이 쓴 『주역』에 대한 글을 보면 동양적 지혜에 대한 감탄과 경이가 느껴집니다. 동양인은 서양의 대포를 보고 놀라고, 십자가를 보고 놀랐는데, 서양은 『주역』을 보고 놀라고, 불경을 보고 더 놀라고…^^ 서로 이질적인 문명이 조우하면서 깜짝 놀라는 것은 피차일반이었던 거죠.

『숫타니파타』는 이렇게 해서 서양의 여러 언어로 번역이 되었는데, 그 중에 독일어로 번역된 것이 가장 아름답다고 하네요. 그리고 그렇게 유럽에 번역된 『숫타니파타』가 20세기 초 일본의

'남전대장경'으로 정리되면서 20세기 후반 법정 스님 같은 분을 통해 국내에 알려진 거예요. 와~, 참으로 기나긴 여정이네요. 공간적으로 보자면 머나먼 여정이구요. 그런데 이 작품들은 빨리어가 아닌 일본어를 거친 중역이죠. 그래서 뜻이 모호한 것도 많고 다소 왜곡되기도 하고…, 그럴 수밖에 없겠죠.

그런데 이런 의문이 들죠. 불경이 한자로도 번역이 되었잖아요. 게다가 고려의 '팔만대장경'은 세계 최고의 수준인데 말이죠. 그런데 왜 일본경전을 번역하지? 이런 의문이 드셔야 합니다.^^ 산스크리트어 경전이 중국에 전파될 때 주로 대승불교 중심으로 번역이 되었다고 합니다. 그래서 한역(漢譯) 대장경에는 빨리어 초기경전이 굉장히 소략하게 들어가게 되었고, 그 결과 『숫타니파타』는 누락되었던 거죠. 한문으로 된 초기경전은 보통 『아함경』이라고 하는데, 거기에 『숫타니파타』의 몇 구절이 실려 있긴 합니다. 그게 전부였던 거죠. 아마도 대승불교 쪽에서는 『아함경』을 크게 중시하지는 않은 모양입니다.

이런 연유로 우리가 『숫타니파타』를 만날 기회는 원초적으로 차단되어 있었던 겁니다. 그래서 그렇게 머나먼 여정을 밟아서 20세기 후반에나 만나게 된 거구요. 그런데 『숫타니파타』의 대표적인 게송인 "무소의 뿔처럼 혼자서 가라"가 워낙 흡인력이 있으니까 널리 사람들의 입에 오르내리게 된 것이죠. 그러다가 1997년에 드디어 '빨리성전협회'가 한국에도 만들어졌고, 이후

전재성 박사님이 빨리어로 된 초기경전들을 번역하는 작업을 해 오고 있습니다. 이 엄청난 작업을 혼자 해내신다는 게 정말 믿어지지가 않습니다. 구마라집(鳩摩羅什)이나 현장(玄奘) 법사가 그랬듯이, 역경(譯經)이야말로 구도의 여정이라고 하지 않을 수 없습니다. 1997년에 시작되었으니 20세기 이후부터 번역본들이 나오기 시작했겠죠.

그래서 제가 2017년에 불교 공부를 시작할 무렵에는 빨리성전협회에서 나온 초기경전들이 막 쏟아지기 시작한 때입니다. 오, 이 기막힌 타이밍이라니! 정말 이거야말로 저의 공부복이라고 하지 않을 수 없습니다.^^ 다시 정리해 보면, 『숫타니파타』는 마가다국에서 스리랑카로, 다시 유럽으로 갔다가 일본을 거쳐서 지금 여기로 온 거죠. 거의 2천 년의 여정이라고 할 수 있습니다. 정말 우리는 대단한 존재가 아닙니까? 『숫타니파타』가 온전한 형태로 우리나라에 유통된 지가 얼마 안 된 거예요. 이런 행운을 누리고 있으니 널리 널리 전파를 해야겠죠.

그다음에 살펴봐야 할 것이 '티베트대장경'인데요. 규모가 상당합니다. 티베트불교랑 중국불교 모두 불교사의 중요한 영역인데, 두 지역의 불교는 지정학적인 차이를 넘어 여러 가지 점에서 차이를 보입니다. 전파 시기부터 차이가 많습니다. 티베트불교는 늦게 전파가 시작됐어요. 중국이 불교를 받아들인 게 기원후 1세기쯤이라면, 티베트는 7~8세기가 되어서야 불교를 받아들였거든요. 되게 늦었죠? 그때면 중국은 이미 도교식으로 불교를 번역하던 격의불교 시대를 지나 대승불교를 중심으로 중국식 불교가 본격적으로 발전하던 시기입니다. 그에 반해 티베트는 출발은 늦었지만 7세기 이후 인도불교의 정수를 다 흡수할 수 있었습니다. 중국과는 아주 다른 경로를 취하게 된 겁니다. 아무튼 결론적으로 보자면 티베트는 초기경전에서 대승, 금강승(밀교)까지 불교의 전 영역을 망라하게 되었습니다. 그래서 지금 전 세계 불교사상을 주도하게 된 거구요.

정리해 보면, 부처님 당시의 불교를 초기불교, 원시불교, 근본불교 등으로 부릅니다. 부처님 사후 제자들이 여러 파로 나뉘던 시기의 불교는 부파불교, 이 부파불교에 대항해서 생겨난 것이 대중부 불교, 이 흐름이 나중에 대승불교 운동으로 이어집니다. 이렇게 대승불교가 성립하면서, 졸지에 이전의 불교들이 '소승'이 되어 버렸죠. 이런 식의 구분법은 뭔가 저의가 느껴지지 않나요? 갑자기 "내가 주류다"라고 선언을 하면 여기 속하지 않은 사람은 갑자기 비주류와 소수자가 되어 버리잖아요. 그러니까 이럴 때 '나도 주류다'라고 나서기보다는 주류/비주류의 구분을 없애는 것이 더 중요합니다. 그래서 대승, 소승의 구별은 가능한 안 쓰는 것이 좋은 것 같아요. 그보다는 언어체계의 차이로 구별하는 게 나을 거 같습니다. 빨리어 경전, 산스크리트 경전, 한역대장경, 티베트대장경 이런 식으로.

# 공부는 함께 하는 것

이번 강의에서는 『동의보감』과 『숫타니파타』가 쓰여진 과정과 시대적 배경을 간단하게 살펴보았습니다. 『동의보감』은 생리를 통해서 심리와 윤리의 삼중주를 추구하는 양생술이라고 정리할 수 있을 것 같아요. 허준은 서문에서 "환자가 책을 펼쳐 눈으로 보면 허실, 경중, 길흉, 사생의 조짐이 거울에 비친 듯이" 환할 것이라고 이야기하고 있습니다. 그러니까 환자가 직접 보라는 거죠. 아픈 사람이 책을 보고 자신의 상태에 대해 명료하게 파악하라는 겁니다. 그리고 그것이 『동의보감』이 말하는 진정한 양생술입니다. 자기 몸과 병을 스스로 탐구하지 않으면 우리는 무지를 일상화하게 됩니다. 그 자체가 병증이죠. 그렇게 해서는 좋은 삶이 불가능합니다.

그리고 불교의 핵심은 마음과 우주와 수행의 삼중주인데, 수행을 하면 궁극적으로 우리를 얽매고 있는 모든 굴레와 멍에로부터 벗어난다는 이야기입니다. 부처님이 열반에 드실 때 제자들이 슬퍼하죠. 그렇게 오랫동안 존재와 세계의 무상을 배웠지만 그래도 슬픈 건 슬픈 겁니다. 그때 이렇게 당부하시죠. "이제부터 법을 등불로 삼고 자기 자신을 등불로 삼아라". 그 무엇에도 끄달리지 말고 그 누구에게도 의존하지 말라는 뜻이죠. 여기에 비추어 보면 현대인이 꿈꾸는 자유와 행복은 온통 멍에로 가득 차 있습니다. 화폐와 식욕, 성욕에 대한 갈망, 그걸 바탕으로 직조된 그물망 속에선 아무리 열심히 살아도 불안하고 헛헛할 수밖에 없겠죠. 그래서 늘 슬픔에 허덕입니다. '알고 보면 다 불쌍해', 이런 말이 그래서 나온 게 아닐까요?

그런데 이런 가르침을 일상적으로 닦기 위해서는 공동체 혹은 네트워크가 꼭 필요합니다. 수행은 일상과 분리될 수 없어요. 아무리 대단한 지식이 있고, 또 깊은 삼매체험을 한다 해도 일상 속에서 그 상태를 구현할 수 없다면 그냥 공염불입니다. 우리의 몸이 갖고 있는 습관과 업장이 어마어마한 힘을 갖고 있거든요. 아무리 좋은 이야기를 듣고 깨달은 것 같아도 탐진치가 바로 잠식해 들어옵니다. 그런데다가 자본주의의 위력이 또 얼마나 셉니까. 화폐와 상품과 쾌락의 유혹, 이건 정말 허리케인의 위력을 능가합니다. 혼자서는 이거 낼 방법이 없습니다.

그러니까 부처님이 승가공동체를 꾸리신 거죠. 절대 혼자 공부해서는 안 돼요. '혼밥'도 위험하지만 '혼공'은 정말 위험합니다. 욕망의 구조, 성격의 틀이 바뀌기는커녕 더 악화됩니다. 그런데 다른 사람과 자꾸 마주치면 나의 치부가 드러나잖아요. 치졸하고 유치하고, 툭하면 삐지고, 공주병·왕자병이 장난이 아니고, 이런 뒤틀린 심사들이 적나라하게 드러나게 됩니다. 자신은 숨겼다고 생각하지만 사실은 다 드러납니다. 숨길 수가 없는 겁니다. 또 드러나야 고쳐요. 병은 사방팔방에 알리라는 말이 있죠. 그래야 여기저기서 정보를 얻을 수 있습니다. 걱정하는 마음들이 연결되는 것도 큰 힘이 되고요. 그게 바로 집단지성을 활용하는 법입니다. 같은 이치입니다. 나의 결함과 악덕은 사방팔방에 알려야 합니다. 그래야 고칠 수 있어요. 일부러 그렇게 할 수는 없으니 그런 곳에서 일상을 꾸려야 합니다. 그래야 집단지성을 발휘해서 벗어나는 방법을 찾게 되죠. 그렇지 않으면 병을 숨기는 것보다 더 위험한 지경에 처합니다. 내 욕망의 왜곡이 결국내 삶을 나락으로 떨어지게 할 테니까요.

저도 공동체가 아니었으면 인간 꼬라지가 '우찌' 됐을지 생각만 해도 아찔합니다. 지난 20년 동안 온갖 세대의 사람들과 지지고 볶고 하다 보니 저의 결함을 숨기지 않아도 되는 게 참 좋습니다. 나이가 드니까 이제는 더더욱 숨기기가 싫어요. 잘못하면 비판이건 비난이건 당해야죠. 잘못했는데 칭찬을 받으려고 하면 안 됩니다. 살아 보니 그게 참 부질없다는 걸 깨달았어요. '뭣이 중헌디!'라는 말이 있잖아요. 정말 중요한 건 내가 좀더 성숙한, 좀더 완성된 인간이 되어 가는 거 아닐까요? 그런 충만함을누리고 싶습니다. 그래서 주변에 늘 스승과 벗이 있어야 합니다. 나의 병증과 결함을 알아채고 질책해 주는! 그게 바로 공동체고네트워크입니다. 그러니 꼭 자신에게 물어보세요. 나는 삶의 비전을 공유하는 스승과 벗이 있는가? 아니라면 당장 그 관계망을향해 나아가셔야 합니다. 오늘은 여기까지.

---

# 정기신과 탐진치(1) :
# 생명과 존재의 근원

# 존재는 무엇을 향해 나아가는가?

## 신형장부도와 고행상

이제 본격적으로 『동의보감』과 『숫타니파타』로 들어가서 두 텍스트가 생명과 자연, 존재와 우주에 대해 어떻게 이야기하는 지를 살펴보겠습니다. 우선 『동의보감』의 제일 앞부분에 나오는 신형장부도를 보겠습니다. 다음 페이지의 그림이 신형장부도인 데요. 이 그림에는 신체와 생명에 대한 다양한 메시지가 담겨 있 어요. 일단 옆으로 앉아 있는 자세죠. 몸 안의 다양한 장기들과 통로들이 그려져 있습니다. 일종의 해부도인 거죠. 측면 해부도

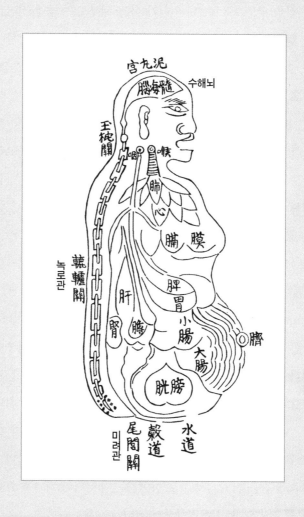

『동의보감』의 첫머리에 수록되어 있는 신형장부도.

라는 점이 일단 특이하죠. 우리가 아는 해부도는 대개 정면으로 팔을 옆으로 벌리고 서 있는 형상을 취하는데, 그것과는 차이가 있죠. 그리고 자세히 보면, 눈을 뜨고 있고, 시선이 배꼽을 향해 있어요. 그런데, 배꼽 주변에 쭈글쭈글한 선들이 있죠. 그건 숨을 쉬고 있다는 걸 표현합니다. 말하자면, 살아 있는 신체를 그린 거죠. 인체의 장기를 그린 해부도인데, 살아 있는 신체를 그리고 있다는 것, 이게 중요합니다. 우리는 해부라고 하면 죽은 다음에 사체를 잘게 쪼개서 분해한 것을 떠올립니다. 생각해 보니 살아 있는 몸의 해부도는 상상해 본 적이 없었던 거 같습니다. 그래서 또 생각해 보니, 숨이 끊어진 상태의 몸과 살아 숨쉬는 상태의 몸은 전혀 다르겠구나, 하는 걸 그제서야 알아차리게 되었고, 그런데 왜 지금까지 그런 생각을 못했을까도 의아했습니다. 제 결론은 우리는 몸을 여러 요소들의 기계적 결합이라고 간주했던 겁니다. 그 요소들이 어떻게 연결되어 생명활동이 어떻게 이루어지는가에 대한 생각은 못했던 거 같아요. 이젠 상식적인 말이지만, 생명은 활동이자 네트워크입니다. 당연히 에너지가 쉬지 않고 흘러야 합니다. 그래서 신형장부도를 그릴 때에도 미려관에서 녹로관을 거쳐 수해뇌로 이어지는 에너지의 경로를 표현하기 위해 측면도가 가장 적합했던 겁니다.

『동의보감』의 이런 내용을 염두에 두고 이번에는 앞 강의에서 보았던 붓다의 고행상을 다시 한번 살펴볼까요(88쪽). 달라이라마께서 이 불상을 제일 좋아하신답니다. 그래서 저도 관심을 갖게 되었는데, 일단 이 조각상의 얼굴은 굉장히 세련된 서구인의 외모죠. 간다라 미술 양식이라서 그렇습니다. 알렉산더가 동방을 정복했을 때 그 후예들을 인도 북부에 남겨 두고 갔다는데, 훗날 그 종족들이 불교에 흠뻑 빠져서 불상을 만들었다고 합니다. 원래 불교에는 상이 없어야 되잖아요. 붓다는 신이 아니라 스승이고 불교는 모든 표상을 타파하는, 오직 다르마에 의지하는 가르침인데, 불상을 만들고 그걸 숭배하는 것은 불교하고 맞지가 않습니다. 그래서 붓다 입멸 후 다비식을 마치고 남은 사리를 8개 왕국에서 나눠 가졌는데, 그걸 중심으로 각 지역마다 스투파라고 하는 탑을 만들었어요. 불상을 만들겠다는 생각은 하지 못한 거죠. 그런데 한참 후에 대승불교 운동이 일어나면서 불상이 등장하기 시작했어요. 그걸 주도한 곳이 간다라 지역이라 상당히 서구적 분위기를 띠게 된 거죠. 그러고 보면 불상은 등장부터 동서양의 문명적 교차가 낳은 산물이네요. 그렇게 해서 수많은 불상들이 등장했는데, 그 중에서 고행상은 그다지 유명한 불상은 아니에요. 한데, 달라이라마는 유독 이 불상을 좋아하시고, 실제로 다람살라 집무실에 모셔져 있습니다. 요즘 유튜브 강의를 하실 때 달라이라마 바로 뒷면에 이 고행상이 보입니다.

붓다는 6년 동안 하루에 좁쌀 한 알을 먹으면서 극단적인 고행을 시도합니다. 금식도 금식이지만 신체를 고통스럽게 하는 다양한 고행을 실천하셨어요. 인간이 이 몸을 갖는 대가로 앓게 되는 병이 404가지라는데, 붓다는 인간이 몸으로 겪을 수 있는 온갖 통증을 다 겪어 봤다는 겁니다. 404가지까지는 아니더라도 우리는 꽤 많은 고통을 일상적으로 겪고 있습니다. 지금은 코로나19가 그 주역이지만 그게 아니라도 늘 여기저기가 조금씩 아프죠. 난치병이나 불치병이 주는 고통이야 말할 것도 없고. 붓다는 그런 고통을 기꺼이 다 겪어 내면서 우리 몸과 아픔, 그리고 괴로움 등에 대해 치밀하게 탐구를 하신 거 같습니다. 6년 만에 고행을 멈추고 위파사나 명상을 통해 깨달음을 이루었기 때문에 흔히 이 고행의 과정을 그저 시행착오의 하나로 여길 수 있는데, 제가 보기엔 절대 그렇지 않습니다. 고행 자체가 깨달음을 준 건 분명 아니지만 이 시간은 정말 치열한 통찰의 과정이었음에 분명합니다. 달라이라마께서도 그런 면에 깊은 감명을 받으시는 거 같구요.

예전에 이 불상을 보면 '아 참 처절하게 수행을 하셨구나', 이런 생각만 하고 말았는데, 조금 공부를 하면서 놀라운 점을 발견하게 되었어요. 무엇보다 극한의 고통을 겪는 와중에도 이렇게 가부좌를 하고 똑바로 앉아 있을 수 있다는 사실이 너무 놀라웠습니다. 우리는 조금만 기운이 없어도 가부좌는 고사하고 제대로 앉아 있지도 못합니다. 하긴 건강할 때도 이런 자세가 잘 안 나오죠. 그런데 붓다는 허리를 꼿꼿하게 편 채 가부좌를 틀고,

또 잘 안 보이지만 눈빛이 형형하게 묘사되어 있다는 거죠. 여기가 핵심이에요. 신체적 극한에 이르렀어도 존재가 온전히 살아 있는 거잖아요. 그게 바로 마음의 힘이겠죠. 마음이 지닌 무한한 잠재력을 확인시켜 주는 겁니다. 스스로 고통을 감내하면서 몸이 어떻게 반응하고 작용하는지를 탐구하고, 그 고통을 완벽하게 컨트롤할 수 있는 마음작용을 다양한 차원에서 탐사하지 않았나 싶습니다.

## '우화등선'에 담긴 뜻은?

자, 그럼 이번에는 『동의보감』을 통해 좀더 구체적인 현장으로 들어가 보겠습니다. 『동의보감』의 비전은 말할 것도 없이 양생이죠. 타고난 생명력을 잘 보존하고 자양시킨다는 뜻입니다. 이렇게 말하면 좀 평범하게 느껴지는데, 이렇게 표현하면 아주 다릅니다. '요절할 사람은 장수하게 하고, 장수할 사람은 신선이 되게 한다.' 이게 『동의보감』이 제시하는 양생적 비전이에요. 너무 원대하고 심오해서 입이 떡 벌어지죠. 요절할 정도로 허약하거나 큰 병에 걸린 사람을 장수하게 한다. 이것도 엄청난 일이죠. 하긴 허약체질로 태어나 장수하는 경우는 종종 있으니까 아주 터무니없다고 할 수는 없죠. 그런데 그다음, 장수할 사람은 신선이 되게 한다, 이건 진짜 너무 심하지 않습니까?^^ 무병장수까지야 모든 인간이 바라는 바이자 모든 의학이 지향하는 바죠. 그런데 무병장수 다음은 뭐죠? 잘 죽는 거? 그리고 끝! 이게 보통의 상식인데, 『동의보감』은 신선이라는 드높은 비전을 제시한 겁니다.

신선이 뭔가요? 어떻게 해야 신선이 되는 건가요? 일단 신선이란 우리 몸의 형체적 구속에서 벗어나 천지와 함께 공생하는 존재입니다. '우화등선'(羽化登仙)이라는 말 아시나요? 몸이 깃털처럼 가벼워져 하늘로 올라간다는 뜻이죠. 이건 그냥 수사학이 아니고 도교 수련을 했던 분들은 오랫동안 신선-되기를 꿈꿔왔습니다. 그래서 신선술이라고도 부릅니다. 그러니까 무병장수를 충분히 누린 다음에는 당연히 죽음이 다가올 텐데, 그 죽음을 이렇게 통과하면 된다고 해석한 겁니다. 몸의 형역(形役)을 벗어던지고 하늘로 승천한다는 식으로. 동양식 불사불멸의 사상인 셈이죠. 우리나라 고전소설이나 전설, 민담에도 평생 양생술을 닦던 도사가 삶을 마침과 동시에 홀연히 공중부양했다는 스토리는 종종 있어요. 좀 황당하고 고원하기 그지없지만, 이 안에 담긴 이치와 원리는 주시할 필요가 있습니다. 말하자면, 인간이라는 존재가 어디를 향해 나아가야 하는가를 보여 준다는 겁니다.

우리의 몸은 굉장히 무겁기 때문에, 중력에 의해서 이렇게 지상에 붙들려 있는 거죠. 몸은 땅을 딛고 있지만, 정신은 항상 하늘을 보면서 자유를 꿈꿉니다. 땅에 발을 딛고 하늘을 응시하는 존재, 그게 인간이고 호모 사피엔스죠. 발이 딛고 있는 대지는 한뼘 정도지만 우리의 시선은 광대무변한 하늘을 볼 수 있습니다. 그 하늘의 광대무변함을 누리고 싶다는 건 모든 인간의 본성입니다. 자, 그럼 어떻게 해야 저 하늘의 대자유를 누릴 수 있을까요? 당연히 가볍고 경쾌해야 합니다. 무겁고 탁해지면 하늘이 아니라 땅만 보면서 걷게 됩니다. 실제로 하루에 한 번도 하늘을 보지 못하고 사는 분들이 많아요. 먹고살기 힘든 거랑은 아무 상관이 없습니다. 솔직히 너무 잘나가서 돈 버느라 정신이 없는 사람들은 하늘이 있는지도 잘 모릅니다. 당연히 존재가 한없이 아래로 가라앉겠죠. 그러면 몸은 말할 것도 없고, 삶 자체가 위태로워집니다.

비슷한 맥락인데, 『동의보감』에 따르면 사람이 죽으면 혼백이 흩어지는데, 혼은 위로 가고 백은 아래로 간다고 하죠. 백은 흙으로 돌아가는 건데, 빨리 분해되는 게 가장 좋다고 봅니다. 그래야 존재의 구속에서 자유로워질 테니까요. 그런데 혼은 위로 올라가야 하니까 진짜 가벼워야 하는 겁니다. 혼이 가벼우려면 어떻게 해야 될까요? 경험해 본 적이 없으니 모르겠지만, 이런저런 욕망에 휩싸여 있으면 혼이 무겁지 않을까요? 죽을 때 원한과 미련이 많으면 혼이 쉽게 떠나지 못한다고 하잖아요. 그래서 사별은 참 슬픈 일이지만, 다른 한편, 망자가 빨리 툴툴 털고 다른 세계로 가기를 바라죠. '명복을 빈다', '평안히 쉬기를 바란다'라는 애도사가 그런 뜻이죠. 그래서 지나치게 비탄에 빠져 있으면 진정한 애도라고 보기 어렵습니다. 망자의 혼을 무겁게 해서 위로 올라가기 어렵게 하는 일이니까요. 솔직히 말하면, 죽음 앞에서 비통해하는 건 자기결핍과 자기상실감이지, 망자에 대한 사랑 때문은 아닌 것 같아요. 이런 사실을 알기만 해도 슬픔의 중력에서 어느 정도 벗어날 수 있지 않을까 싶습니다.

어쨌든 사람이 죽으면 혼은 위로 올라갑니다. 이게 종교에 따라 천국일 수도 있고, 극락일 수도 있는데, 어떻든 간에 인간은 사후의 복락을 갈망합니다. 그 복락의 핵심은 자유와 해방이겠죠. 혼이 청정해야 한다는 것도 그런 맥락을 표현하는 겁니다. 그러려면 살아 있을 때 무언가에 지나치게 애착을 가지면 안 되겠죠. 사후의 지복을 원한다면, 누구든 애착을 갖지 않는 훈련을 해야 합니다. 그런데 우리는 열정과 집착을 부추기는 분위기 속에서 살고 있으니까 살아서도 늘 무겁고, 사후에도 혼이 탁해서 구천을 맴돌지 않을까 싶네요. 그런 점에서『동의보감』의 비전을 되새겨 볼 필요가 있습니다. 요절에서 장수로, 장수에서 신선으로 가는 이 경로의 핵심은 장수나 신선 자체가 아니라 존재가 점점 너 자유를 향해 나아가야 한다는 데 방점이 있는 겁니다.

요절이 더 애통한 이유도 죽는다는 사실 자체보다 시간적으로 자연스럽지 않아서 그런 거죠. 인간이 일단 태어나면 봄, 여름, 가을, 겨울을 두루 겪는 게 자연스러운 거죠. 그리고 그걸 장수라고 하는 거고요. 그렇게 인생이라는 리듬을 때에 맞게 겪어야 합니다. 봄에는 봄답게, 여름은 여름답게, 가을은 가을답게, 겨울은 겨울답게. 그런데 우리가 봄, 여름만 좋다고 그 상태를 계속 연장하려고 하면 정말 원귀가 될 수 있어요. 반대로 평생을 봄, 여름만 겪다가 죽으면, 나이가 많이 들어서 죽는다 해도 요절 아니겠어요? 평생을 어린애로 산 셈이니까요. 반대로 나이가 어린데도 인생의 봄, 여름, 가을, 겨울을 다 겪어서 충분히 성숙하고 지혜롭다면, 그런 사람은 좀 이른 나이에 죽음을 맞이하더라도 요절이라고 할 수 없습니다. 이런 점에서 보자면, 잘 산다는 것은 그냥 오래 사는 것과는 다른 거예요. 현대인들은 시간 단위에 사로잡혀서 그냥 무조건 길게 연장하는 데만 신경을 쓰죠. 그래서 초봄 상태에서 100살까지도 살 수가 있는 겁니다. 나는 안 늙을 거야, 나는 청춘이야, 더 즐겨야 해, 이러면서 평생을 사는 거죠.

그래서 요절과 장수가 객관적 수치가 있는 건 아닌데, 『동의보감』에서는 자연적인 리듬을 따르면 인간의 기본수명은 125세라고 합니다. 목화토금수, 오행별로 해서 25세씩을 사는 건데요. 성장하는 나이가 25년이고 거기에 5를 곱해서 나오는 숫자입니다. 조만간 100세를 넘어서 125세를 겨냥하는 시대가 올 것 같아요. 지금도 80대 후반인데 건강하셔서 100세를 염두에 두고 여러 가지 계획을 하시는 분들이 많이 있답니다. 그런데 더 중요한 건 삶의 사계절을 그에 걸맞게 통과하는 겁니다. 그래서 60세 이후, 중년과 노년의 주기를 어떻게 통과할 것인가에 대한 깊은 탐구가 필요합니다.

아무튼 『동의보감』은 양생술을 통해 요절할 사람은 장수하게 하고, 장수할 사람, 즉 생명력을 잘 타고난 사람은 신체가 더더욱 가벼워져서 우화등선할 수 있다는 원대한 비전을 제시하고 있습니다. 이게 인간이라면 반드시 지향해야 할 바라고 보는 겁니다. 신선이 되기 전의 단계를 진인(眞人)이라고 합니다. 앞의 강의에서 살펴본 "하늘에 해와 달이 있듯이 사람에게는 두 눈이 있다"라는 그 문장을 쓰신 분도 손진인(孫眞人)이라는 의사입니다. 의사인데 진인의 경지까지 도달한 거죠. 그런 진인들의 의학적 노하우가 『동의보감』에 아주 많이 녹아 있습니다.

## 하늘 아래 나 홀로 존귀하다!

『숫타니파타』를 통해 알 수 있는 붓다의 비전은 뭘까요. 붓다는 출가 선 까뻴라밧두 왕국의 싯다르타 왕자였죠. 붓다는 사실 고유명사가 아닙니다. 부처님의 다른 이름인 석가모니는 석가족의 성스러운 존재라는 뜻이고 '붓다'는 스스로 깨어난 존재라는 뜻입니다. 그러니까 깨달은 존재는 다 붓다예요. 싯다르타 왕자는 어머니 옆구리에서 태어났다고 하죠. 자궁을 통해 태어나지 않았어요. 여러 가지 의미가 있지만, 일단 어머니한테 산통을 야기하지 않고 태어났다는 점이 중요하다고 봅니다. 태어남이 누군가의 고통이 아니라는 것, 그것이 붓다의 탄생입니다. 그리고 태어나자마자 일곱 걸음을 걸은 뒤에 이렇게 외쳤죠. "천상천하 유아독존"(天上天下 唯我獨尊)! 꽤 유명한 구절이죠. '하늘 위와 하늘 아래에 나 홀로 존귀하다'라는 뜻입니다. 처음 들으면, '나 홀로 존귀하다고? 너무 오만한 거 아냐? 이런 생각이 들죠. 그런데 그 '나'가 개별적 자아가 아니라, 인간의 존재론적 본성을 의미한다고 보면 좀 이해가 됩니다. 즉, 인간은 누구나 본질적으로 존귀하다는 거죠. 달리 말하면 그 무엇에도 걸림 없는 대자유가 인간의 본성이라는 뜻입니다. 붓다는 탄생 직후 그걸 만천하에 선언한 거예요.

거기서 끝이 아니라, 그다음에 덧붙인 말이 있어요. "일체개고 아당안지"(一切皆苦 我當安之)가 그것입니다. 일체가 다 괴로움이니 내가 마땅히 편안하게 하리라는 뜻입니다. 앞의 구절과 연결하면 인간은 근본적으로 홀로 존귀한데, 그걸 모르면 일체가 다 '고'(苦), 다시 말해 괴로움이라는 겁니다. 그래서 내가 인간의 존재론적 본성을 깨달아서 모든 중생을 그 괴로움에서 벗어나게 해주겠다고 선언한 거죠. 전체적으로 이런 맥락인데, 주로 앞의 두 구절, '천상천하 유아독존'만 뚝 잘려서 널리 유행을 하다 보니 다소 오해가 있었던 거 같습니다. 그런데, 저는 이것이 신화적 상징이냐 아니면 역사적 팩트냐, 그런 점보다 이 갓난아기가 그렇게 외친 다음에 어떻게 자랐는지가 궁금했었는데, 어떤 경전을 읽다 보니까 마침 그 대목이 주석에 나오더라구요. 이렇게 사자후를 터뜨린 다음에 다시 강보에 싸여서 신생아 상태로 돌아갔다고 합니다. 하긴, 그래야 맞죠. 다시 인간의 몸으로 성장해야 맞습니다. 아니면 신화적 허구로 치부되고 말 테니까요. 이 탄생의 서사에 담긴 뜻은 싯다르타 왕자의 무의식, 수많은 생을 통한 공덕과 수행으로 이번 생에 반드시 붓다를 이루겠다는 결의를 표현한 것이라고 할 수 있습니다.

여기서 보듯, 불교는 삶을 고(苦), 즉 괴로움이라고 봅니다. 괴로움의 이유는 간단해요. 모든 인간은 생로병사의 과정을 밟아야 하니까요. 탄생부터 괴로움이죠. 엄청난 산고를 겪어야 태어나지 않습니까. 붓다는 헤아릴 수 없이 많은 공덕을 쌓았기 때문에 마야부인의 옆구리에서 태어날 수 있었지만, 우리 같은 중생은 다 어머니를 엄청나게 고통스럽게 하면서 태어나죠. 탄생이 이러하니 노병사는 당연히 괴로움을 유발합니다. 늙음이 주는 고통은 물론이려니와 일상적으로 질병을 앓아야 합니다. 그리고 죽음은 내 몸이 사라지는 거죠. 그런데 몸이 사라져서 자유롭구나, 이렇게 생각하지 못하니까 괴롭습니다. '이 몸마저 없으면 도대체 어디다 나라는 존재를 의탁하지?', 이런 생각을 하면서 막 몸부림을 치니까 죽음에 끌려가게 되죠. 결국 생로병사가 다 괴로움이죠. 이런 이야기는 비관적 해석이 아니라 삶의 보편적인 특징을 '있는 그대로' 말한 겁니다.

그러면 어떻게 해야 할까요? 생로병사의 괴로움을 벗어나는 길을 찾아야겠지요. 그걸 불교에선 해탈이자 열반이라고 합니다. 해탈이 '껍데기를 벗는다' '구속에서 벗어난다'는 뜻이라면 열반은 모든 욕망의 불꽃이 꺼졌다는 뜻입니다. 완벽한 평정에 도달한 상태인 거죠. 싯다르타 왕자는 그런 비전을 세운 겁니다. '생로병사가 이토록 괴롭다면 분명히 그 모든 괴로움에서 벗어나는 길이 있을 것이다, 완벽한 자유와 해방으로 가는 길이 있을 것이다'라고 생각한 거죠.

물론 다른 종교에서도 이런 해방과 구원을 말합니다. 하지만 그건 오직 신에 의해서만 가능하다고 믿습니다. 서양의 종교들은 지금까지도 초월적인 신에게 다 맡기고 있습니다. 그래서 요가라든가 명상이라든가 하는 이런 기술이 없어요. 내적인 잠재력을 일깨우기보다는 신의 계시나 응답을 기다리는 데 몰두합니다. 끊임없이 기도를 하는데, 만약 응답이 없다면 너무 괴로운 일이겠죠? 카렌 암스트롱(Karen Armstrong) 같은 비교종교학자도 어렸을 때 수녀원에 들어가서 7년인가를 늘 기도하고 간구했지만 그 어떤 계시나 은총이 내리지 않는 거예요. 결국 마음의 병이 깊어져서 수녀원을 뛰쳐나오고 말죠. 이런저런 방황 끝에 종교학과 인류학을 공부하면서 자신만의 길을 찾게 됩니다. 이후 여러 종교 사이의 화해를 이끌어 내는 수많은 저서를 써서 세계적인 학자가 되었죠. 대표적인 저서가 바로 『축의 시대』입니다. 기원전 5세기 서양과 인도, 중국 등 전 세계 문명에 영적 비전이 동시적으로 등장하는 장면을 심도 있게 서술한 저서입니다. 소크라테스, 붓다, 공자와 노자가 동시대인이라는 점에 착안하여, 비슷한 시기에 전 인류가 해방과 구원을 위한 비전을 세웠다는 겁니다. 신에게 의존하지 않고 인간의 내적인 통찰력을 일깨워 냄으로써 삶의 질곡에서 벗어나고자 했던 거죠. 카렌 암스트롱에 따르면, 인류는 지금까지 한 번도 축의 시대의 비전에서 벗어난 적이 없었다는 겁니다. 전적으로 동의합니다. 특히 붓다가 제시한 비전은 그 중에서도 가장 빛나는 성취에 해당합니다.


## 참을 수 없는 존재의 충만함

서양이 주로 유일신이나 초월자에 의존하는 데 반해 동양에서는 자연의 신성함과 우주적 전체성이 다 내 안에 있다고 봅니다. 『동의보감』이 몸과 자연의 대칭성에 주목한다면, 불교는 마음과 우주의 활발한 상호의존성을 주시합니다. 우리의 몸은 아주 제한적이지만 우리의 마음은 전 우주와 온전히 공명할 수 있다고 보는 거죠. 이렇게 마음에서 우주로 연결되는 그 통로를 열어서 '스스로 붓다가 돼라'는 겁니다.

붓다가 된다는 것은 신통력이나 초능력을 터득하는 게 아닙니다. 그것은 절대 깨달음의 징표가 될 수 없어요. 그런 이치는 『서유기』를 보면 금방 알 수 있습니다. 세 주인공 요괴, 손오공, 저팔계, 사오정은 정말 뛰어난 초능력자들임에도 깨달음과는 아주 거리가 멉니다. 반면, 삼장법사는 신통력은 고사하고 인간적 재능도 별로지만 세 요괴들을 이끌고 가는 스승이잖아요. 삼장법사만이 그들을 서천으로 이끌 수 있거든요. 이유는 오직 하나, 서천으로 가고자 하는 구법의 일심을 지니고 있기 때문입니다. 그렇습니다. 일심, 한 조각의 마음이면 충분합니다. 그 마음의 파동이 전 우주와 연결되면 어떤 고난도 다 극복할 수 있습니다. 마음이 우주로 이어지는 이 과정이야말로 미묘하고 오묘한 작용입니다. 하지만 사람들은 그런 건 시시하다고 느낍니다. 오직 신통방통한 이적만을 간구합니다. 그런 것만이 신의 존재를 증명한다면서요. 당연히 망상입니다.

사실 매일 해가 뜨고 지는 것, 매년 봄, 여름, 가을, 겨울이 돌아가는 것만도 충분히 위대하고 신비롭습니다. 봄에 꽃 피고 여름에 녹음이 우거지고 가을에 낙엽이 떨어지고 겨울에 눈이 오는, 이것보다 더 신비로운 게 있을까요. 공부를 하면 할수록 실감이 납니다. 내가 존재하는 '지금 여기'에 온 우주의 법칙이 다 구현되고 있다는 것을. 매일 벌어지는 사건사고도 그 이치를 잘 따져 보면 참으로 신묘하기 그지 없습니다.

하지만 사람들은 눈앞에 있는 이런 현상과 작용은 싹 빼놓고 별도의 특이한 걸 찾습니다. 대개 자연의 차서를 벗어나거나 아니면 갑자기 툭 튀어나오는 이벤트를 찾아 헤맵니다. 우리가 누리는 자연의 원리, 일상의 리듬만으로도 충분히 경이로운데, 자꾸 그걸 벗어나는 궤도를 찾아 헤매는 거죠. 그건 신비도 신성함도 아닌, 그야말로 미혹에 빠진 겁니다. 하여, 마음이 우주로 이어지는 경이를 느끼기 위해서는 신통력이나 특별한 계시가 아니라, 존재와 세계에 대한 탐구를 멈추지 않아야 합니다. 그냥 믿는 것이 아니라 의심하고 질문해서 깨치라는 거지요.

부처님은 태어나자마자 "천상천하 유아독존, 일체개고 아당안지"를 외칠 정도로 심오한 통찰지를 무의식에 내장하고 태어났어요. 십억 겁이 넘는 시간 동안 수많은 중생을 구했기 때문에 그런 지혜를 갖출 수 있었던 겁니다. 또 앞에서도 말했듯이, 부처님의 몸은 서른두 가지 호상을 지녔다고 하는데, 그것 또한 수억 겁을 통해 중생에게 끊임없이 헌신했기 때문입니다. 그런데 남을 돕는다고 하면 내 것을 포기하고 희생해서 돕는다는 생각을 자꾸 하는데, 그게 아닙니다. 부처님 전생 중에는 호랑이가 굶주리고 있으니까 스스로 육신을 던져서 호랑이 밥이 되는 경우도 있어요. '그게 무슨 의미가 있지?'라고 생각할 텐데, 그건 우리같이 자아에 갇힌 중생들이나 하는 생각이고, 붓다를 이루기 위해 나아가는 존재한테는 오직 '중생을 구함'이라는 행위만 있는 거죠. 그러니까 뭘 희생한 것이 아니라, 자기 존재가 충분하기 때문에 당연히 다른 존재의 생을 도운 거예요. 이게 핵심입니다. 자기를 끊임없이 희생해서 남을 도와야 한다면, 우주가 너무 불공평하겠죠. '왜 나한테만 희생을 요구하지?', 이럴 수 있잖아요. 도움을 받는 사람도 부채감에 시달릴 수 있고. 그런데 그게 아니라는 거예요. 쉽게 말해 존재 자체로 충만한 겁니다. 만약 그 어디에도 걸림이 없는 상태가 되면, 그 사람은 무엇을 할까요? 괴로움과 번뇌에 속박된 존재들을 도와주고 싶어지지 않을까요?

그러니까 진정한 이타심은 자기포기가 아니라 존재의 충만함을 표현하는 셈입니다. 만약 남을 도울 생각이 도통 들지 않는다면, 그래서 늘 마음이 조급하고 각박하다면, 그건 이기심의 감옥에 갇혀서 그런 거라고 생각하시면 됩니다. 또 자신이 도무지 마음에 들지 않을 때도 사람들은 이기적이 됩니다. 힘들고 몸만 조금 아파도 옆에 있는 사람한테 신경질 낼 준비를 하잖아요. 나의 아픔이 그 사람이랑 아무 상관이 없는데도 말이죠. 그리고 내 뜻대로 일이 잘 안 풀리면 바로 옆에 있는 사람들한테 폭력을 행사합니다. 이게 뭐죠? 결국 이기심은 나에 대한 불만족에서 온다는 거예요.

저 자신의 경우도 비슷한데, 백수생활이 너무 충만하다 보니 정규직에 대한 열망이 사라졌어요. 제가 계속 교수직에 집착했으면 나 자신에 대한 불만이 점점 더 커졌을 테고, 그러다 보면 타인과 세상에 대한 원망으로 가득 차게 되었겠죠. 하지만 백수로 살아가는 게 이렇게 좋은데 뭣 때문에 그런 구속을 자처하겠습니까? 오히려 취직이 안된 게 행운이라고 생각하게 되었죠. 그런데 이렇게 나 자신에 대한 충만감이 커지니까 나도 모르게 조금씩 이타적이 되더라구요. 왜냐면 다른 사람들도 이런 자유를 당당하게 누렸으면 좋겠다는 생각이 드는 거죠. 그래서 붓다의 한량없는 이타심이 좀 이해가 되었습니다.

그래서 자신을 돌아볼 때 이타심을 기준으로 삼으면 상황이 명료해집니다. 내가 이기심에 사로잡혀 있다면 그건 내가 지금 굉장히 불만족스럽다는 뜻이에요. 나 자신이 만족스러우면 절대로 그렇게 이기심에 사로잡히지 않아요. 불성, 깨달음, 열반, 이런 언어를 들으면 무척 고원하고 도저히 도달할 수 없을 거 같은 생각이 드는데, '내 마음의 행로가 어디를 향하는가?', 이런 걸 기준으로 하면 그렇게 먼 일로 느껴지지는 않습니다. 존재의 참을 수 없는 충만함, 그 충만함에서 자연스럽게 솟구치는 이타심, 이것이 붓다의 마음이라는 거 잊지 마시고요.

# 정기신과 탐진치

## 정기신, 생명의 토대

『동의보감』에 따르면 우주는 기(氣)로 가득 차 있다고 합니다. 기는 에너지면서 물질이고, 물질이면서 정신인, 그러니까 물질/정신을 나누는 이원론을 벗어나 있는 흐름이에요. 현대 물리학이나 양자역학에도 완전히 동일하지는 않지만 유사한 개념이 있긴 합니다. 기가 이합집산하면서 온갖 원소들이 만들어지고, 그것들이 다시 이합집산하다가 인간이 탄생하고 그렇게 된 거죠. 한데, 인간이 탄생하려면 인간 이전에 생명이라는 게 있어야겠죠. 무기질, 무생명의 흐름 속에서 생명, 유기체가 등장을 해야 하는 겁니다. 그러고 나서야 인류가 출현할 수 있겠죠. 아무튼 그 기의 다양한 운동과 흐름이 인간의 몸 안에서는 정기신(精氣神)이라는 세 가지 요소들로 분화되어 작용합니다. 정기신은 기의 변주이자 생명의 토대라 할 수 있습니다.

먼저, 정(精)은 쌀 미(米)와 푸를 청(靑)이 결합한 글자로 가장 기본적인 에센스, 즉 질료에 해당합니다. 이 정이 우리 몸에서 진액을 만들어요. 액체로 구성된 침, 땀, 혈액 등이 그런 진액인데, 정은 그것보다 훨씬 더 이전, 아직 액체화되기 전의 단계를 말합니다. 현대의학의 언어로는 호르몬 같은 걸 떠올리면 됩니다. 이게 몸에서 잘 순환하지 않으면 얼굴이나 피부가 가뭄이 든 논두렁같이 되죠. 우리가 습관적으로 쓰는 기진맥진이라는 말도 바로 이 정, 즉 진액이 부족한 상태인 겁니다. 그리고 이 진액은 액정(液精)이지만 뼈의 원천이기도 합니다. 뼈와 뼈 안의 골수가 다 정이 변형된 것입니다.

이 정을 주관하는 장기가 신장입니다. 신장이 정의 컨트롤타워예요. 정을 생산하고, 공급하고, 분배하는 기관입니다. 남성의 정액, 여성의 생리혈을 떠올리시면 됩니다. 그래서 신장이 생식작용을 조정하는 기관이기도 한 겁니다. 신장이 튼튼하다는 것은 기본적으로 생식능력이 뛰어나다는 뜻이 되는 거고요. 그리고 뼈를 만든다고 했는데, 가장 중요하게는 등뼈, 척추, 치아,

뇌수 등을 만듭니다. 요즘 청소년들 대상 강의를 가면 허리를 똑바로 세우고 있는 학생들이 거의 없어요. 게다가 키가 굉장히 크잖아요. 그래서 더더욱 허리가 휘어져 있죠. 원래 학교가 신체를 교정해 주는 역할도 해야 하는데, 그게 안 된다는 게 큰 문제죠. 자세가 흐트러지면 신장이 약해지고 정의 손실이 더 커집니다. 『동의보감』에선 타고난 정이 수명의 척도라고 했는데, 이게 다 마르면 생명활동이 끝나는 거예요. 장수하고 신선이 되는 것까지는 바라지 않더라도 활기 있게 살려면 정을 잘 보존하고 잘 순환시켜야 합니다.

덧붙이자면, 이렇게 허리를 세우지 못한 채로 학창시절을 보내고 나면 집중력이 현저하게 떨어져요. 신형장부도나 고행상이 보여 주듯이 가부좌를 하고 허리를 곧추세우고 있을 때가 가장 집중이 잘 되거든요. 이렇게 자세를 바로잡고 가만히 우리 생각을 들여다보면, 우리 생각이 얼마나 널뛰기를 하는지 알 수 있죠. 생각이 가만히 머물러 있지 않습니다. 이걸 깨닫는 것이 명상이잖아요. 그래야 마음을 컨트롤하는 게 중요하다는 것을 알게 됩니다. 이런 이치를 모르면 정신이 사방팔방으로 폭류하게 됩니다. 그래서 고등학교 강의를 가면 종종 "학교에 와서 늘어지거나 산만한 자세로 있으면 공부를 못하는 게 문제가 아니라 평생 마음을 모으는 법을 모르게 된다, 심지어 열심히 산만해지는 연습을 하는 꼴이 된다, 참 이상하지 않냐, 학교 다니면서 결국 남의 말을 안 듣는 훈련을 열심히 받은 격이다" 등등, 이렇게 말하면 학생들이 좀 놀라면서 똑바로 앉으려고 애를 쓰긴 합니다 (물론 신장과 정력의 깊은 관계에 충격을 받고 '어떻게 하면 정력이 좋아지느냐'고 질문하는 남학생들도 있구요^^). 학교에서도 이 점을 좀 충분히 알려주는 게 좋을 거 같아요.

그다음이 기(氣)로 에너지 개념과 가깝죠. 질료를 순환시키려면 에너지가 있어야겠죠. 자동차가 움직이기 위해서는 질료인 기름이 있어야 하고 그 기름을 돌리는 엔진이 있어야 하는 것과 같은 이치입니다. 우리 몸에서 에너지 순환의 제일 중요한 척도는 호흡이에요. 호흡은 안과 밖을 연결시킨다는 면에서 아주 중요합니다. 주관하는 장기는 당연히 폐가 되겠죠. 그래서 정이 생식활동의 원천이라면, 기는 인간의 사회적 활동과 관련이 있어요. 그래서 폐(肺)라고 하는 한자에는 '시장 시'(市) 자가 들어 있습니다. 시장은 사람과 사람, 사람과 물건, 사람과 화폐가 교차하는 곳이잖아요. 인간은 사회적 동물이에요. 사회적 활동을 해야만 살아갈 수 있다는 뜻입니다. 그래서 기운을 가장 많이 쓰는 곳이 바로 시장, 타인들과 관계를 맺는 현장입니다. 호흡이 거칠어지고 급해지고 혹은 느슨해지고 하는 그 모든 것이 그 현장과 관련이 있죠.

마지막으로 신(神)은 정신활동으로 군주지관(君主之官)이라는 심장이 주관합니다. 신의 운동은 보이는 게 아닙니다. 정하고

기는 약간이라도 감을 잡을 수 있는데 정신활동은 그야말로 무형의 흐름이에요. 희로애락애오욕(喜怒哀樂愛惡欲)과 같은 감정들, 안이비설신의(眼耳鼻舌身意)의 감각들, 거기다가 의지와 결단력, 의리와 믿음, 견해와 세계관 등등이 다 신에 속하는 작용입니다. 그래서 심장이 튼튼하려면 마음을 잘 써야 합니다. 마음이 불안하면 심장부터 두근거리지 않습니까. 양심에 거리낌이 없는지를 물을 때도 심장에 손을 대거나 심박수를 체크하거나 그러죠.

뿐만 아니라 마음작용에는 무의식까지도 포함되는데, 무의식에도 여러 층위가 있어서 전생에 관한 정보도 이 무의식 안에 들어 있다고 합니다. 그래서 티베트불교에서는 환생자를 찾아내는 것이 제도적으로 정착되어 있습니다. 물론 전생의 티테일을 기억하기도 하지만, 그건 시간이 지나면 다 잊혀집니다. 더 중요한 건 이전 생에 가졌던 의식의 흐름을 무의식에 지닌 채 다른 몸으로 태어난다는 겁니다. 깊은 무의식에 담긴 마음의 흐름이 이어진다는 뜻이죠. 어떤 점에선 이건 그렇게 신비로운 일이 아닐 수 있어요. 왜냐면 우리는 다 이전 생의 정보를 내재한 채 태어나거든요. 그냥 백지상태로 태어나는 사람은 없습니다. 천재나 신동만이 아니라 보통사람도 다 마찬가지입니다.

그러니까 모든 인간은 자기도 의식하지 못하는 마음의 지도를 갖고 있는 거죠. 그래서인지 나도 모르게 선택하거나 결정하는 일이 의외로 많습니다. 지금 이 강의를 들으러 오신 분들도 그럴걸요. '내가 어쩌다 여기 와 있지?'라는 생각을 해보면 우연과 필연이 막 뒤섞여 있습니다. 예의 주시하지 않아서 그렇지 인생 전체를 보면 더합니다. 가령 결혼 같은 대사도 온전히 자기가 결정했다는 착각을 하죠. 하지만 결혼과 동시에 뭔가 잘못되었다고 느낍니다. 오죽하면『결혼은 미친 짓이다』라는 책도 있겠어요?^^ 그러면 자기는 제대로 했는데, 상대가 나를 속이거나 배신했다고 생각합니다. 이런 식의 해석은 유치할뿐더러 전혀 도움이 되질 않습니다. 애시당초 결혼이라는 것이 제정신이 아니어야 할 수 있는 겁니다. 약간 미쳐야 하는 거죠. 얼떨결에 결혼을 하고는 나중에 정신을 차려 보면 '내가 왜 이 사람하고 살고 있지?', 이러는 거죠. 그때부터 인생에 대한 탐구가 시작되는 겁니다. 자신의 의지와 결단이 모든 것을 결정했다는 식으로 생각한다면 영원히 성숙해지기는 불가능하다고 봅니다.

인간의 몸에는 정말로 많은 정보가 내재되어 있습니다. 그 정보들을 어떻게 연결, 접속, 변주하느냐에 따라 수많은 인연의 장에 참여할 수 있습니다. 도대체 그게 뭐냐고요? 궁금하면 심장과 신(神)에 대한 탐구를 하시면 됩니다. 그럼 여기까지 하고, 정기신에 대해서는 다음 강의에서 더 보충하도록 하겠습니다.

## 탐진치, 괴로움의 근원

불교는 생로병사를 다 고(苦)라고 해석한다고 했죠. 그럼 이 괴로움의 시작이자 원천은 무엇일까요? 바로 탐진치, 삼독(三毒)이 그것입니다. 『동의보감』의 정기신은 윤리적 평가가 들어 있지 않은 개념이죠. 생리와 물리 법칙과 관련된 언어라고 할 수 있습니다. 그런데 이 정기신은 조화롭게 작용하지 않아요. 정은 정대로 넘치고, 기는 기대로 막 치달리고, 신은 무명의 늪에서 허우적거립니다. 앞으로 이야기하겠지만 늘 넘치거나 모자랍니다. 그래서 늘 질병과 번뇌에 시달리는 거고요. 불교에서도 인간은 이미 이렇게 다 어그러지고 치우친 채로 태어난다고 봅니다. 그걸 심리 혹은 욕망의 차원에서 접근해 보면 탐진치가 핵심이라는 걸 알 수 있습니다. 태어나기 위해서는 욕망이 반드시 필요합니다. 살고자 하는 욕망, 자기를 구성하고자 하는 욕망, 세계와 접속하고자 하는 욕망 등등. 문제는 이 욕망이 자아에 갇히면서 말할 수 없이 왜곡, 변형된다는 겁니다. 그러면 어떻게 되는가? 모든 생명활동이 괴로움의 연속이 되는 거죠.

자, 먼저 삼독 중 '탐'(貪), 즉 탐욕은 소유를 향한 질주라고 보시면 됩니다. 자본주의는 이 탐욕을 열성이나 꿈, 성취욕 등으로 멋지게 포장을 하지만 실상은 그렇지 않죠. 불교에선 '갈애'(渴愛)라고 표현합니다. 갈증과도 같아서 결코 채워지지 않는다는 거죠. '여기까지면 됐어', 이런 게 없습니다. 이건 부자나 자본가만 그런 것도 아니에요. 보통 사람들도 다 똑같습니다. 일단 이 갈애의 회로를 타게 되면 절대로 멈춰지지 않습니다.

탐욕과 갈애는 정기신에서 정이 넘치거나 모자랄 때 더욱 심해집니다. 당연히 성욕과 식욕이 그 밑바탕에 있습니다. 『서유기』의 저팔계가 이 상태를 가장 잘 보여 주는 캐릭터입니다. 저팔계는 먹는 것에 대한 욕망이 엄청나죠. 믿기 어렵겠지만, 저팔계는 채식주의자입니다. 여덟 가지 계율을 받았기 때문에 육식은 하지 않습니다. 그럼 뭘합니까? 간식으로 떡 한 말을 먹고 눈앞에 음식이 있으면 바로 폭풍흡입을 합니다. 성욕도 늘 항진되어 있습니다. 젊었건 늙었건, 예쁘고 안 예쁘고를 떠나서 무조건 여자만 보면 침을 흘립니다. 이게 뭐냐면, 바로 신장의 정이 범람하는 거예요. 돼지의 생식력이 이런 식으로 표현되는 겁니다. 자본을 향한 열망도 이런 욕망과 관련이 있습니다. '왜 그토록 돈을 원하는가?', '왜 돈에 목숨을 거는가?' 하면 결국 식욕, 성욕에 대한 갈증이 자리하고 있죠. 먹방과 야동, 온갖 화보와 음란물 등이 탐심을 자극해 대니까 모두가 "돈! 돈! 돈!" 하는 겁니다. 그러니 당연히 출산율은 떨어집니다. 저팔계의 성욕이 생명을 낳을 수 없듯이, 현대사회를 지배하는 갈애는 포르노를 양산할 뿐 출산으로 이어지지는 않는 거죠.

진(瞋)은 분노와 연결이 됩니다. 분노는 사회적인 관계에서

세번째 강의 _ 정기신과 탐진치(1) :생명과 존재의 근원

많이 일어나거든요. 그래서 이건 손오공이 보여 주는 폭력성에서 잘 드러납니다. 손오공은 식욕, 성욕이 없어요. 도교 수련을 너무 많이 해서 신선의 경지에 이르렀거든요. 태상노군, 즉 노자의 내공과 맞장 뜰 정도의 수준이니까요. 수명도 몇 만 년인지 알 수가 없어요. 여의봉에 근두운에 그리고 72가지 변신술까지. 무소불위의 힘을 다 가지고 있죠. 그런데 그 힘으로 하는 짓이라곤 죽이고 때리고 부수는 게 전부입니다. 지상에 원숭이 제국을 만들어 정복전쟁을 하다가 더 싸울 대상이 없자 하늘나라를 때려 부숩니다. 이게 무엇을 뜻하는 걸까요. 우리는 막연히 큰 힘이 있으면 자유로워질 것 같은데 그렇지 않다는 거죠. 차라리 힘이 없는 게 폭력에서 벗어나는 길이기도 해요. 힘이 없는 사람이 어떻게 남에게 폭력을 행사하겠습니까. 가능한 한 폭력적 관계를 피하려고 하겠죠. 그래서 내가 아프거나 허약해질 때 다 부정적으로 해석할 필요는 없습니다. 아프기 때문에 겸손해지고 선량해질 수 있다고 생각을 하면 오히려 자존감을 높일 수 있습니다. 그게 아니고 내가 아파서 힘이 없고, 그래서 무시당한다고 생각하는 순간, 병에 병을 더하게 되는 거예요. 병하고 번뇌를 같이 앓게 되는 거죠. 그래서 마음의 방향을 어느 쪽으로 잡느냐에 따라 전혀 다른 결과가 발생합니다. 손오공의 이 난폭한 마음을 진심(瞋心)이라고 할 수 있는데, 정기신에서는 기(氣)랑 연결됩니다. 기가 조절되지 않을 때 마구 난동을 치는 거죠. 일종의 분노조절장애라고 생각하시면 됩니다.

마지막으로 치(癡)는 어리석음인데 이건 사오정을 떠올리면 쉽게 알 수 있습니다. 특히 「날아라 슈퍼보드」에 나오는 사오정은 『서유기』의 사오정을 아주 창조적으로 재해석해서 큰 웃음을 주었죠. 귀가 잘 안 들려서 항상 헛다리를 짚고, 목소리가 약간 쉿소리가 나는 캐릭터인데, 그게 치심과 연관이 되거든요. 귀가 잘 안 들리는 건 신장의 정과 관련이 있습니다. 신장이 넘치면 저팔계처럼 탐욕이 항진되고, 사오정처럼 신장이 약하면 소통이 잘 안 돼요. 귀도 신장에서 정이 올라와야 작동을 하거든요. 정이 공급되지 않으면 심장의 불이 잘 타오르질 않습니다. 바람 앞에 등불처럼 왔다 갔다 하는 형국이죠. 앞에서 언급했듯이 그러면 정신활동이 원활하기 어렵겠죠. 그래서 늘 게으르고 혼몽한 상태에 빠져 있게 됩니다. 그런 경우에는 사고를 치지는 않는데, 그런 멍청함 때문에 자기뿐만 아니라 주변 사람들을 몹시 힘들게 합니다. 사실은 이런 상태가 조절하기가 제일 어려워요. 탐심이나 진심은 한도에 이르면 죽든 살든 멈추게 되는데, 어리석음에는 한계가 없어요. 겉으로 잘 드러나질 않으니까 잘 알아차리지도 못하고 바꾸기도 쉽지 않죠.

실제로 『시유기』에서도 사오정은 개성과 특징이 별로 없는 캐릭터로 나옵니다. 그래서 특별한 역할이 없어요. 아, 한 가지 있긴 합니다. 『서유기』를 보면 십만 팔천 리 가는 동안 손오공과 저팔계가 말도 못하게 싸우거든요. 이걸 봉합해 주는 게 사오정이에요. 존재감이 없고 무기력하고 멍하긴 한데, 중요한 순간에는 팀을 지키는 매니저 역할을 하기도 합니다. 치심이 그나마 좋은 방향으로 쓰인 경우죠.

그럼 모든 인간이 탐진치를 타고 난다면 어떻게 거기에서 벗어날 것인가? 이게 모든 인간의 소명입니다. 『숫타니파타』를 통해 살펴보도록 하겠습니다. "흘러가는 급류를 말려 버리듯 갈애를 남김없이 끊어 버린 수행승은 마치 뱀이 묵은 허물을 벗어 버리는 것처럼, 이 세상도 저 세상도 다 버린다."「뱀의 경」 이 대목에 '갈애'라는 말이 나오죠. 앞에서 이야기했던 것처럼 '탐욕'이라고 하지 않고 '갈애'라고 표현합니다. 우리가 집착하는 건 다 갈애가 되거든요. 처음엔 아니었어도 결국은 그 방향으로 진행되고 말죠. 연애할 때 특히 이런 증상이 심합니다. 그러니까 앞으로는 "사랑해"라고 하지 말고 "갈애해"라고 하세요.^^ 난 너에 대한 갈증에 빠졌다고. 하긴 그런 노랫말도 있더라구요.

연애를 시작하면 급류가 흘러가는 것처럼 막 달려가잖아요. 거의 24시간 서로 메시지를 주고받으면서 나의 소유임을 확인해야 직성이 풀리죠. 그렇게 하면 정이 다 고갈돼요. 연애를 하더라도 이런 상태로 가는 건 막아야 합니다. 드라마 「부부의 세계」도 서로에 대한 갈증을 사랑이라고 착각하는 모습이 잘 그려져 있죠. 이 드라마에서 남자 주인공이 두 여자 사이에서 왔다 갔다

하는 건 갈증을 느끼는 대상을 찾아 헤매는 거예요. '누구를 더 사랑하는가?' 혹은 '어느 것이 더 진실한 사랑인가?' 이런 건 의미가 없습니다. 갈망하는 것 자체에 빠진 것이니까요.

## 뱀이 묵은 허물을 벗어던지듯

자, 다시 『숫타니파타』를 더 음미해 보겠습니다. "뱀의 독이 퍼질 때에 약초로 다스리듯, 이미 생겨난 분노를 극복하는 수행승은, 마치 뱀이 묵은 허물을 벗어 버리듯, 이 세상도 저 세상도 다 버린다"「뱀의 경」라는 구절이 나옵니다. 이때 분노는 뒤에 다른 게송을 참고하면 견해에 사로잡히는 걸 말합니다. "내가 옳다", 이게 분노의 원천이라는 뜻이죠. 부처님 당시에도 견해의 차이로 싸우는 수행승들이 아주 많았다고 합니다. 그때가 인도에서 철학과 종교가 만개하던 시절이었습니다. 중국의 제자백가 시대처럼, 온갖 사상적·종교적 유파가 다 등장합니다. 그게 기원전 500년 전후니까 지금으로부터 벌써 2600년 전이거든요. 그 시절에 벌써 인간이 사유할 수 있는 모든 사상적 유형이 다 등장합니다. 그 중에서도 가장 강력한 이론이 '자아는 영원하다'는 견해였습니다. 자아에는 변하지 않는 영원한 무언가가 있다는 것인데, 그걸 아트만이라고 부르죠. 반대로 자아는 죽음과 더불어 다 흩어져서 그 이상 아무것도 없다는 허무주의, 극단적 유물론이 맞서게 됩니다. 그밖에도 수많은 이론이 있었고, 도시 근교의 숲에는 갖가지 방식으로 요가와 고행을 시도하는 사문들로 넘쳐났다고 합니다.

싯다르타 왕자도 출가를 해서 처음에는 그 시대를 주름잡는 학파에 들어갑니다. 먼저, 알랄라깔라마라는 스승이 가르치는 문파로 갑니다. 우리가 산스크리트어를 많이 접해 보지 않아서 어떤 단어를 들으면 이게 인명인지 지명인지 개념어인지 잘 구별이 안 되는 경우가 많죠. 달라이라마라는 말만 해도 몽고어라서 그런가 발음이 아주 부드러운데, 달라이라마의 티베트어 이름인 '텐진 갸초' 같은 말은 발음하기가 쉽지 않죠. '텐진 갸초'도 앞에 길게 이어지는 이름을 떼고 간단히 부르는 말입니다. 원래 이름은 더 생소합니다. 그런데 티베트어를 조금, 아주아주 조금 배우고 나니 왠지 느낌이 다른 거예요. 아, 그래서 고전연구자들이 그 어려운 고대어를 배우는 거구나 하고 이해를 하게 되었죠. 그 나라 언어체계를 아는 것과 모르는 것에는 큰 차이가 있습니다. 언어가 단순한 수단이나 매개가 아니라는 뜻입니다. 여러분도 고전어, 예를 들면 산스크리트어, 빨리어, 티베트어 등에 한번 도전해 보세요. 저도 그럴 생각인데 매일 좁쌀만큼씩 배우는데도 참 좋습니다.

다시 돌아가서, 싯다르타 왕자가 출가한 뒤 알랄라깔라마라는 스승의 문하에 들어가서 요가수행을 시작합니다. 그런데 얼마 안 되어서 바로 스승의 경지에 도달해 버립니다. 그다음엔 또 웃다카 라마풋타라는 이름을 가진 스승 문하에 들어가서 수행을 합니다. 역시 짧은 시간에 바로 그 경지에 도달합니다. 앞의 경우도 그랬고, 이번에도 스승들의 반응은 비슷합니다. 이렇게 뛰어난 제자가 왔는데 놓칠 수 없겠죠? "나랑 같이 이 조직을 더 크게 운영해 나가자"라고 제안합니다.

싯다르타, 아니 이젠 그렇게 부르면 안 되고, 고따마 존자라고 불러야겠죠. 고따마의 반응은 어땠을까요? 왜 스승의 경지에 올랐는데도, 마음의 완벽한 평정인 열반에 이를 수 없는 거지? 이게 의문이었어요. 알랄라깔라마든 웃다카 라마풋타든, 두 경우 모두 최고의 경지는 선정에 이르는 것이었습니다. 깊은 단계에 이르면, 당연히 무아를 체험하겠죠. 잘 모르지만 황홀할 것 같긴 합니다. 그러면 '이게 진정한 깨달음인가? 자아에서 벗어나 열반에 도달한 것인가?'라고 생각할 수 있는데 문제는 선정에 들었다가 다시 일상으로 돌아오면 다시 자아가 고개를 들고, 그러면 또다시 탐진치에 매인다는 거죠. 그럼 어떻게 해야 하나요? 계속 선정상태에만 있어야 하는 걸까요? 그럴 수는 없겠죠. 진정한 수행은 일상에서도 청정한 흐름을 유지할 수 있어야 하는데 그게 불가능하다면 진정한 깨달음이라고 할 수 없습니다. 그래서 고따마 존자는 스승들의 만류를 뿌리치고 다시 길 위에 나

세번째 강의 _ 정기신과 탐진치(1) :생명과 존재의 근원

섭니다. 그다음의 여정이 바로 고행이었던 거죠. '고통의 극한에 이르면 거기에 완벽한 해방의 길이 있을까'라고 생각을 했던 거예요. 하지만 앞에서 말씀드렸듯이, 고행을 통해서도 깨달음에 이를 수 없었기 때문에 다시 몸을 회복한 뒤 보리수나무 아래에서 명상에 들어가게 된 겁니다.

보리수나무 아래에서 깨달은 것 중 하나가 존재는 삼독, 즉 세 가지 독에 물들어 있다는 거였습니다. 앞에 말씀드렸던 탐진치, 탐욕과 분노와 어리석음이 삼독이고요. 그래서 삼독에서 벗어나기 위한 설법을 많이 하십니다. 계속해서 『숫타니파타』의 구절들을 보죠. "치닫지도 뒤처지지도 않아, 모든 것이 허망한 것임을 알고 어리석음을 버린 수행자는, 마치 뱀이 묵은 허물을 벗어 버리는 것처럼, 이 세상도 저 세상도 다 버린다."「뱀의 경」 여기서 "치닫지도 않고 뒤처지지도 않는다"라는 말은 『동의보감』에서 말하는 태과불급을 넘어선다는 것과 상통하는 말이에요. 정기신을 바탕으로 오장육부가 구성되지만 그 기운 역시 항상 넘치거나 모자라게 됩니다. 목기가 넘치면 간 기운이 넘쳐서 술에 빠지게 되고, 토기가 넘치면 비위 기능이 너무 활발해서 식탐을 주체하지 못하고, 수 기운이 범람하면 성욕이 함부로 날뛰게 되고…. 이렇게 넘치는 것이 있으면 모자라는 것도 있겠죠. 그것을 불급이라고 합니다. 그건 또 그것대로 온갖 병증들을 만들어 냅니다.

마음의 행로 또한 마찬가지겠죠. 탐진치도 일종의 태과불급 상태라 할 수 있죠. 사람이든 물건이든 돈이든 명예든 우리가 대상에 집착하는 건 탐욕과 분노에 물든 판타지라 할 수 있습니다. 뭔가에 탐착하게 되면 그 허상에 빠져서 마구 치달리다가 뜻대로 안 되면 분노가 폭발하는 식이죠. 그러면 다시 원한과 자책의 프레임 안에서 세계 전체에 대한 허상을 만들어 내죠. 자신을 고통스럽게 만드는 그 대상들이 꿈 같고 아지랑이 같고 먼지 같은 것임을 눈치조차 채지 못하는 것, 그것이 치심입니다. 그런 점에서 치심은 탐욕과 분노의 베이스라 할 수 있습니다. 치심을 타파해야 탐착과 분노에서 벗어날 길도 보이기 시작합니다. 그래서 계속 의심하고 탐구하라고 하는 겁니다. 그러면 삼독에서 벗어날 수 있다는 거고요. 그 과정을 이렇게 비유하셨죠. 뱀이 묵은 허물을 벗어던지는 것처럼! 무슨 뜻일까요? 환골탈태하라는 겁니다. 적당히, 대충 해서는 안 된다는 거죠. 그만큼 근원적이고 전복적인 실천을 요한다는 겁니다.

## 독화살의 달콤함

부연하면, 내가 무언가를 열렬히 원하면 그것을 아주 가치 있는 걸로 만들어서 우상으로 삼습니다. 내 욕망을 합리화해야 되니까요. 분노도 마찬가지입니다. 미움과 증오를 합리화하려면 어떻게 해야 돼요? 상대방이 정말 나쁜 인간이어야 해요. 한 걸음 더 나아가면 상대방이 계속 나쁜 짓을 해야만 합니다. 그렇게 되기를 막 원하게 돼요. 참 무서운 일이죠? 누군가 나쁜 짓을 해서 화가 나고 그 사람을 미워하게 되면, 처음에는 상대가 그런 짓을 안 하기를 바라는 마음이 있잖아요. 저 사람의 폭력을 멈추게 하겠다, 비리를 멈추게 하겠다, 좋은 사람이 되었으면 좋겠다, 이런 마음은 괜찮죠. 그런데 이 분노가 증오로 발전하기 시작하면 상대가 계속 나쁜 짓을 해야만 합니다. 그걸 간절히 원하게 된다는 겁니다. "내 이럴 줄 알았지", "인간 말종 같으니" 이러고 싶은 건데, 이건 정말 사악한 마음입니다. 그런데 이런 경우가 아주 많아요. 내가 미워하는 것을 정당화하기 위해서 그 사람이 나쁜 짓을 하면 좀 안심이 되죠. 이건 진짜로 독화살을 맞은 격입니다. 진짜로 나약하기 그지없는 짓이기도 하고요. 얼마나 자기 존재감이 없으면 타인의 악행에 의존해서 자기 존재를 합리화하냐는 겁니다. 그래서 나약함과 사악함은 서로 이어져 있어요. 절대 나약함 속에 숨어서 이기심을 키우면 안 되는 이유입니다.

이렇게 탐진치가 하나로 어우러져서, 탐욕이 분노를 조장하고 분노가 탐욕을 야기하고, 그럴수록 치심이 더욱 짙어집니다. 그러면 이 모든 것이 내가 만든 판타지임을 모르고 그걸 실체화하려는 생각의 폭류가 일어납니다. 『숫타니파타』에서는 그런 상태를 독화살에 비유합니다. 독화살을 맞으면 어떻게 해야 하죠? 당연히 화살부터 뽑고 봐야죠. 너무 당연할 거 같은데, 여기 또 함정이 있어요. 모든 독에는 꿀이 묻어 있습니다. 그것도 치명적으로 달콤한 꿀이. 독화살을 맞고도 당장 뽑으려고 하지 않는 이유가 거기 있는 거죠. 이걸 좀더 유추해 보면, 거꾸로 모든 달콤함에는 독이 있습니다. 생각해 보면, 내 혀를 즐겁게 하는 건 다 내 몸을 어느 정도 아프게 하는 것들이에요. 패스트푸드나 정크 푸드, 치킨과 피자 등등. 니 맛도 내 맛도 없는 거, 그런 담백한 음식들은 쾌감도 없지만 아프게 하지도 않습니다. 그래서 장수의 비결이잖아요. 하지만 현대인들은 이걸 받아들이기가 너무 힘든가 봅니다. 건강에 좋다는 음식을 최대한 맛있게 요리해서, 최대한 많이 먹으려 합니다. 이건 원칙에 어긋나는 겁니다. 근데 왜 그럴까요? 식욕의 쾌감을 놓치기 싫어서죠. 역시 모든 달콤한 것들에는 다 독이 있습니다.

최근에 자연 다큐멘터리를 하나 봤는데 동물들도 약물 중독 상태를 즐기더라고요. 돌고래가 복어를 가지고 노는 장면이 나오던데, 복어가 배가 빵빵해져서 공처럼 되니까 그걸 입에 물기만 해도 복어의 독이 쾌감을 주나 봐요. 그렇게 입에 물고 있으면 술취한 상태가 되는데, 그러면 옆에 있던 친구 돌고래한테 토스를 해주더라고요. 그러면 얘가 또 한참 물고 놀다가 또 다른 친구한테 넘겨 주고. 또 어떤 원숭이는 독이 있는 벌레를 몸에다 문지르는데 그것도 원숭이를 취하게 만들더라고요. 이렇게 모든 달콤한 것에는 독이 있고, 거꾸로 말하면 모든 치명적인 것들은 달콤하다는 것, 꼭 새겨 두시기 바랍니다.

우리가 탐진치를 벗어나지 못하는 이유도 알고 보면 이 삼독에 묻어 있는 달콤함 때문이죠. 이렇듯 붓다의 가르침은 그냥 추상적인 계시가 아니라 아주 냉철한 분석을 바탕으로 합니다. 그냥 막연하게 '착하게 살라', '붓다를 섬기라', '열반을 믿어라'라고 하지 않아요. 실험과 관찰을 통해 존재와 세계의 실상을 있는 그대로 보라고 합니다. 선택은? 당연히 본인의 몫이죠. 붓다는 괴로움을 대신 씻어 줄 수도, 번뇌의 늪에서 건져 줄 수도 없어요. 다만 길을 안내해 줄 뿐입니다.

# 정기신과 탐진치(2) :
# 업장과 윤회의 원천

# 욕망을 다스리고 정을 보존하라

---

『동의보감』은 생명과 존재의 원천을 정기신이라고 본다고 했죠. 정기신은 자연철학적 개념이기도 합니다. 우주를 움직이는 게 기(氣)고, 기가 나누어지면 음양(陰陽)으로 분화되고, 이 음양이 다시 오행으로 분화되는데, 이런 자연의 기운이 우리 몸에 들어오면 정기신으로 재구성됩니다. 정은 질료 혹은 기름, 기는 에너지 혹은 엔진, 신은 무형의 정신활동 혹은 내비게이션, 이렇게 작용합니다.

이 정기신이 우리 몸 속에서 순환을 하면서 생명활동이 벌어지는데요. 이 순환과 활동은 원초적으로 불균형을 야기합니다.

그래서 이걸 잘 조율해서 균형을 이루도록 하는 것이 양생의 핵심입니다. 불교도 『동의보감』과 마찬가지로 비슷한 조건에서 출발을 합니다. 사람이 태어나면 노병사를 거칠 수밖에 없는데, 그 노병사의 출발은 생이니까 결국 생로병사가 다 괴로움이라는 것이죠. 생로병사는 자연스러운 스텝일 뿐인데 왜 괴로움을 유발할까, 이런 질문을 가지고 탐색해 봤더니 탐진치 삼독에 사로잡혀 있어서라는 거죠. 이 삼독에 사로잡혀 있으면 인생 전체가 괴로움의 연속일 수밖에 없다는 겁니다.

그럼 어떻게 해야 할까? 본격적으로 탐구를 해야 합니다. 괴로움이 무엇인지, 그 원인이 어디에 있는지, 왜 그렇게 괴로운데도 놓지를 못하는지 등등. 그 점에선 『동의보감』이나 불교는 깊이 상통합니다. 양생이건 해탈이건, 신선이건 붓다건, 고통과 번뇌에서 벗어나 자유와 해방을 향해 나아간다는 건 다를 바가 없습니다. 『동의보감』은 몸의 차원에서, 불교는 마음의 차원에서 접근한다는 차이가 있을 뿐이고요.


## 정, 에로스의 원천

앞에서도 정기신에 대해 간단히 살펴보았지만, 이번 강의에서 좀더 상세하게 살펴보겠습니다. 우선 정(精)의 문제부터 시작할게요. 정은 생식작용을 주관하니까 에로스의 원천이라 할 수 있죠. 남성의 정자, 여성의 난자와 생리혈 이런 걸 만드니까요. 일단 이런 것들은 질료적 개념이잖아요. 생명은 물에서 왔다고 하는데, 이 물의 더 정미로운 단계가 액체적 질료, 에센스인 겁니다. 그래서 에로스하고 깊은 관계가 있는 거구요. 양생의 대원칙도 '정을 잘 보존하고 조절하라'가 첫번째입니다. 우리는 정의 결과물로 태어났죠. 정자, 난자가 완전히 융합이 되어야 사람이 태어나잖아요. 단순히 물질적인 측면뿐만 아니라 감정이나 행동, 사회적 조건 등등이 다 결합되어야 가능하죠. 그 전에 두 남녀가 사랑을 나누어야 가능한데, 그 결합이 이루어지려면 그야말로 온 우주가 서포트를 해야 되는 거 아니겠어요? 그러니까 그냥 성욕, 정력 이렇게만 해석하고 넘어갈 문제가 아닌 겁니다. 우리가 생물학이나 화학, 물리학을 이야기하다 보면 삶의 문제, 존재의 양상을 건너뛰는 경향이 있는데, 『동의보감』에선 그런 식으로 쪼개지 않습니다. 그렇게 조각난 채로 살아가는 사람, 아니 그런 생명체는 없으니까요.

그래서 양생술에서는 이 정이 너무 소중하기 때문에 보물처럼 아껴야 한다고 말합니다. 『동의보감』에는 정을 아끼라는 소리가 너무 자주 나와요. 그건 무슨 뜻일까요? 그만큼 정을 함부로 쓴다는 뜻이겠죠. 그렇습니다. 아낌없이 쏟아내고 싶다는 게 기본적으로 남성들의 정에 대한 태도입니다. 소비하고 소모하는 걸 너무 당연시 여깁니다. 그건 단순히 성애와 관련된 사항만이 아니라, 생명의 진액을 낭비하는 행위임을 명심해야 합니다. 신장의 정이 부족해, 그러면 우리는 정력이 약해졌어, 남성성이 한물 갔어, 이런 수준으로 생각하고 마는데 그게 아니라는 겁니다. 신장의 정과 관련된 뼈, 관절, 치아, 귀 등등에 병증이 오기도 하지만 심리와 윤리에 큰 영향을 미친다는 게 더 큰 문제입니다.

생리가 왜곡되면 심리와 윤리에도 영향을 미칠 수밖에 없습니다. 특히 성애와 관련된 사항, 누군가를 사랑하고 결혼하고 출산하는 일, 이 모든 생명활동 전체에 영향을 미친다는 뜻입니다. 한마디로 에로스의 전체 과정에 심각한 왜곡이 일어나게 됩니다. 막장드라마의 단골 소재인 외도와 바람, 가족관계의 파탄 등은 따지고 보면 이 정을 제대로 컨트롤하지 못한 데서 오는 거예요. 『동의보감』 내경편에 이렇게 표현되어 있어요. "절제하여야 하는데 절제할 줄 모르고 끊어야 하는데 끊지 못하면 생명을 잃게 된다." 또 모든 사람은 정의 총량을 타고 난다고 이야기를 합니다. 그리고 그게 다 고갈되면 더 이상 생명활동을 할 수 없다고 보는 거예요. 그래서 "만약 참지 못하고 욕망에 몸을 맡겨 정을 내보낸다면 등잔의 불이 꺼지려고 하는데 기름을 없애는 격이니"라는 격한 표현을 씁니다. 등잔불이 꺼질 때 기름이 떨어지면 등잔불이 막 흔들리죠. 실제로 정이 부족하고 고갈될 때 성욕이 더 날뛸 소지가 많다는 거예요. 그러니 "스스로 막아야 하지 않겠는가?"(「내경편」, '신형') 그러려면 윤리적 수련이 필요한 거죠. 이게 『동의보감』 양생술의 핵심 중의 핵심입니다.

그런데 현대의학은 이렇게 보질 않는 거 같아요. 정액은 그저 단백질 덩어리다, 쓰면 쓸수록 더 생긴다, 그러니 나이가 들어도 계속 성생활을 해야 삶이 더 즐겁다는 이야기를 쉬지 않고 합니다. 과연 그럴까요? 나이가 들면 정력은 약화되고 사회적 책임은 커지는데, 젊을 때처럼 성생활에 몰두하면 양생에는 치명적이지 않을까요? 만약 계속 정력을 불태우려 한다면 일단 생리적으로 부자연스러울뿐더러 사회적 관계와 소통에는 쓸 에너지가 없지 않을까요? 그러면 당연히 사회적으로 단절될 소지가 있는데, 이게 과연 노년의 삶을 풍요롭게 해주겠습니까? 현대의학은 이런 총체적 차원을 보지는 않는 거 같고, 성욕이나 정력의 문제를 아주 협소한 차원에 국한시켜 놓고 계속 부추기는 느낌이 듭니다. 아무튼 이건 여러분이 잘 탐구해 보신 다음에 판단을 하면 될 듯합니다. 그리고 정을 성욕과 관련시켜 하는 이야기는 남성이 주대상이긴 한데, 왜냐면 남성성은 일단 에너제틱하고 공격적이기 때문에 그만큼 조율하기 어려워서 그런 거죠. 하지만 여성들도 조율을 하긴 해야 합니다. 다만 여성들은 정을 밖으로 내보내는 몸이 아니잖아요. 받아들이는 몸이고, 임신을 하면 아이를 보호해야 하는 몸이라 정을 마구잡이로 낭비하는 스타일은 드뭅니다. 이렇게 보자면 남성성과 여성성이 반드시 대칭꼴은 아니라는 것을 인정하고 시작해야 합니다. 원리적으로 보면 여성의 몸이 더 천지자연과 연동되어 있다고 할 수 있겠죠. 임신을 하고 아이를 낳는다는 건 일종의 우주의 창조적 활동에 참여하는 일이니까요. 그에 반해 남성은 씨앗을 제공하긴 하지만, 아이를 몸에 품지도, 낳는 것도 아니니까, 오직 씨앗을 방사하는 데만 골몰하게 되겠죠. 그걸 통해서만이 존재감을 과시할 수가 있으니까요.

사회적으로도 그렇죠. 공격적이고, 활기 있고, 강하고 빠르고, 이런 것들이 남성다움이라고 세뇌를 당하잖아요. 하지만 이런 식의 고정관념은 정말 쓸모가 없어졌습니다. 디지털 문명은 여성/남성의 이분법을 해체하고 있고, 또 앞으로 포스트-코로나 시대가 되면 문명이 전반적으로 여성화되는 쪽으로 갈 수밖에 없어요. 기후재난으로 인해 환경문제가 본격화되면 육식에서 채식으로, 화려함에서 소박함으로, 속도에서 리듬으로 등등 모든 면에서 재조정이 일어나겠죠. 그런데 이런 가치들은 기존의 분류법에 따르면 여성성에 가까운 것이지 남성성과는 거리가 멉니다. 산업혁명 이후 20세기까지가 남성성의 시대였다면, 이젠 바야흐로 여성성의 시대가 도래한 셈이죠. 그러니 남성성의 기준도 전면적으로 바뀌어야 합니다. 강하고 빠른 것이 아니라 깊고 원대한 것으로. 정복하고 약탈하는 것이 아니라 통찰하고 성찰하는 것으로. 그렇게 방향전환을 하지 않으면 무엇보다 남성들의 삶이 괴로워질 겁니다. 이런 문명적 비전하에서 정, 정력, 에로스 등을 다시 생각해 보시기 바랍니다.


## 원양(元陽)을 간직하라

『동의보감』에 실린 주단계(朱丹溪)의 「색욕잠」에 이런 글이 나옵니다. 주단계는 금원사대가에 속하는 명의입니다.

> 사람의 삶은 천지와 함께한다. 곤도(坤道)는 여자를 만들고 건도(乾道)는 남자를 만든다. 이들이 짝을 지어 부부가 되니 낳고 기르는 것은 부부로부터 시작된다. 혈기가 한창 강해지는 것은 알맞은 때가 있으니 예(禮)에 따라 성혼하고 때에 맞게 교접한다. 부모와 자식이 친한 요체는 여기에 있는 것이다. 저 우매한 사람들은 욕망에 몸을 맡기니 오직 정력이 부족한 것만 두려워하여 조(燥)하고 독한 약을 먹는다. 기는 양이고 혈은 음인데 사람의 신(神)이다. 음을 고르게 하고 양을 잘 간직해야 나의 몸이 언제나 젊음을 누린다. 혈기가 얼마나 된다고 스스로 아끼지 않을 수 있겠는가? 너를 태어나게 한 행위가 도리어 나의 적이 될 수도 있다. 『동의보감』(「내경편」), 29쪽

'색욕잠'은 '색욕에 대한 잠언'이라는 뜻인데, 사랑이니 열정이니 다 집어치우고 아예 색욕이라고 써 놓고 시작을 하죠. "사람의 삶은 천지와 함께한다." 천지인 삼중주를 말하는 것이죠. 곤도와 건도는 『주역』에 나오는 곤괘와 건괘에서 나온 말로, 곤은 땅, 건은 하늘을 의미하죠. 하늘의 기운을 받아 남자가 생기고, 땅의 기운을 받아 여자가 생긴다. 이건 예전부터 많이 들어 본 이야기죠. 그런데, '남자는 하늘, 여자는 땅', 이러면 여성들 입장에선 마음이 좀 불편합니다. 남존여비, 남편을 하늘처럼 섬겨야 된다, 땅끝까지 정복하자, 이런 등등의 표상들이 막 떠오르기 때문인데, 사실 이건 동양적 지혜를 상하 관계, 갑을 관계로 뒤집어 버린 전형적인 케이스에 속합니다.

동양적 이치, 특히 『주역』의 이치를 보면 하늘은 계속 내려와서 땅하고 감응을 해야 합니다. 땅은 계속 하늘로 올라가야 되고요. 이게 천지감응의 원리이고, 여기에서 하늘은 위고 땅은 아래가 아니에요. 『주역』을 보면 지천태(地天泰)라는 괘가 있는데, 가장 태평한 시절을 표현하는 괘입니다. 땅은 위에 있고 하늘은 아래에 있는 것이 이 괘의 모습입니다. 땅이 위에 있으니 아래를 향해 오고, 하늘은 아래에 있으니 위를 향해 오르고, 그게 가장 조화로운 상태라는 겁니다. 반대로 지독한 불통의 상황을 그리고 있는 것이 천지비(天地否)라는 괘인데요. 이건 하늘이 위에 있고, 땅이 아래에 있는 모습이거든요. 우리가 보기에는 당연한 거 아닌가 싶죠. 그런데 이런 상황을 기운이 꽉 막혔다고 합니다. 하늘은 계속 올라가려 하고, 땅은 계속 아래로 가라앉기 때문에 이 천지에서는 어떤 생명활동도 가능하지 않아요. 상호작용이 모든 생명활동의 원동력이니까요. 이런 다이내믹한 자연철학이 20세기에 서양 계몽주의, 뉴턴 역학 등을 만나면서 위/아래 관계로 환원되어 버린 거죠. 그렇게 해서 일어난 오해와 왜곡이 말도 못합니다.

「색욕잠」의 내용을 계속 볼까요. 짝을 지으려면 곤도는 위로 가고 건도는 내려가서 이게 부부가 되어야 되잖아요. 그런데 "저 우매한 사람들은 욕망에 몸을 맡기니 오직 정력이 부족한 것만 두려워하여 조(燥)하고 독한 약을 먹는다"고 합니다. 이런 우매한 사람들이 먹는 게 뭐죠? 언제 끝날지 모를 이 코로나 바이러스 사태의 시원인 박쥐, 천산갑, 이런 거죠. 정력에 좋다는 온갖 야생동물을 다 잡아먹죠. 이렇게 보면 팬데믹과 기후재앙의 원천에 바로 이 정력에 대한 집착이 있다고 봐도 무방합니다.

"기는 양이고 혈은 음인데 사람의 신(神)이다. 음을 고르게 하고 양을 잘 간직해야 나의 몸이 언제나 젊음을 누린다"라는 구절이 이어집니다. 기혈이 사람의 몸을 만드는데 그걸 바탕으로 인간의 모든 정신활동이 일어난다는 거죠. 근데, 기는 양이니까 주로 발산하려 할 거고 혈은 음이니까 자꾸 뭉치려고 해요. 여성은 음기를 주로 쓰기 때문에 혈병(血病)도 많고 뭉쳐서 생기는 병도 많습니다. 자궁근종, 위암, 유방 질환 등등. 그럼, 여성의 음혈은 왜 순환이 잘 안 되는가? 그건 감정문제랑 깊은 연관이 있어요. 여자가 한이 맺히면 오뉴월에 서리가 내린다고 하죠. 감정을 머무르고 맺히게 하는 경향성이 강한 겁니다. 일단 어떤 사건을 대할 때 굉장히 부정적으로 대하는 측면이 있습니다. 똑같은 사건이 남성한테는 그냥 지나가는 일인데, 여성한테는 상처가 되는 경우가 많죠. 이런 거는 여성과 남성이 서로 다른 기운을 쓰는 데서 오는 건데요. 일단 이런 원리를 알아야 소통과 조율을 할 수 있습니다. 여성과 남성의 몸과 기운이 똑같다고 전제하면 소통은커녕 적대와 혐오만 커질 뿐입니다.

아무튼 그래서 남성의 경우에는 양을 잘 간직해야 합니다. 양기 중의 양기, 근원이 되는 양기를 원양(元陽)이라고 합니다. 『서유기』를 보면 삼장법사를 이렇게 표현합니다. 십세를 도는 동안 원양이 단 한 번도 흐트러진 적이 없었다고. 열 번의 생을 윤회하는 동안 원양을 온전히 보존했다는 뜻입니다. 아마 그래서 구법의 일념을 끝까지 지킬 수 있었겠죠. 14년간 십만 팔천 리를 갈 수 있었던 원동력이기도 하구요. 세 요괴 제자들이 신통력은커녕 최소한의 재능도 없는 삼장법사를 끝까지 스승으로 모신 것도 바로 그 때문이었습니다. 삼장법사만큼은 아니더라도 원양을 보존하는 건 정말 중요합니다. 삶의 질과 비전도 거기에서 결정되니까요.

물론 양기는 사방팔방으로 퍼져 나가는 기운이라서 간직하기가 정말 어렵습니다. 네 살짜리 남자애들을 보면 당최 걷는 법을 모르잖아요. 뛰는 거 아니면 구르는 거예요. 일곱 살 되어도 걷는 것보다 뛰는 게 더 편하죠. 양기가 넘쳐서 그렇습니다. 그래서 보존하기가 어렵지만 또 그래서 반드시 보존해야 합니다. 그렇지 않으면 "나를 태어나게 한 행위가 도리어 나의 적이 될 수"도 있습니다. 참 지독한 아이러니죠. 양기로 인해 태어났는데, 그 양기가 도리어 나의 생명을 위태롭게 한다는 것. 깊이 새겨 볼 만한 구절입니다.

## 갈증은 중독을 낳고

욕망의 문제는 『숫타니파타』에서는 탐심과 연결이 되어 있다고 말씀을 드렸죠. 탐진치가 다 욕망의 문제이기는 한데, 특히 탐이라는 건 소유욕하고 관련이 되어 있어요. 내가 뭘 탐한다, 그럼 뭘 갖고 싶은 거예요. 그런데 갖고 싶은 걸 가진 다음에 끝나는 게 아니죠. 가졌으면 더 가져야 합니다. 소유가 증식으로 변환하는 지점이죠. 또 하나 중요한 사항, 남보다 많이 가져야 합니다. 내가 어마어마하게 가졌어도 내 가까이 있는 누군가가 더 가지면 질투심이 폭발합니다. 예전에 한 30대 청년한테서 들은 이야기인데, 자기 친구가 17평 아파트를 샀대요. 한 푼 두 푼 모아서 자기 집을 마련했으니 얼마나 좋았겠습니까? 감격과 흥분 속에서 며칠을 보냈는데, 얼마 후에 친구의 아파트에 가게 된 거예요. 무려 30평! 그걸 보는 순간 자기 아파트는 마치 모텔처럼 보이기 시작한 거죠. 그 뒤부터 질투심과 박탈감으로 거의 화병이 날 지경이 되었다는 이야기를 들었습니다. 정도의 차이야 있겠지만 대부분 경험해 보셨을 거예요. 이렇듯 증식의 욕구에는 감정 중에서 가장 강렬한 질투심이 내장되어 있어요.

그다음이 뭘까요? 남의 것을 빼앗고 싶은 욕망입니다. 그냥 남보다 많은 것보다 그 남의 것을 빼앗을 때의 쾌감이 엄청납니다. 자, 이게 탐욕의 여정입니다. 그냥 저걸 꼭 갖고 싶다, 그런 정도가 아니라는 거죠. 소유하면 증식하고 싶고, 증식에는 질투심이, 질투는 다시 약탈의 욕망으로 이어집니다. 그래서 절대 끝나지 않습니다. 그래서 중독이라고 하는 거죠. 탐심뿐 아니라 진심, 치심 역시 다 마찬가지입니다.

몇 년 전에 방영한 드라마 중에 「알함브라 궁전의 추억」이라는 작품이 있었는데요. 현빈이랑 박신혜가 주인공이었던 걸로 기억합니다. 게임이라는 세계가 하도 궁금해서 그 드라마를 정말 열심히 봤어요. 그 드라마에는 중세의 기사들처럼 검으로 대결을 하는 가상현실 게임이 나오는데, 그렇게 게임을 하다가 진짜 사람이 죽어 버리면서 미스터리한 사건들이 벌어집니다. 그런데 드라마 중간쯤인가, 현빈이 계속, 하루종일 누군가와 게임을 하는 장면이 나옵니다. 게임 속에서이긴 하지만 종일 사람을 죽여야 하는 거예요. 참 끔찍한 게임이죠. 한데, 이런 인물이 여주인공한테는 순애보 같은 사랑을 바칩니다. 저는 이 설정이 정말 어이가 없었어요. 계속 살인게임을 하는 사람이 한 여성을 진심으로 사랑할 수 있다는 이런 설정이 어떻게 가능합니까? 일단 생리적 차원에서 불가능해요. 왜냐하면 정기신을 게임으로 다 쏟아 버릴 수밖에 없는데, 대체 무슨 정과 기가 남아돌아서 사랑이라는 고도의 긴장과 공감의 활동이 가능하죠? 우리가 하는 모든 정신활동에는 고도의 에너지가 듭니다. 특히 사랑이나 공감, 연민과 자비 같은 행위는 정기신이 온전히 투여되어야 해요. 이건 선악과 윤리의 차원 이전에 에너지와 질량 배분의 문제예요. 그걸 보면서 느낀 점은 현대인들은 참 편리하게도 설정을 하는구나 싶더라구요. 시뮬레이션이긴 하지만 거의 현실과 동일한 방식의 살인을 계속 하고도 누군가를 지순하게 사랑할 수 있다니, 저거야말로 현대판 주술 아닌가, 정말 현대인은 생명이 무엇인지 모르고 마음작용에 대해서는 더더욱 모른다는 생각을 했습니다.

부처님은 인간의 몸과 마음을 세밀하게 분석함으로써 대충 덩어리로 생각할 수 없게 만들었습니다. 그저 마음을 비워라, 소유를 내려놓으라, 이런 식으로는 욕망의 질주가 절대 해소되지 않습니다. 디테일하게 접근해야 합니다. 앞에서 말한 대로 소유욕은 증식, 질투, 약탈로 나아가는데, 결국 최종적으로는 모든 것을 파괴해 버립니다. 몸도 마음도, 자기도 타자도 다 파괴하게 되죠. 이 라인을 따라가면 누구나 다 그렇게 됩니다. 그 사이에 정도 고갈되고 기는 항진되고, 신은 무명에 빠지겠죠. 예컨대, 성이 사랑이라는 관계가 아닌 방향, 즉 소유욕과 결합을 하면 참을 수 없는 갈증과 중독으로 이어집니다. 사람들은 종종 섹스중독을 사랑이라고 착각을 하곤 합니다. 누군가가 나에게 성적으로 집착을 하면 나를 진정으로 아껴 준다고 생각하는 거예요. 하지만 그런 집착은 나라는 대상과 별 관계가 없습니다. 자기가 누리고 싶은 쾌락의 양이 기준일 뿐입니다. 상대가 아프거나 말거나 혹은 스트레스를 받거나 말거나 중요하지 않고 오직 내 성애를 채워 주는 관점에서만 바라보게 되죠. 그걸 사랑 혹은 부부애 등의 명분으로 미화할 뿐인 거구요. 그런 점에서 성욕과 화폐에 대한 소유욕은 공통점이 아주 많습니다. 쾌락도 양적 증식을 향해 가듯이 화폐도 언제나 늘어야 하는 거잖아요. 남보다 많아야 된다는 법칙도 마찬가지입니다. 성욕도 남보다 우월해야 하고 비슷하거나 못하면 바로 결핍을 느낍니다. 그래서 더 많은 상대가 필요하고, 더 자극적인 조건이 필요하고, 그러다 보면 어느새 변태가 되어 있는 거죠.

# 깨달음의 마지막 관문

『숫타니파타』를 보면, 성욕과 관련해서 왕들의 이야기가 아주 많이 나옵니다. 왕이라면 크샤트리아 계급이거든요. 카스트 제도하에선 브라만이 최상위 신분인데, 이들은 사제라 제사와 베다의 전승을 전담하는 집단이고, 실제로 정치경제학적 통치계급은 크샤트리아죠. 그다음에 상업이나 농업에 종사하는 바이샤가 있고, 그다음이 육체노동을 하는 수드라인 거죠. 그 아래로 불가촉천민이 있습니다. 언터처블, 말하자면 축생과 사람 사이에 있는 존재라는 뜻입니다. 이들의 소명은 몸으로 온갖 고생을 다해서 자신의 까르마를 덜어 내야 한다는 거고요. 이런 걸 믿는 게 힌두교입니다. 그래서 불가촉천민한테 뭘 도와준다거나 이러면 그분들이 더 격렬히 거부를 한다고 합니다. 신분적 굴레에서 해방을 시켜 주겠다고 하면 자기 업을 덜어 내야 해방이 되는 거지 사회적으로 해방되는 게 아무 의미가 없다는 겁니다. 불교는 이런 식의 신분, 계급의 숙명성을 인정하지 않습니다. 하지만 까르마는 인정을 하죠. 그래서 모든 문제는 자기 자신이 만드는 거라고 봅니다. 자업자득, 자작자수(自作自受). 힌두교와 윤회사상을 공유하긴 하지만 포인트가 좀 다릅니다.

어쨌든 부처님 당시에 크샤트리아, 즉 왕족에 속한 인물들이 출가를 많이 합니다. 싯다르타 왕자도 그런 케이스에 해당하고요. 그런데 이 왕들이 출가를 한 내력을 보면 상처나 괴로움 때문이 아니라 자기 욕망에 질려서 출가한 경우도 많아요. 한 왕은 이만 명의 시녀들의 시중을 받고 있음에도 또 젊은 유부녀를 탐하고 있는 자기 자신한테 질려서 출가를 합니다. 욕망의 무한 증식에 대해 화들짝 놀라 버린 거죠. 그런데 아주 놀라운 사실이 하나 있는데요. 우리 시대가 누리는 쾌락의 양이 이 왕들보다 더 세다는 겁니다. 지금 청년들이 포르노를 보고 게임하고 폭식할 때 느끼는 그 쾌락의 강도는 이 인도의 왕들에 댈 게 아닙니다. 한때 88만원 세대 이야기가 유행할 때도 나온 말인데, 지금 선진국의 보통 청년들이 누리는 부의 정도가 프랑스의 루이 16세보다 더 높은 수준이라고 합니다.

하긴 그렇죠. 부처님 시대 인도의 생산력이 많아 봐야 얼마나 많았겠어요. 쾌락을 누려 봐야 또 얼마나 누렸겠습니까. 그런데도 끝없이 욕망을 갈구하는 자신의 모습을 보고 질려서 출가를 하는 겁니다. 고따마 존자가 깨달음에 이르는 마지막 관문도 바로 이 성욕이었다고 하죠. 이미 싯다르타 왕자였던 시절에 성의 향연을 충분히 누렸는데, 출가 직전 파티가 끝난 이후 야삼경에 문득 홀로 깨어 여기저기 쓰러져 잠든 시녀들의 모습을 보니 너무나 추한 거예요. 누구는 침을 질질 흘리고, 누구는 방구에 트림에 잠꼬대에, 아주 가관이었나 봅니다. 순간 엄청난 환멸에 빠져 버린 거죠.

그렇게 그 욕망으로부터 떠나왔으면서도 보리수 아래서 깨달음에 이르기 직전, 마지막에 남아 있던 불꽃도 성욕이었다는 사실. 성욕의 뿌리는 진짜 지독합니다. 그때 마왕이 자기의 세 딸을 보냅니다. 세 딸의 이름이 각각 염욕(染欲, 욕망에 물들다), 능열인(能悅人, 능히 사람을 즐겁게 한다), 가애락(可愛樂, 가히 사랑스럽고 즐거움을 누릴 만하다)이었습니다. 이름만큼이나 최고로 예쁘고 매력적인 딸들을 보낸 거예요. 마왕의 세 딸이 고따마 존자를 유혹하는 장면을 한번 감상해 볼까요.

> 눈썹을 치켜들고 말이 없으며, 치마를 걷어올리며 사르르 나아간다. 얼굴을 숙이고 웃음을 머금었네. 서로를 희롱하며 아양을 떠는구나. 연모하여 그리워하는 듯 뚫어지게 쳐다보며, 얼굴과 입술을 살짝 가리웠네. 아양 부리는 눈으로 곁눈질 흘깃흘깃, 새색시처럼 가늘게 뜨고 보네. 공경하여 절하는 듯, 아롱거리는 샤리로 머리를 가리우며, 번갈아 꼬집고 또 꼬집는구나. 귀를 기울여 거짓 듣는 척하며 맞이하여 종종걸음을 걷다가, 무릎과 넓적다리를 드러내며, 오~ 젖가슴을 드러내는구나. 『방광대장엄경』 권9(김용옥, 『달라이라마와 도올의 만남 1』, 통나무, 2002, 111쪽에서 재인용)

그러면서 이런 노래를 부릅니다.

"이른 봄 화창하고 따스한 호시절에 뭇 풀과 숲과 나무 모두 피어 무성하네. 장부로서 즐기는 마땅한 때가 있는 법이니 한 창때를 한 번 버리고 나면 다시 오기 어려워라." <sup>같은곳</sup>

놀랍죠? 이렇게 생생하게 묘사할 줄이야. 불교는 정말 리얼리즘의 절정입니다. 에둘러서 대충, 적당히 분식(粉飾)하거나 윤색하는 따위는 일절 없습니다. 이 아리따운 여인이 노래를 부르죠. 주제는 간단합니다. "노세, 노세, 젊어서 노세", 아니면 '아모르파티' 정도가 되겠죠. 그러니까 2600년 전에도 똑같았어요. 이 대목 말고도 부처님이 계율을 설하시면서 여성이 남성을 유혹하는 48가지 자세를 묘사하는 장면이 있습니다. 디테일이 너무 살아 있어서 놀라 자빠질 지경입니다. 우리는 보통 '남녀상열지사'를 잘 몰라서 출가하고 도를 닦고, 이런다고 생각하잖아요. 사실은 반대입니다. 너무 잘 알기 때문에 그 쾌락에 더 이상 빠지지 않는 거예요. 이게 맞죠. 모르고 있으면 유혹에 금방 넘어갑니다.

자, 이렇게 『동의보감』에서는 모든 인류에게 주어진 질문인 정을 보배처럼 아끼고 양생하는 법에 대해 살펴보았고, 불경에서는 인간의 탐심이라는 욕망에 휩쓸리면 어떻게 자신과 주변을 파괴로 이끄는지를 살펴보았습니다. 이거야말로 삶이 괴로움이라는 증거입니다. 즐겁게 살겠다고 한 짓이 생명을 무너뜨리니 말입니다. 그렇다고 금욕이 답은 또 아닙니다. 고따마 존자도 6

년을 금욕했지만 이 불꽃이 꺼지지 않은 거잖아요. 그래서 쾌락도 답이 아니고 금욕도 답이 아닌 겁니다. 결국 그 사이에서 길을 찾아야겠죠.

미셸 푸코(Michel Foucault)라는 스타 철학자가 이 문제를 아주 멋지게 표현한 대목이 있어요. "우리는 욕망들을 지닌 채, 욕망들을 통해서 성을 이해해야 하며, 새로운 형식의 관계, 새로운 형식의 사랑, 새로운 형식의 창조를 진행해야 한다. 성은 숙명이 아니다. 성은 창조적인 삶을 위한 가능성이다"(미셸 푸코, 「성, 권력, 정체성의 정치학」). 그렇습니다. 푸코의 말처럼 성이 생명을 창조하잖아요. 이 거룩한 생명을 창조하는데 왜 우리는 성을 다 쾌락과 허무, 심지어 파괴와 환멸로 끌고 가는가를 물어야 하는 거죠. 더구나 지금 청년들은 연애는 싫어, 결혼도 싫어, 출산도 싫어. 하지만 포르노, 게임, 쇼핑 등에 다 중독되어 있잖아요. 이 욕망의 바탕에도 결국 성애가 작용합니다. 그러니까 임신, 출산, 양육 같은 창조적 행위는 하기 싫고, 오직 쾌락으로만 쓰겠다는 것이죠.

생명활동의 차원에서 보자면, 이런 흐름은 정말 위험한 거예요. 중독에 빠지면 정이 다 소모될뿐더러 정을 주관하는 장부인 신장의 기능이 떨어집니다. 그러면 척추나 뼈에 문제가 생깁니다. 또 정으로 골수, 뇌수를 만든다고 했죠. 생각과 기억, 창의성, 소통과 공감 등도 다 정의 순환을 기반으로 합니다. 한마디로 삶의 모든 면과 서로 연결되어 있습니다. 그런 점에서 인류에게 남은 유일한 혁명은 성혁명이 아닐까 싶습니다. 성혁명을 제대로 수행해 낸다면 인류는 비로소 깨달음의 비전을 향해 나아갈 수 있지 않을까요?

# 기, 운동과 순환의 에너지

## 기와 감정의 흐름

이제부터는 에너지, 엔진의 역할을 하는 기(氣)에 대해 알아보겠습니다. 정이 질료라면, 기는 그 질료를 온몸 곳곳으로 전달해 주는 엔진에 해당합니다. 운동과 순환의 에너지라고 할 수 있어요. 정이 몸 전체에 골고루 흘러가려면 이 기가 잘 돌아야 합니다. 기를 주관하는 장부는 폐라고 앞에서 말씀드렸습니다. 폐는 호흡으로 자기를 표현하죠. 이 호흡이 사람의 기가 어떤 상태인가를 가늠하게 해줍니다. 강도, 밀도, 톤 등등. 그리고 호흡은 안과 밖이 연결되어 있잖아요. 우리의 호흡은 혼자 있을 때는 그다지 변화가 없죠. 명상을 하거나 하면 호흡은 더 고르게 되고요. 하지만 사람들 속에서 말이나 행동을 하게 되면 호흡이 다양한 방식으로 요동칩니다. 그러니까 기는 사회적 관계, 타자와의 소통과 깊은 관계가 있습니다. 폐(肺)라는 한자에 시장 시(市) 자가 들어가 있다고 말씀드렸죠. 시장에서 계약하고 교환하고 베팅하는, 그 격렬한 에너지를 쓰는 것이 폐 기운입니다.

『황제내경』에서는 이렇게 이야기를 합니다.

> 저는 모든 병은 기에서 생긴다고 알고 있습니다. 성내면 기가 거슬러 오르고, 기뻐하면 기가 느슨해지며, 슬퍼하면 기가 사그라지고, 두려워하면 기가 내려가며, 추우면 기가 수렴되고, 열이 나면 기가 빠져나가며, 놀라면 기가 어지러워지고, 피로하면 기가 소모되며, 생각을 하면 기가 맺힙니다.『동의보감』(「내경편」), 67쪽

우리 몸은 기의 흐름에 따라서 자연스럽게 감정 표현을 합니다. 화가 나면 눈썹이 위로 올라가거나 자기도 모르게 벌떡 일어나게 되죠. 화가 났는데 털썩 주저앉는 경우는 없어요. 화가 나면 기운이 위로 치솟기 때문에 저절로 행동도 그렇게 되는 거죠. 집단적인 분노가 치솟을 때는 어떻게 됩니까? 광장으로 다 뛰쳐

나가죠. 그게 기의 흐름이라는 거예요. 반면, 기쁨에 휩싸이면, 어떻게 될까요? 기가 느슨해져요. 풀어지는 겁니다. 그래서 너무 많이 웃으면 지쳐 버립니다. 요즘엔 사람들이 워낙 안 웃으니까 기 순환을 위해서는 좀 웃어야겠지만, 그렇다고 지나치게 열광하거나 들뜨는 건 좋지 않습니다. 같은 원리로 몸이 너무 안락하기만 하면 기가 늘어져서 오히려 건강에 해롭다고 합니다. 또 슬픔에 빠지면 기가 사그라듭니다. 분노의 감정과 반대로 슬픔과 비탄에 빠지게 되면 털썩 주저앉게 되지, 벌떡 일어나서 울지는 않습니다. 아래로 처지는 감정인 거죠.

추우면 기가 수렴되고 모입니다. 체온을 최대한 모으려고 하겠죠. 그래서 역으로 에너지를 많이 발생시킵니다. 덜덜 떠는 게 바로 그 현상이죠. 피부가 막 떨리면서 열을 생성시킵니다. 그래야 체온 조절이 되기 때문에 추울 때 떨리는 건 지극히 정상인 거죠. 옆으로 새는 이야기지만, 얼어 죽는 사람들이 마지막이 되면 옷을 다 벗는다고 하더라고요. 최후의 순간에 이르면 몸이 거꾸로 너무너무 뜨거워진다는 겁니다. 체온을 지키려고 단전에 있는 열까지 다 끄집어내기 때문에 그렇다는 거예요. 비슷한 사례로 티베트 스님들은 명상을 오래 하시면 겨울에도 몸에서 내열이 엄청나게 발생한답니다. 그래서 한겨울에 히말라야 아래 계곡에서 옷을 입은 채로 얼음물에 들어갔다 나오면, 명상을 하는 동안 옷이 다 마른대요. 이건 과학적 실험으로도 증명된 팩트입니다. 이런 식으로 우리 몸이 가지고 있는 잠재력은 무궁무진합니다. "추우면 기가 수렴되고"라는 구절이 나와서 갑자기 이런 이야기들이 떠올랐습니다.

## 기를 유동하게 하라

그다음으로 "생각을 하면 기가 맺힙니다"라는 구절을 보겠습니다. 생각이라는 것은 어떤 일을 고정시킨 채 계속 되뇌는 걸 말하는데요. 음양오행론적으로 생각을 주관하는 장부는 비위입니다. 그래서 내가 어떤 생각에 맺히게 되면 제일 먼저 소화가 잘 안 됩니다. 또 밥 먹을 때 듣기 싫은 잔소리를 들으면 즉시 체하기도 하죠. 생각이 뭉치는 순간, 비위의 기가 딱 멈춰 버리는 겁니다. 생각과 비위의 기가 같이 연동되어 있다는 것을 기억해 두시고요. 좀 듣기 싫은 소리를 들었을 때는 소식을 하거나 아니면 마음을 느긋하게 한 다음에 밥을 먹는 것이 좋겠죠. 다른 장부도 다 마찬가지지만 생각이든 비위든 흘러가는 것이 제일 중요합니다. 흐른다는 건 머무르지 않는 겁니다. 끊임없이 유동하는 것이죠.

그런데 기가 맺히는 건 또 몸을 쓰지 않기 때문이기도 합니다. 『동의보감』에서는 "한가롭게 노는 사람은 몸을 움직여 기력을 쓰는 때가 많지 않고 배불리 먹고 앉아 있거나 눕는"『동의보감』
(「내경편」), 66쪽 것이 기를 막히게 한다고 합니다. 예전에는 귀족들이
이랬는데, 요즘은 아주 많은 사람들이 이렇게 살 거 같습니다.
"이렇게 하면 경락이 통하지 않고 혈맥이 막혀 노권상(勞倦傷)이
생긴다"같은 곳고 합니다. 노권상은 과로로 인해 생기는 병인데, 반
대로 잘 움직이지 않아도 굉장히 몸이 피곤해진다는 거예요. 코
로나 바이러스 때문에 우리가 오랫동안 격리상태를 경험하고 있
잖아요? 그러면 몸이 아주 편안할 거 같은데, 그게 아니죠. 작년
겨울 지나면서 노인들이 많이 돌아가셨는데, 코로나 때문이 아
니라 운동부족이 원인인 경우가 많았습니다. 기 순환이 안 된 거
죠. 중년이나 청년들 역시 운동량이 훨씬 줄었기 때문에 많이들
느끼셨을 겁니다. 살려면 움직여야 하는구나, 걸어야 사는구나,
편안한 게 기를 더 늘어지게 하는구나, 등등.

　　『동의보감』에 따르면, 예전에는 귀족들이 이런 생활을 했다
는 겁니다. 그래서 "귀한 사람은 겉모습이 즐거워 보여도 마음은
힘이 든다"같은 곳고 이야기를 합니다. 몸이 풀어지면 뇌리에 온갖
잡생각이 다 떠오릅니다. 그리고 이때 잡생각은 부정적 생각이
라는 공통점이 있어요. 창의적이고 재밌는 아이디어가 막 떠오
르면 얼마나 좋겠습니까. 그러면 글도 쓰고 새로운 사업 구상도
하고 친구들과 재밌게 놀고…, 그럴 텐데 그게 아니라는 거죠.
몸을 안 쓰고 머리만 굴리면 거의 다 부정적인 생각으로 흘러가

게 되어 있어요. 코로나 블루, 코로나 레드 같은 증상도 그런 경우죠. 몸을 안 쓰면 마음이 난동을 부린다는 이치입니다. 코로나가 지나가면 이 문제는 본격적으로 사회적 이슈가 될 듯합니다. 디지털 문명이나 4차 혁명은 몸을 전혀 쓰지 않고도 먹고살 수 있는 세상을 만들었는데, 그 대가가 만만치 않은 거죠. 예컨대 몸을 안 움직이니 기의 운동과 순환에 심각한 문제가 생기고, 동시에 감각, 감정, 자의식 같은 영역은 날로 비대해져서 불면증, 우울증, 번아웃증후군, 공황장애 등 각종 심리적 질병들이 늘어나고 있습니다. 요즘 일어나는 범죄도 심리적 장애에서 발생하는 경우가 대부분입니다.

그래서 이어지는 구절에서는 "천한 사람은 마음이 한가해도 겉모습은 힘들어 보인다"같은 곳고 합니다. 거꾸로 말하면, 하층민들은 몸을 많이 움직이니까 마음은 편하다는 거예요. 당시엔 농사든 장사든 대장간 일이든 하루 종일 노동에 투신해야 먹고살 수 있었으니까요. 18세기 영국의 소설인 『걸리버 여행기』에도 비슷한 구절이 나옵니다. 걸리버가 소인국, 대인국, 라퓨타를 거쳐 '흐이늠'이라고 고귀한 말들이 다스리는 나라엘 갔는데, 거기에서는 인간의 원형이라 할 수 있는 야후들이 천민으로 살고 있는 거예요. 말들이 보기에 야후들의 생태는 참으로 기이하고 변태적입니다. 먹이를 던져 주면 똑같이 나누는 게 아니라 굳이 싸워서 한 놈이 독차지하거나 아니면 자기 몫도 있는데 꼭 남의 것을 약탈해서 먹거나 한다는 거죠. 왠지 어디서 많이 본 장면 아닌가요?^^ 그런데 더 가관인 건 이 야후들이 우울증에 걸리기도 합니다. 삶의 의욕이 떨어져서 동굴 구석탱이에서 도통 움직이려고 하지를 않는 거죠. 그럴 때 흐이늠의 처방이 재미있습니다. 우울증에 걸린 야후에겐 중노동이 최고라는 거예요. 몸을 너무 안 움직여서 생각이 꽉 막히게 되면 나는 살 가치가 없다, 살아서 뭐하냐, 하는 목소리가 자꾸 들린답니다. 그럴 때 몸을 활발하게 움직이면 그런 부정적인 생각이 싹 사라진다는 거예요. 우리는 굳이 중노동을 할 필요는 없고, 일단 몸을 활발하게 움직이는 건 정말 중요합니다. 간단한 이치예요. 기가 유동하면 생각 또한 머무르지 않고 흘러갑니다. 그러면 아, 살고 싶다, 살아서 참 좋구나, 이런 생각이 올라오는 거죠.

요즘 학생들은 학교에 가도 몸을 쓸 일이 거의 없어요. 대부분 선생님이나 학부형, 아니면 외주업체가 다 하잖아요. 몸은 거의 쓰지 않지, 친구나 선생님과는 소통이 잘 안 되지, 말하자면 생리와 심리 양 측면에서 다 기가 꽉 막힌 셈입니다. 그럴 때 기의 흐름이 왜곡되면서 왕따나 학폭 같은 방식으로 표출되는 거죠. 이런 현상은 단지 인성교육이나 엄벌주의로는 해결이 안 됩니다. 일단 몸을 좀 쓰게 해야 돼요. 가장 쉬운 방법이 학교 청소나 급식에 참여시키면 됩니다. 한달에 한 번 정도 급식을 담당하면 서로 친해지기도 하고, 내가 누군가를 위해 밥을 만든다는 기뿜도 누리고 학교에 대한 애정도 생기고. 당연히 몸과 마음이 훨씬 더 활발해집니다. 한데, 언제부턴가 애들을 손도 까딱하지 못하게 하고 있습니다. 공부시간 뺏는다는 거죠. 참 어이가 없습니다. 저도 고교시절 입시지옥을 겪어 봤지만, 종일 공부를 한다고 성적이 오르지 않습니다. 아니, 그 이전에 종일 시험공부를 할 수가 없어요. 대체 어떤 사람이 그렇게 할 수 있는지 궁금합니다. 한 시간 공부를 하면 30분 정도는 쉬어야 해요. 그게 우리 몸입니다. 더구나 10대 청소년이 공부에 집중하는 시간이 얼마나 된다고, 공부를 위해 다른 활동을 다 생략해 버립니다. 솔직히 그러면 공부의 효율성은 더 떨어져요. 공부가 잘 되려면 중간중간 계속 몸을 움직여야 합니다. 꼼짝 말고 공부만 해, 이러면 기가 더 느슨해지면서 잡념이 밀려오고, 그렇게 하루를 지내면 자존감이 더 떨어집니다. 그래서 열심히 한다고 했는데 성적은 오르지 않고, 그러면 더더욱 우울해질밖에요. 그러니까 지금 같은 교육방식은 왕따문화 아니면 우울증을 야기하는 배치로 이루어져 있어요. 정기신의 순환이라는 단순한 이치를 모르기 때문이 아닐까 싶네요.

앞의 인용문에서 '배불리 먹고 바로 드러눕는' 이야기를 했는데, 사실 여기서 그치는 게 아니라 그다음에 성이나 노래, 춤 이런 게 뒤따라오겠죠. 우리는 이렇게 배불리 먹고 온갖 향락을 누리는 것을 좋은 삶이라고 부러워하지만 이건 양생적으로 보면 굉장히 천하고 위험한 삶입니다. 그래서 결론이 뭐냐면, "사람은 항상 힘을 써야 한다"는 겁니다. 최소한 낮에 태양이 떠 있을 때는 활동을 해야 해요. 돈이 되든 안 되든 움직여야 합니다. 물론 지나치면 안 되죠. 피로와 스트레스야말로 병의 전단계니까요. 그건 스스로 조율할 수 있어야 해요. 그래서 원칙이 필요합니다. "영위가 잘 흐르고 혈맥이 고르게 퍼지게 일하는 정도가 좋은 것이다. 흐르는 물은 썩지 않고 지도리는 좀을 먹지 않는 것과 같다"『동의보감』(「내경편」), 66쪽라고 합니다. 기의 유동성을 아주 멋지게 표현한 대목입니다.

그래서 인류가 8시간 노동을 쟁취하기 위해서 정말로 오랫동안 끈질기게 싸웠잖아요. 그런데 지금은 정규직 일자리가 줄어들면서 8시간 노동을 확보하기도 어려워졌어요. 앞으로 노동의 유연성은 더더욱 가속화될 테죠. 그러면 결국 각자가 노동시간을 알아서 조절해야 합니다. 노동시간을 조절한다는 건 거기에 따라오는 화폐의 양도 스스로 결정한다는 뜻입니다. 노동과 화폐를 조절할 수 있다면 그건 정말 자유인이라고 할 수 있죠. 정규직이든 백수든. 그리고 그게 다가 아닙니다. 자기계발이든 영적 수행이든, 이 영역도 스스로 결정해야 합니다. 노동시간이 줄어든다는 건 나머지 다른 활동을 위한 시간이 대폭 늘어난다는 뜻이니까요. 화폐와 노동을 벗어난 폭넓은 사회적 네트워크에 참여해야 합니다. 그러기 위해서는 무엇보다 기를 조절하는 것이 필요합니다. 기의 유동하는 흐름이 단순히 양생적 기술에 머무르지 않고 자기조절, 자기배려라는 윤리적 비전과 연결되는 이유입니다.


## 우월감과 열등감을 벗어나려면?

『숫타니파타』에서는 이런 분노를 진심(嗔心)이라고 한다고 했죠. 진심은 자만과 견해, 아집, 분노와 폭력, 이런 것들과 연결됩니다. 앞에서 이야기한 '정'은 성욕이나 소유욕과 연결이 되었죠. 그러니까 내가 더 많이 챙겨야 된다는 것에 골몰하는 거고요. 그런데 분노가 일어나는 지점은 '내가 옳아', '내가 다른 사람보다 더 우월해', '타인을 지배하고 싶어', 이런 욕망하고 연결되어 있습니다. 손오공이 이 진심을 상징한다고 말씀을 드렸었죠. 분노는 '내가 최고'라는 것을 증명해야 직성이 풀리는 것과 연결됩니다. 손오공은 힘으로 그렇게 했지만, 현대인들은 명분과 주장으로 그렇게 하죠. 자기의 주장을 절대 굽히지 않을뿐더러 상대방이 동의할 때까지 들들 볶아요. 그리고 그게 안 될 것 같으면 그때부터 그 사람을 미워하기 시작합니다. 자만심과 인정욕망이 엄청난 거죠.

『숫타니파타』에서는 이걸 "커다란 거센 흐름이 연약한 갈대

다리를 부수듯, 자만을 남김없이 끊어 버린 수행승은, 마치 뱀이 묵은 허물을 벗어 버리는 것처럼, 이 세상도 저 세상도 다 버린다"「뱀의 경」라고 합니다. 여기에서 자만의 종류를 세 개로 나누었더라구요. 첫째는 '나는 우월하다'입니다. 이거 자만이 맞죠. 그럼 그 반대편에 뭐가 있죠? '나는 열등하다'겠죠. 반대인 것 같은데, 이것도 사실은 자만이라고 합니다. 우월감을 증명하기가 어려우면 갑자기 자기를 확 낮추면서 나는 왜 이런 것도 못할까 이런 열등감에 빠져 버리는 경우가 많잖아요. 언뜻 보면 겸손해 보이지만 절대 아닙니다. 자만의 뒤틀린 형태인 거죠. 동서양 고전을 공부해 보면 알 수 있는데, 겸손은 고도의 수행이 아니고는 구현하기 어려운 덕목입니다. 『주역』에서도 '지산겸'이라고 겸손에 대한 괘가 있는데, 64괘 가운데 가장 길한 괘로 손꼽힙니다. 또 모든 종교학에서 말하는 신성함의 핵심은 결국 자기비움인데, 겸손이 거기에 가장 가까운 덕목이고요. 그러니까 겸손은 스스로를 낮추는 것이지만 거기에는 우열이라는 기준 자체가 작용하지 않아야 합니다.

그런데 우리는 대개 우월감과 열등감, 둘 사이를 왔다 갔다 하죠. 비교하고 경쟁하는 그 기준 자체는 여전히 고수하고 있는 채로 말이죠. 그걸 고수하는 한 자만심을 버리기는 어렵습니다. 설령 '나는 동등하다'라고 생각을 한다고 해도 말이죠. 그래서 세번째로 '동등하다는 생각' 또한 자만이라는 겁니다. 처음 이 구절을 보고 깜짝 놀랐습니다. 동등하다고 하면 괜찮은 거 아닌가? 이런 생각이 들어서요. 하지만 이 또한 하나의 견해인 거죠. 동등하다는 기준이 있으면 우월감과 열등감이 없을 수가 없으니까요.

그리고 이건 제 소견인데, '우리는 동등해'라는 견해를 고집하다 보면 그 또한 폭력적인 동일성에 빠지지 않을까 싶습니다. 사회주의가 주장한 과격한 평등주의가 실패한 것도 이런 맥락이 아닐까 싶기도 하구요. 물론 이건 앞으로 더 깊이 탐구해 볼 만한 과제입니다. 아무튼 비교라는 척도가 작동하는 한 모든 견해는 다 망상이라고 보는 겁니다. 우월하다, 열등하다, 동등하다, 이 셋은 다 같은 범주의 산물이니까요. 가장 중요한 건 이런 식의 척도에서 벗어나는 거겠죠. 각자의 차이를 존중하되 어떤 방식으로든 비교하지 않는 것. 그것이 붓다의 평등안이 아닐까 생각해 봅니다.

# 신, 삶의 지도를 그리는 정신활동

## 마음은 힘이 세다

이제 마지막으로 신(神)을 보겠습니다. 신은 정신활동이라고 말씀을 드렸죠. 당연히 무형의 흐름이죠. 나에게 연료(정)와 엔진(기)이 있으면 마음대로 갈 것 같지만 어디로 가야 할지를 모르면 나아갈 수가 없어요. 삶도 마찬가지입니다. 정이 충만해서 신장도 튼튼하고 뼈도 단단해, 그리고 치아노 튼실하고 정력도 좋아. 이런 사람이 기운도 좋아서 활기가 넘치면 참 건강하다고 하겠죠. 그런데 오늘 뭘 해야 할지, 어떻게 살아야 할지를 모른다면, 그래서 PC방, 술집, 노래방만 왔다 갔다 하고 있다면, 정과 기가 건강하다는 게 더 치명적인 약점이 될 수 있습니다. 몸이 튼튼해서 삶이 오히려 위험해질 수도 있다는 겁니다. 기름도 많고 엔진도 잘 돌아가는데, 운전자가 정신이 혼몽하거나 만취 상태라면 어떻게 될까요? 난폭운전이나 역주행을 하다가 큰 사고를 내게 되겠죠. 몸도 마찬가지입니다. '신', 즉 정신활동이 원활하지 않으면 인생도 위태위태합니다. 어디서 누구를 다치게 할지, 어떤 사고를 칠지 알 수 없는 거예요. 설사 정과 기가 다소 부족해도 지혜가 있다면, 다시 자동차에 비유하면 운전자가 방향과 비전이 분명하다면, 느리지만 여유있게 나아갈 수 있는 겁니다.

정기신에서 신을 주관하는 건 심장이라고 앞의 강의에서 말씀을 드렸습니다. 심장은 '군주지관'이라고 하는데, 『동의보감』에서는 삶 전체의 지도를 그리는 정신활동이 여기서 일어난다고 봅니다. 과학이 발달하면서 뇌에 관한 많은 비밀이 풀리고 있는데, 생각과 인식을 주관하는 게 뇌인 건 맞습니다. 일단 뇌가 잘 운동하기 위해서는 당연히 정기신이 활발하게 순환해야만 합니다. 그러니까 뇌의 문제를 뇌 홀로 담당하는 게 아닌 거죠. 솔직히 우리가 컨디션만 좀 안 좋아도 감성이나 기억에 상당한 타격이 일어나잖아요? 그게 바로 뇌가 홀로 움직이지 않는다는 가장 단순한 증거죠. 아울러 뇌만으로 마음의 활동이 다 해석되지는 않아요. 마음의 영역은 우리가 상상하는 이상으로 넓고 큽니다. 물론 그 잠재력도 엄청납니다. 생명활동과 연관된 무형의 파동이라고 할 수 있는데, 그렇게 되면 사실 온 우주와 연결될 수밖에 없어요. 그래서 인간은 끊임없이 안과 밖을 소통하는 활동을 멈추지 않아야 합니다. 이런 식의 인식과 지도를 주관하는 것이 심장이라고 보는 겁니다.

그래서 의식을 머리에서만 이루어진다고 생각하면 안 돼요. 요즘에는 치매나 기억상실, 인지장애 이런 질병들 때문에 뇌를 어떻게 건강하게 유지할까를 많이들 고민하는데, 인지력이 건강하려면 무엇보다 심장이 튼튼해야 합니다. 심장이 약하면 불안해지고, 불안하면 또 심장이 약해져요. 그런데 불안은 딱히 명료한 이유가 없어요. 그냥 존재 자체가 불안한 겁니다. 공포나 두려움과는 좀 다른 거죠. 지금 막 무서운 일이 닥쳐서 공포를 느끼면 집중력은 오히려 좋아집니다. 그래서 위험에 처하면 쓸데없는 생각이 싹 사라지면서 생명보전을 위한 무의식적 정보시스템만 작동하게 되죠. 어려운 일을 많이 겪을수록 더 강건해지는 것도 그 때문일 겁니다. 그에 반해 불안은 일상을 잠식하는 거예요. '내가 이렇게 살아도 되나?', '잘 살고 있는 건가?', '지금 내가 어디쯤 있는 거지?', 기타 등등. 이런 회의와 무력감은 무엇보다 내가 인생에 대한 지도가 없는 데서 오는 것입니다. 내비게이션이 없이 잘 모르는 길에 나선 운전자의 상태와 비슷한 겁니다.

그래서 누구나 자기 인생에 대한 탐구를 해야 합니다. 이렇게 해서 마음의 힘을 최대한 이끌어내는 겁니다.

궁극적으로는 생사에 대한 지도가 필요합니다. 왜냐면, 불안의 원천은 결국 죽음에 대한 것이거든요. 또 우리는 죽음에 대해서 너무 몰라요. 죽음을 떼어 놓고 삶만 보고 있으려니 늘 불안을 안고 살아갈 수밖에 없죠. 죽음을 이해하는 만큼 삶에 충실할 수 있습니다. 결국 모든 지식, 모든 앎은 생사의 문제로 귀결되죠. 그래서 『동의보감』에서는 "도로써 병을 치료한다"고 이야기합니다.

> 병자로 하여금 마음속에 있는 의심과 생각들, 모든 망념과 모든 불평, 모든 차별심을 다 없애고 평소 자신이 저질렀던 잘못을 깨닫게 하면, 곧 몸과 마음을 비우고 자기의 세계와 사물의 세계를 일치시킬 수 있다. 이 상태가 지속되어 마침내 신이 모이게 되면 저절로 마음이 편안하게 되고 성정이 화평하게 된다.『동의보감』(「내경편」), 19쪽

우리가 병을 고칠 때 아픈 부분의 통증과 상처만을 치유해서 해결된다고 하면 그건 기계죠. 인간이 기계와 다른 것은 이 아픔 때문에 온갖 의심과 망념, 불안 같은 것들이 일어나는 거잖아요. 이럴 때 이 몸 안에서 온갖 생각들이 길을 잃고 헤매고 있다는

뜻인 겁니다. 이걸 다스려야 생리적인 병도 낫고 병이 나은 다음에 스스로 조절하는 능력이 생기는데, 이걸 "도로써 병을 다스린다"고 본 거예요. 맞는 얘기죠.

그럼 마음을 다스리는 건 어떻게 해야 할까요? 일단 비워야 합니다. 아플 때 떠오르는 것들은 전부 나를 해롭게 하는 것들이에요. 그래서 자꾸 비우라고 하는 겁니다. 그런데 이렇게 말씀드리면, 나는 지금 가진 것도 없는데, 뭘 자꾸 비우라는 거냐고 하시는 분들도 있어요. 나는 지금 월세방에 살고, 알바를 하고, 백수 처지인데 동양 사상은 뭘 이렇게 자꾸 비우라는 거냐고 한탄을 하십니다. 그런데 이건 마음을 아직 살피지 않았을 때 하는 소리예요. 마음을 들여다보면 『숫타니파타』에서 "급류", "폭류"라고 묘사되는 수많은 생각들이 흘러가는 걸 볼 수 있습니다. 정말 정신없이 흘러가고 있어요.

안 흘러갈 때는 무엇을 하고 있을까요? 완전히 암흑 속에서 멍하니 있는 거죠. 흘러가는 것조차도 감지할 수 없는 상태에 있는 것인데, 사실 그건 더 위험한 상태죠. 생명력의 레벨이 더욱 떨어질 테니까요. 해서 일단 멈추고 비우라고 말하는 겁니다. 비울수록 마음의 힘이 점점 더 강해지니까요. 심층의 잠재력이 더더욱 발휘될 수 있습니다. 그러니까 이건 거의 도를 닦는 수준에 가까운 겁니다. 그래서 양생술을 도라고 하는 것이죠.

## 무지, 만병의 근원

물론 우리 몸에는 양생의 도를 거부하는 저항력이 엄청납니다. 『숫타니파타』에서는 이렇게 탐구하고 수행하려 하지 않는 것을 치심이라고 한다고 했지요. 무지, 어리석음이죠. 내가 왜 아픈지를 탐구하려고 하지 않고 빨리 명의를 만나거나 좋은 약을 찾아서 얼른 처리하는 데 급급한 겁니다. 한마디로 질문할 줄 모르는 것이 무지입니다. 그런데 이 무지가 계속해서 삶을 괴롭게 해요. 강의 맨 처음에도 이야기했지만, 우리가 지금 괴로운 것은 코로나가 어떻게 이동하는지, 어떻게 전파되는지가 보이지 않아서 그런 것입니다. 경로만 명확히 알 수 있어도 지금보다는 한결 덜 불안할 겁니다. 모르기 때문에 답답하고 불안한 거죠. 모른다는 것, 곧 무지는 괴로움의 원천입니다.

싯다르타 왕자가 출가를 한 결정적 이유도 이 무지에서 벗어나려는 의지에서였습니다. 출가하기 전 싯다르타 왕자는 여름 궁전, 겨울 궁전에서 정말 아름다운 청춘을 누리고 있었죠. 서른두 개의 호상을 갖고 태어나서 외모와 신체 또한 완벽했고요. 말 타기서부터 활쏘기 등등, 최고의 교육을 받아서 못하는 게 없었다고 합니다. 지금 청년들이 바라는 '핵인싸'인 인생을 누리고 있었는데, 어느 날 동서남북 네 개의 문을 통해 인생의 진면목을 보게 된 거죠. 처음 본 게 노인이었습니다. 노인의 몸을 보는 순간 자기 또한 저렇게 늙는다는 걸 알게 된 거죠. 그 순간 '청춘의 교만은 산산이 부서졌다', 이렇게 표현합니다.

그다음으로 병든 사람을 봤는데 그때의 병자들은 너무너무 지저분했겠죠. 지금은 그런 상태를 리얼하게 볼 기회가 별로 없습니다. 신체의 일그러짐을 다 감춰 버리잖아요. 그래서 현대인들이 생로병사에 대한 인지를 잘 못하는 건지도 모르겠어요. 싯다르타 왕자는 병자들의 참혹한 모습을 보자마자 건강한 육체에 대한 교만도 산산히 부서집니다. 자신 또한 병이 들면 저렇게 육체가 무너질 것임을 자각하게 된 것이죠.

그리고 또 죽은 사람을 봅니다. 시체는 더 말할 나위도 없었죠. 구더기가 들끓었을 뿐 아니라 코를 찌르는 냄새가 진동하면서 형체가 흐물흐물해지는 모습을 보자 마지막으로 생의 교만이 무너지죠. 지금의 이 생이 얼마나 허약하고 일시적이고 먼지 같은 것인지를 사무치게 느끼게 된 겁니다. 결국 모든 인간은 태어난 이상 노병사의 과정을 밟아야 하고, 그건 누구도 피할 수 없는 길이라는 것을 깨달은 거죠. 맞습니다. 그 순간 싯다르타는 질문을 던집니다. 이토록 괴로움의 연속인데, 왜 인간은 끊임없이 다시 태어나는가? 윤회사상에 따르면 인간은 자신의 까르마에 따라 수억 겁의 생을 반복하고 있다고 합니다. 그러니까 이상한 거죠. 싯다르타의 입장에선 '생로병사는 이토록 괴로운데, 왜 이걸 반복하고 또 반복하는 거지?' 달리 말하면, '그럼 이 윤회의 사이클에서 벗어나는 길은 정녕 없을까?' 이런 질문이 든 거죠. 물론 아무도 답해 주지 않았습니다. 자신을 가르친 스승도, 아버지 슈도다나 왕도, 그 어떤 브라만 사제도.

당연합니다. 그들도 몰랐으니까요. 세상 모든 것을 다 정복할 수는 있어도 그 길은 알 수가 없었으니까요. 하지만 싯다르타는 그 질문을 멈출 수가 없었고, 그 길을 찾기 위해 출가를 한 겁니다. 이 무지를 타파하지 않는 한, 영원히 윤회의 수레바퀴를 벗어날 수 없으리라고 확신했으니까요.

우리는 보통 다음 생에 다시 태어난다면 이번 생에서 못한 걸 이루겠다고 생각을 하잖아요. 그런데 윤회라고 하는 건, 내가 무언가에 탐착을 해서 죽음에 끌려가고 정신없이 죽음의 과정을 겪는 거라서 그렇게 계획대로 진행되지 않습니다. 그래서 윤회를 통해 다시 태어나면 아무 데나 막 태어난다고 합니다. 축생이 되기도 하고, 벌레가 되기도 하고, 인간으로 태어나더라도 지금보다 안 좋은 상황에서 태어날 수도 있는 겁니다. 또 내가 무언가에 집착하면 그 반대로 태어나기도 한다고 하네요. 원수를 만나 사랑에 빠져서는 서로를 죽도록 괴롭히게 되기도 하고요. 그런 관점에서 보면, 애착은 원한과 서로 분리되지 않습니다. 그래서 애착이 강하고, 죽어도 못 헤어진다고 하는 사람과는 절대 사랑을 하면 안 돼요. 그냥 인연이 닿는 데까지만 사랑하자, 이런 생각을 가진 사람을 만나면 마음 놓고 연애든 결혼이든 해도 됩니다. 하지만 영원히 널 사랑할 거야, 나는 너만 바라보겠어, 죽어도 못 놓는다, 이런 사람을 만나면 '전생에 원수였구나, 나에게 슬픔과 아픔을 주기 위해서 찾아왔구나!'라고 생각하고 얼른 피하셔야 합니다.^^

이렇게 보면 무지야말로 만병의 근원이라 할 수 있습니다. 산다는 건 이 타고난 무지를 타파해 가는 과정이라고 할 수 있어요. 무지를 벗어나려면 일단 생로병사가 무엇인지 질문을 해야 합니다. 그런데 현대인은 질문을 잘 던지지 못합니다. 뭐가 문제인지, 뭘 모르는지를 모르는 거죠. 무지로 인해 괴로운데, 무지가 괴로움의 원천이라는 걸 모르는 무지에 빠진 겁니다. 무지의 무지의 무지의 무지…. 이런 걸 『숫타니파타』에서는 '무지의 중층 구조'라고 합니다. 이른바 무명(無明)이 그것입니다. 밝음이 전혀 없는 어둠의 세계인 거죠.

이런 무명에서 벗어나 지혜의 광명을 찾아갈 때 이타심이 생깁니다. 거꾸로 이타심을 가진 사람은 지혜를 연마하게 되어 있어요. 이기심에서 지혜가 생기지는 않습니다. 이기적인데 지혜로운 사람은 없습니다. 이기적인데 지식이 풍부한 사람은 있을 수 있죠. 하지만 그들이 지혜로운 것은 아닙니다. 지혜롭다는 건 타인과의 공감이라는 덕목과 분리될 수 없어요. 불교식으로 말하면, 지혜와 자비는 둘이 아닙니다. 절대 분리될 수가 없는 거예요. "삶은 왜 이토록 괴로운가"라는 질문은 당연히 지혜의 빛으로 이어질 거고, 그 빛은 무명에 빠진 이들을 구제하고 싶다는 자비심으로 이어지기 마련입니다.

이런 마음이 사실은 가장 보편적인 본성, 즉 불성입니다. 살면서 이런 마음과 한 번도 마주치지 못했다면 참 슬픈 일이죠. 그러나 걱정 마세요. 무지가 만병의 근원이라면, 그걸 벗어나는 길도 당연히 있지 않겠습니까? 그 마음을 일깨우는 것이 바로 불교구요.


## 다니야의 경 : "비를 뿌리려거든 뿌리소서"

『숫타니파타』에서 널리 애송되는 두 개의 경을 소개할까 합니다. 먼저 첫번째로 「소 치는 다니야의 경」이 그것입니다. 다니야는 바이샤 계급쯤 되는 꽤 잘사는 농부예요. 이 사람과 고따마 존자가 만나서 이야기를 나눕니다. 이미 붓다가 되었지만 아직은 길 위의 구도자로 여기저기를 유행(遊行)하던 시절의 이야기입니다. 다니야가 말합니다.

> 나는 이미 밥도 지었고, 우유도 짜 놓았고, 마히 강변에서 가족과 함께 살고 있고, 내 움막은 지붕이 덮이고 불이 켜져 있으니 하늘이여, 비를 뿌리려거든 뿌리소서.「다니야의 경」

지금 우기인 거예요. 인도에서 우기에는 몇 달에 걸쳐 엄청나게 비가 쏟아지나 봐요. 다니야는 우기에 대비하여 만반의 준비를 다 갖추어 놨다고 자신있게 말하고 있습니다. 이 대목에서 뭔가가 떠오르지 않으세요? 우리 시대 중산층의 모습이 떠오르죠. 아파트 평수도 넉넉하고, 외제차도 마련했고, 인테리어도 최고급으로 해두었고, 기타 등등.

그랬더니 고따마 존자가 이렇게 응답합니다. 여기서는 '세존'이라고 불리는데요.

분노하지 않아 마음의 황무지가 사라졌고 마히 강변에서 하룻밤을 지내면서 내 움막은 열리고 나의 불은 꺼져 버렸으니 하늘이여, 비를 뿌리려거든 뿌리소서.「다니야의 경」

마치 랩 배틀을 하는 것 같죠? 절묘하게 운을 맞추었잖아요. 다니야가 밥, 우유, 가족을 말하자 고따마 존자는 마음으로 대응하고, 다니야의 움막은 닫혔지만 고따마는 움막이 열렸다고 합니다. 여기서 움막은 몸을 의미하기도 합니다. 온몸이 사방으로 열려 있다는 말이죠. 또 다니야의 불은 켜졌지만 고따마 존자의 불은 꺼져 있죠. 여기서 불은 욕망의 불꽃이라고 할 수 있습니다. 불이 꺼졌으니 아무리 비가 온들 젖을 게 없는 겁니다.

다니야도 물러서지 않습니다. 이어지는 배틀. "쇠파리들이나 모기들이 없고, 소들은 강 늪에 우거진 풀 위를 거닐며, 비가 와도 견디어 낼 것이니, 하늘이여, 비를 뿌리려거든 뿌리소서." 고따마 존자가 응답합니다. "내 뗏목은 이미 잘 엮어져 있고 거센 흐름을 이기고 건너 피안에 이르렀으니, 이제는 더 뗏목이 소용없으니, 신이여, 비를 뿌리려거든 뿌리소서.『다니야의 경』이 대목도 꽤 많이 알려진 부분입니다. "강을 건너면 뗏목을 버린다". 이 멋진 아포리즘이 여기서 나온 거네요. 강을 건넌 다음에도 뗏목을 버리지 못해 등에 지고 다니는 분들, 많으시죠? 정규직을 오래 하신 분들, 특권을 많이 누리신 분들이 특히 그렇습니다. 평소에 꾸준히 뗏목을 버리는 연습을 하셔야 돼요. 정년 이후에도 자기가 계속 고위공무원이나 CEO인 걸로 생각하다가는 참 '거시기합니다'. 뗏목을 지고 다니는 격이거든요.

다니야의 노래는 계속됩니다. "내 아내는 온순하고 탐욕스럽지 않아 오랜 세월 함께 살아도 내 마음에 들고 그녀에게 그 어떤 악이 있다는 말을 듣지 못하니, 하늘이여, 비를 뿌리려거든 뿌리소서.『다니야의 경』자기 집은 스위트홈이라는 거죠. 우리 '부부의 세계'는 안전하다는 말입니다. 고따마 존자는 응답합니다. "내 마음은 내게 온순하게 해탈되었고 오랜 세월 잘 닦여지고 아주 잘 다스려져, 내게는 그 어떤 악도 찾아볼 수 없으니, 하늘이여, 비를 뿌리려거든 뿌리소서.『다니야의 경』다니야는 아내의 온순함을 내세웠지만 고따마 존자는 자기 마음의 온순함을 말합니다. 인생에 폭풍우가 몰아칠 때 어느 것이 더 믿을 만할까요? 잘 들 헤아려 보시기 바랍니다.

다니야가 또 노래합니다. "나 자신의 노동의 대가로 살아가고 건강한 나의 아이들과 함께 지내니, 그들에게 그 어떤 악이 있다는 말을 듣지 못하니, 하늘이여, 비를 뿌리려거든 뿌리소서" 노동의 대가와 아이들의 건강과 덕성을 내세웁니다. 이에 대해 고따마 존자는 "나는 그 누구에게도 대가를 바라지 않아, 내가 얻은 것으로 온 누리를 유행하므로, 대가를 바랄 이유가 없으니, 하늘이여, 비를 뿌리려거든 뿌리소서"「다니야의 경」.

사실 우리는 다니야처럼 보상이나 대가를 중시합니다. 오직 화폐라는 대가를 위해 노동을 하고 있으니까요. 하지만 앞으로 코로나 이후를 살아가려면 이 틀에서 벗어나야 해요. 노동만이 아니죠. 우리는 모든 활동에 대한 대가를 바랍니다. 늘 그걸 계산하고 있어요. 심지어 신에게 제사를 지내면서도 대가를 구합니다. 이건 뭘 뜻하는 거죠? 나의 삶이 누군가에게 의존하고 있다는 걸 말해 줍니다. 내가 주인이 아닌 겁니다. 내가 주인이라면 대가를 바라지 않죠. 오히려 다른 사람들에게 대가나 선물을 주려고 하지. 인생도 마찬가지입니다. 내가 삶의 온전한 주인이라면 살아서건 죽어서건 대가를 필요로 하지 않습니다. 삶 자체가 이미 충분한 보상이고 은총인데, 뭘 더 바라겠습니까? 누구한테도 대가를 바라지 않고, 어떤 행위에도 대가가 필요 없는 존재, 그게 바로 붓다겠죠.

아무튼 이렇게 해서 다니야와 붓다의 배틀은 붓다의 승리로 끝납니다. 왜냐면 그 사이에 다니야가 크게 깨달아 부부가 함께 붓다의 제자가 되거든요. 쏟아지는 비를 막아 줄 거라고 믿었던 재산과 조건들의 허망함과 무상함을 알게 된 것입니다. 2600년 전의 이야기지만 다니야의 생각과 일상은 오늘날의 중산층과 다를 바가 거의 없습니다. 두고 두고 음미해 보시기 바랍니다.


## 까씨의 경 : "나도 밭을 갈고 씨를 뿌립니다"

두번째로 「까씨 바라드와자의 경」을 보겠습니다. 까씨는 농사를 짓지만 브라만 계급에 속합니다. 그가 보기엔 고따마 존자의 행태가 영 못마땅합니다.

> **까씨** 수행자여, 나는 밭을 갈고 씨를 뿌리며 밭을 갈고 씨를 뿌린 뒤에 먹습니다. 그대 수행자도 밭을 갈고 씨를 뿌린 뒤에 드십시오.
>
> **세존** 바라문이여, 나도 밭을 갈고 씨를 뿌립니다. 밭을 갈고 씨를 뿌린 뒤에 먹습니다.
>
> **까씨** 그러나 저는 그대 고따마의 멍에도, 쟁기도, 몰이막대

도, 황소도 보지 못했습니다.

**세존** 믿음이 씨앗이고 감관의 수호가 비이며, 지혜가 나의 멍에와 쟁기입니다. 부끄러움이 자루이고 정신이 끈입니다. 그리고 새김이 나의 쟁깃날과 몰이막대입니다. 몸을 수호하고 말을 수호하고 배에 맞는 음식의 양을 알고 나는 진실을 잡초를 제거하는 낫으로 삼고, 나에게는 온화함이 멍에를 내려놓는 것입니다. 속박에서 평온으로 이끄는 정진이 내게는 짐을 싣는 황소입니다. 슬픔이 없는 곳으로 도달해 가서 되돌아오지 않습니다. 「까씨 바라드와자의 경」

까씨의 주장은 간단합니다. 밭 갈고 씨 뿌린 다음에 먹으라는 거죠. '일하지 않으면 먹지도 말라'는 구호가 연상되는 대목입니다. 붓다의 응답은 참으로 놀랍고 신선합니다. 나도 밭을 갈고 씨를 뿌린다, 하지만 나는 마음의 밭을 갈고 그 터전에 씨를 뿌린다는 겁니다. 누구도 마음의 밭을 일군다는 건 생각해 보지 못했는데, 완전 허를 찌른 셈이죠. 까씨가 몹시 당황했을 듯합니다. 자, 그럼 까씨처럼 농장의 토지를 개간할 것인가 아니면 붓다처럼 마음의 황무지를 개간할 것인가를 선택해야 하는데, 물론 농토를 개간하는 것도 중요합니다. 하지만 오직 거기에만 몰두한다는 게 문제죠. 그러는 사이에 마음은 황무지가 되어 가는 거구요.

오늘날은 더 심한 편인데, 우리는 눈에 보이는 일, 물질적 대가가 따라오는 일은 정말 열심히 합니다. 밤을 새서 하고 쓰러질 때까지 하죠. 하지만 자기의 믿음, 감각, 지혜, 부끄러움을 기르는 일, 그리고 몸과 말을 수호하고 배에 맞는 음식의 양을 아는 일은 무척이나 소홀히 대합니다. 진실, 온화함 등을 갈고닦는다는 것은 생각조차 하지 않을 겁니다. 요즘 유행하는 바디프로필 찍기만 봐도, 알 수 있습니다. 고난도의 다이어트와 헬스, 복근을 만들기 위한 처절한 스트레칭은 해병대나 특전사 훈련을 능가하는 것처럼 보였어요. 사진 한 장 올리기 위해 그렇게 애를 쓰고 기를 쓸 수 있다니, 정말 입이 떡 벌어졌어요. 하지만 마음의 근육, 마음의 다이어트, 마음의 위생에 대해서는 '1'도 관심이 없습니다. 그래서 많은 이들이 바디프로필을 찍은 이후 폭식증과 우울증 같은 부작용을 겪는다고 합니다.

이렇듯 현대인들은 뭐든 열정적으로 하는데도 결론은 늘 슬프고 우울합니다. 거기에서 벗어나기 위해서는 먹고 마시고 취하는 수밖에 없구요. 그러면 몸이 또 엉망이 되겠죠. 그럼 다시 바디프로필을 찍겠다며 다이어트에 돌입하고. 탐진치를 끊임없이 반복하는 겁니다. 이런 상태라면 윤회를 고민할 필요도 없고, 다음 생을 기다릴 필요도 없어요. 이미 날마다 윤회하고 있는 거나 다름이 없으니까요.

저는 "속박에서 평온으로 이끄는 정진"이라는 이 구절을 참 좋아합니다. '정진'이라는 말에는 꾸준히 한 걸음씩 나아간다는 이미지가 있죠. 짐을 싣고 걸어가는 황소, 그 황소의 끈기와 우직함을 떠올려 보세요. 그렇게 한 걸음씩 나아가야 속박에서 벗어납니다. 그렇게 나아가다 보면 진정한 평온을 누릴 수 있다는 거죠. 이런 사유를 누가 허무와 적멸의 사상이라고 하겠습니까? "슬픔이 없는 곳으로 도달해 가서 되돌아오지 않습니다", 이 구절도 참 좋아하는데, 『숫타니파타』의 단골멘트 중 하나예요. 우리 삶이 지닌 원초적 슬픔과 거기에서 벗어나게 해주고 싶은 붓다의 자비심을 동시에 느낄 수 있습니다.

이렇게 『숫타니파타』의 가르침을 잘 음미해 보면 『동의보감』에서 말하는 정기신을 좀더 이해할 수 있습니다. 여러분도 정기신과 탐진치, 이 개념쌍을 거울삼아 자신의 몸과 마음을 잘 살펴보시기 바랍니다. 그래서 모두 함께 슬픔이 없는 곳으로 가 보도록 해요~^^

# 칠정을 조율하라,
# 감관을 수호하라

# 칠정의 조율과 양생

## 뭉치면 병이 된다

오늘 강의의 주제는 '칠정(七情)을 조율하라'와 '감관(感官)을 수호하라'입니다. 『동의보감』에서 병을 고칠 때 생리적인 문제만 있을 경우에는 약을 처방하거나 다른 처치를 하면 되지만, 생리와 심리가 같이 어우러져 병이 된 경우에는 생리만 치료하는 것으로는 충분치 않습니다. 사실 많은 질병이 마음과 연결이되어 있어서 감정을 조율하지 못하면 의사도 병을 고치기가 어렵습니다. 그래서 『동의보감』에는 감정을 활용해서 병을 고치는 내용이 많이 들어 있어요. 가령 너무 의기소침해서 소화가 안 되고 벽만 쳐다보고 있는 사람 같은 사례가 나옵니다. 요즘으로 치면 무기력증, 우울증인데 소화기에 문제가 있는 거죠.『동의보감』에서는 이런 사람의 경우 화를 내게 하는 방법을 씁니다. 화를 내야 기운이 뻥 뚫리고, 벌떡 일어나서 기운을 막 발산하거든요. 그러고 나면 자연스레 식욕이 솟구쳐 밥을 먹게 된다는 겁니다. 그런데 이런 치료는 약으로 할 수 있는 게 아니니까 환자의 가족과 의사가 일종의 상황극을 짜서 환자를 유도하기도 합니다. 요즘으로 치면 몰래카메라 비슷한 건데, 이럴 때 의사는 마치 예능 PD처럼 콘셉트를 짜고 능청스럽게 연기를 하기도 합니다. 이렇게 보면 의학이야말로 종합예술이라는 생각이 들어요.

특히 여성은 많은 병이 감정이 고이고 뭉치는 데서 생기는데요. 이렇게 감정이 뭉치면 담음이 많이 생기고 담음이 주로 갑상선, 가슴, 자궁 등에 쌓이게 되겠죠. 처음에는 진액이 자연스럽게 흐르다가 특정 회로가 형성되면 그 장소로 진액이 고이게 되는데, 일단 고이기 시작하면 탁하고 걸쭉해집니다. 그러면 담음이 됩니다. 그게 점점 심해져서 피부를 파고들면 종양이 되는 거고요. 여성들은 감정에 예민한 편이고, 음기를 기본으로 하니까 감정이 매끄럽게 흐르지 않습니다. 그래서 여성의 병은 칠성에 의한 것이 대부분입니다.

요즘은 노동도 전부 감정노동이잖아요. 갑 중의 갑인 고객

이 해달라는 대로 해줘야 하죠. 그렇게 직원들이 을의 위치에서 감정을 눌러야 되니까 이 스트레스가 말도 못합니다. 그러면 와서 갑질하는 사람은 괜찮겠어요? 우리는 을의 입장을 주로 이야기하지만, 갑에 해당하는 사람들도 병이 드는 건 마찬가집니다. '돈을 내면 폭력적인 행동을 해도 되는구나'라는 감정의 회로를 갖게 되면, 삶 자체가 위태롭게 되죠. 해서, 갑의 위치에 있는 것도 위험한 일입니다. 그러니까 '을의 설움을 벗어나 얼른 갑의 위치에 가야지', 이런 태도는 전혀 해결책이 아닙니다. 그건 정말 모두를 병들게 만드는 설정이죠. 정말 중요한 건 그런 식의 배치를 해체하는 겁니다. 갑과 을이라는 조건 자체가 사라져야 해요. 자본시장에선 어쩔 수 없어, 이런 태도는 정말 곤란하구요. 이젠 자본과 윤리, 자본과 인성이 결합해서, 윤리와 본성에 충실한 자본만이 살아남는 세상이 되어야 합니다. 포스트 코로나 시대엔 그렇게 될 거라고 생각합니다.

『동의보감』은 희로우사비공경(喜怒憂思悲恐驚), 칠정이 질병의 원천이라고 합니다. 우리가 겪는 기본적인 감정들이죠. 감정 자체는 죄가 없습니다. 살아가는 데 다 필요한 것들이에요. 그럼 어떻게 해야 할까요? 머무르지 않고 흐르면 돼요. 슬플 때 슬퍼하고 상황이 변하면 바로 슬픔을 떠날 수 있어야 합니다. 분노도 마찬가지죠. 분노가 없이 살 수도 없고 분노를 표출하지 않는 게 좋은 것도 아니에요. 그럼? 역시 흘러가게 하면 됩니다. 흐름과 변주가 핵심이에요.

기쁨은 감정의 속성 자체가 흩어지는 거라서 슬픔이나 분노와는 좀 다릅니다. 우리는 늘 기쁨을 열망하지만 사실 기쁨은 오래 붙들어 두기가 어려워요. '너무 좋아~' 이런 감정을 오래 끌고 갈 수가 없어요. 몇 초나 갈 수 있는지 한 번 실험을 해보세요. 만약 그런 상태를 지속하고 싶으면 더더욱 강도를 높여야 합니다. 그러다 보면 중독이 되는 거죠. 알콜에 빠지고, 약물에 빠지고, 섹스에 빠지고, 그게 다 기쁨의 열락을 지속하고 싶은 마음에서 나오는 거죠. 이 회로를 타면 큰일납니다. 기쁨은 원래 몸을 릴랙스해 주는 감정인데, 이렇게 중독이 되면 '쾌락'이라고 부르죠. 그때부턴 정기신을 엄청나게 소모하게 됩니다. 거기에만 머물러 있으려고 발버둥을 치게 되거든요. 그런 함정에 빠지지 않으려면 역시 지나가게 하면 됩니다. 절대 더 붙들려고 하지 마세요. 기쁨에 붙들려 있으면 슬픔이나 외로움을 견디는 게 더 어렵습니다. 나만 슬픈 거 같고, 나만 이렇게 쓸쓸한 거 같고, 이런 생각에 빠지게 되거든요.

게다가 그 병이 누구 때문이라는 원한감정을 갖게 되면 더더욱 뭉치게 됩니다. 엎친 데 덮치는 거죠. 정말이지 마음은 힘이 셉니다. 마음의 방향을 어디에 두느냐에 따라 병의 진행이 달라집니다. '이게 누구 때문이야'라고 마음을 먹게 되면 담음이나 종양은 더 딱딱하게 뭉쳐요. 너무나 많은 분들이 이걸 반복하고 있어요. 병을 고치는 건 오직 약물과 수술뿐이라고 생각하는 거죠. 감정과 의식, 무의식의 흐름 이런 것들에 대해서는 완전히 무심합니다. 마음은 마치 결정되어 있는 것처럼 생각합니다. 아직 마음의 밭을 갈아 본 적도 없으면서 말이죠.

그래서 『동의보감』이나 불경에선 자기에게 이로운 일을 하라고 누누이 당부합니다. 누가 독극물을 주었는데 품고 있는 것은 말이 안 되죠. 저같이 복숭아 알레르기가 있는 사람은 복숭아가 아무리 탐스럽게 보여도 이걸 한번 먹어 볼까, 이러지 않아요. 몸에 해로운 걸 보면 몸이 즉각 반응을 하잖아요. 그런데 마음의 영역에서 일어나는 온갖 알레르기 현상, 미움과 분노, 슬픔과 허무 등이 야기하는 그 엄청난 파장에 대해서는 그냥 내버려두는 겁니다. 그러다 어느 날 돌아보면 완전 황무지가 되어 있는 거죠.

## 마음의 행로를 탐구하라

그런데 사실 『동의보감』을 포함한 중화문명권에는 감정에 대한 성교한 탐구는 부족한 편입니다. 자연에 대한 탐구는 음양오행에서 육십갑자, 오운육기 등으로 이어지는 굉장히 정교한 논리체계가 있지만, 마음을 미세하게 분석하는 건 불교가 압도적이죠. 21세기는 그야말로 마음이 병이 된 시대라 불교적 수행법이 전 세계인의 내비게이션 역할을 하고 있습니다. 불교가 마음의 행로를 정말 세밀하게 분석을 해놨거든요. 마음의 영역으로 들어가면 굉장히 복잡합니다. 감각, 감정, 감성, 이성, 지성, 영성, 의식, 무의식 등등.

이성은 뭘까요? 우리가 보통 이성적 판단을 해야 한다고 하잖아요. 앞에서도 말씀드렸다시피, 현대 교육은 18세기 서양 계몽주의의 산물인데, 계몽주의란 인간의 이성을 절대적으로 믿는 거예요. 그래서 교육을 통해 합리적인 판단력을 키우면 욕망의 좌충우돌을 다 해소할 수 있다는 전제를 가지고 있습니다. 그런데, 20세기 초 프로이트(Sigmund Freud)가 등장하면서부터 이 공식이 다 깨져 버렸어요. 프로이트는 이성으로 절대 통제되지 않는 의식의 심층, 즉 무의식의 봉인을 열어 버린 거죠. 계몽주의와 이성의 힘을 믿었던 서구인들에게 무의식의 발견은 굉장한 충격을 주었습니다. 게다가 그 안에서 나온 건 주로 성욕, 근친상간, 유년기의 성애 등 가능한 한 숨기고 싶었던 것들이었으니 말입니다. "넌 나에게 모욕감을 주었어", 이 영화 대사 아시죠? 이 비슷한 감정을 느꼈다는 겁니다.

그에 비하면 불교는 일찌감치 소위 감각, 감정에서 의식, 무의식의 심층까지 탐구했던 겁니다. 의식의 저변 정도가 아니라 오랫동안 윤회를 거쳐 오면서 누적된 미세한 정보들까지 총망라하고 있죠. 마음이라는 영역에 대한 설정이 아예 다른 겁니다. 프로이트를 비롯한 서양심리학이 마음을 개체적 자아 안에 있는 심리적 행로로 한정한다면, 불교의 마음은 온 우주에 흘러넘치는 의식 혹은 정보의 파동이라고 할 수 있습니다. 그래서 마음의 행로를 추적하다 보면 우주의 모든 현상과 마주치게 됩니다. 마음에서 우주로 가는 여행이 시작되는 거죠.


## 오장육부와 감정훈련

다시 『동의보감』에서 감정을 어떻게 다루고 있는지를 살펴보겠습니다. 『동의보감』은 희로애락애오욕 혹은 희로우사비공경 이런 칠정을 오행의 원리와 연동시킵니다. 자연의 흐름과 인간의 감정을 매칭시키는 겁니다. 가령 "갑자기 기뻐하면 심이 흔들려 혈을 만들지 못한다"고 합니다. 심은 목화토금수에서 화에 배속되는데요. 마찬가지로, 기쁨도 화에 배속이 됩니다. 그래서 심장과 기쁨이 연결되는 거죠. 또 "갑자기 성내면 간이 상한다"고 합니다. 간은 목기에 배속이 되고요. 목은 봄의 기운, 감정 중에는 분노와 관련이 있습니다. 그런데 왜 간하고 분노가 연결될까요. 원리는 간단합니다. 봄이 오면 싹이 땅을 뚫고 나오죠. 이게 목의 기운이고, 분노는 치밀어 오르는 감정이잖아요. 거꾸로 치솟기 때문에 힘이 엄청 들겠죠? 그래서 모든 종교는 화를 다스리라는 계율을 갖고 있어요. 그만큼 파괴력이 큰 감정이기 때문입니다. 한편, 분노는 봄의 역동성이기도 하잖아요. 역사를 보면 군중의 분노가 휘몰아치면서 혁명이나 개혁을 이끌기도 했고요. 그만큼 폭발적인 에너지를 가지고 있습니다.

걱정과 근심은 어떨까요. 이거는 슬픔에 해당하니까 가을의 기운이고, 장부 중에서는 폐와 연결됩니다. 가을바람의 스산함을 떠올리면 됩니다. 생각이 많다, 이것도 감정에 속하는데, 이럴 때 생각은 이성이나 지성이 아니라 잡념에 가깝습니다. 그래서 오행 중에 토기에 배속되고 장부에선 비위와 연결이 됩니다. 잡념이 많으면 소화가 잘 안 되죠? 앞에서도 언급했듯이, 쓸데없는 생각에 사로잡히면 비위의 기운이 막히기 때문입니다. "밥 먹을 땐 개도 안 건드린다"라는 속담이 여기에서 나왔겠죠.^^ 두려움이나 공포 같은 건 신장의 기운과 연결됩니다. 이건 수로 물의 기운이거든요. 물은 생명의 근원이잖아요? 그러니까 표면이 아니라 심층의 감정을 주관하게 되는 거죠. 두려움에 빠지면 일단 신체가 얼어붙게 되잖아요? 그 순간 몸을 지키기 위한 방어기제가 작동하는 겁니다. 물론 신장이 부실하면 두려워할 필요가 없는 대상을 경계할 수 있어요. 사람들이 다 자기를 해칠 것 같은 망상에 시달리는 것도 그런 이치입니다.

그런데 사람마다 체질이 다를 거 아니에요? 간기를 많이 쓰면 오버맨이 되기 쉽고, 폐기를 주로 쓰면 지나치게 원칙주의자처럼 보일 수 있고, 심장의 화기를 많이 쓰면 감정기복이 오락가락하겠죠? 신장의 수기를 주로 쓰는 사람은 자신을 깊이 숨길 수 있고…. 이렇게 사람마다 기질적으로 다 다르기 때문에 당연히 서로 통하려면 상당한 노력이 필요하겠죠. 같다고 좋은 것도 아니고, 오히려 달라서 끌리는 경우도 많습니다. 하지만 끌림이 계속 이어지는 것도 아니에요. 나중에는 끌렸던 점 때문에 견디기 어려워지기도 하죠. 결국 서로 비슷하든 아니든 타인과 조화를 이루기는 쉽지 않습니다. 그렇다고 혼자 살 수는 없어요. 아니, 혼자 산다고 평화롭냐, 그것도 아닙니다. 바로 자기 자신을 못 견디게 되거든요. 결국 어떤 상황이든 감정을 조율하는 훈련을 해야 합니다. 그냥 요리조리 피해 다니면서 내버려두면 어떻게 될까요? 황무지가 됩니다.

예를 들면 이런 겁니다. "갑자기 기뻐하여 심을 상하면 기가 늘어진다"는 구절이 있어요. 너무 좋아하면 늘어져요. 그래서 나를 지나치게 기쁘게 하는 사람을 만나면 뒤로 물러나야 합니다. 나를 성장시켜 주지는 않으니까요. 나이가 들면 부모, 특히 엄마 품을 떠나야 하는 것도 그런 이치죠. 반대로 나를 힘들게 하는 사람이 나의 스승이라는 말은 그냥 듣기 좋은 꽃노래가 아니에요. 실제로 그렇습니다. 그 장애를 벗어나기 위해 안간힘을 쓰다 보면 인간에 대해서, 또 자기 자신에 대해서 많은 것을 알게 되거든요. 그건 부인할 수 없습니다. 그리고 그런 과정을 거쳐야 비로소 인간은 성숙할 수 있어요. 이런 점을 잘 되새기는 것이 감정훈련입니다. 『숫타니파타』의 용어를 빌리면, 마음의 황무지를 갈아엎는 것이기도 하고요.

## 하루의 금기와 평생의 금기

그럼 감정훈련을 위한 기본 지침이 있을까요? 물론 있습니다. 『동의보감』이 제시하는 구체적인 매뉴얼입니다.

> 섭생을 잘 하려는 사람은 하루와 한 달의 금기를 어기지 말고 일 년 사계절에 맞춰 살아야만 한다. 하루의 금기는 저녁에 포식하지 않는 것이고, 한 달의 금기는 그믐에 만취하지 않는 것이고, 일 년의 금기는 겨울에 멀리 여행하지 않는 것이고, 평생의 금기는 밤에 불을 켜고 성생활을 하지 않는 것이다. 『동의보감』(「내경편」), 26쪽

잘 살펴보면 시간 단위가 하루, 한 달, 일 년 사계절, 평생, 이렇게 되어 있죠? 아주 치밀하고 체계적입니다. 여기에 24절기나 72절후 등도 포함될 수 있는데, 어떻든 시간의 리듬을 세밀하게,

입체적으로 나누어서 볼 필요가 있는 거죠. 사실 하루를 보면 일생이 보인다는 말이 있습니다. 평생이라는 시간도 결국은 하루들의 연속일 뿐이니까요.

일단 "저녁에 포식하지 말라"는 말로 시작을 하고 있습니다. 정말 모든 고귀한 가르침에는 식욕에 대한 경계가 나옵니다. 마음껏 먹으라는 표현은 한 군데도 없습니다. '포식교'나 '야식교' 같은 종교가 있으면 참 좋을 텐데 말이죠. 하지만 '야식이 우리를 구원하리라', '포식이 우리를 장수하게 하리라', 아니면 '치맥 만세!' '족발이여 영원하라!', 이런 교리는 생명의 원리에 맞지 않습니다. 요즘 유행하는 양자역학에도 맞지 않아요. 양자역학에서 말하길, 생명과 우주의 원천은 입자가 아니라 파동, 더 구체적으로 말하면 물질이 아니라 프로세스라는 거죠. 이건 동양역학과 상당히 근접한 이치죠. 일음일양지위도(一陰一陽之謂道), 즉 '한 번 음이 오고 한 번 양이 오는 것, 그것을 일러 도라 한다', 이것이 『주역』의 원리거든요. 여기서 음과 양은 기운의 흐름이지 결코 입자나 물질이 아닙니다. 그러니까 오직 운동과 순환이 있을 뿐이죠. 이걸 양생에 적용하면, 야식은 당연히 이 운동과 순환에 장애가 됩니다. 당연히 수면장애를 일으킬 테고, 그러면 다음날 아침에 일어나기 어렵겠죠. 얼굴은 팅팅 부을 테고, 몸은 한없이 무거울 겁니다. 아침식사는 건너뛰기 십상이고, 오후나 되어야 겨우 컨디션이 회복되겠죠. 결국 하루의 리듬이 다 어긋나 버립니다.

그다음, "한 달의 금기는 그믐에 만취하지 않는 것"입니다. 이렇게 이야기를 하면 그믐만 빼고 나머지 날에는 만취해도 되나? 이렇게 생각할 수 있는데, 그믐에 특히 만취하지 말라는 이야기지 다른 날 마음껏 취하라는 말은 아닙니다. 그믐이면 가장 음습할 때니까 술을 마시면 정신이 더더욱 혼미해진다는 뜻입니다. 그다음, "일 년의 금기는 겨울에 멀리 여행하지 않는 것"이라고 합니다. 예전에야 추우니까 멀리 가지 말라는 말이었지만, 요즘엔 겨울에 멀리 여행한다고 더 추운 데로 가는 건 아니죠. 싱가포르나 발리 섬처럼 일 년 내내 여름인 곳으로 가잖아요. 그렇게 따뜻한 곳에 가서 땀구멍을 있는 대로 열어 놓고 오면 겨울을 견디기가 어렵습니다. 내 몸과 계절의 리듬이 어긋나는 거예요. 여름에는 겨울의 기운이 부족하고, 겨울에는 여름 기운이 부족하게 됩니다. 겨울에는 난방이 너무 잘 되니까 겨울의 쨍한 한기를 잘 못 느껴요. 그런데 그 찬 기운이 내부에 저장되어야 여름에 폭염을 견딜 수 있거든요. 또 여름이 되면, 어느 정도는 열기를 몸속에 흡수해야지 더위를 무조건 피해 다니면 안 됩니다. 여름에 덥고 땀이 나는 건 너무나 당연한 거죠. 그래야 겨울에 혹한이 왔을 때 이걸 꺼내 쓸 수 있어요.

지금 젊은 세대는 땀구멍이 없다고 그러잖아요. 땀을 흘려 본 적이 없는 거예요. 여름에 땀 좀 흘릴라 치면 바로 에어컨을

틀죠. 부모들이 아이가 땀 흘리는 꼴을 못 봅니다. 너무 애처로워하면서 아이들 땀구멍을 다 막아 놨어요. 그래서 그렇게 아토피가 심하다는 겁니다. 그러니까 이건 부모가 아니라 원수인 거죠. 전생에 원수였는데, 부모로 태어났으니까 애를 미워할 순 없죠. 하지만 마음 깊은 곳에서는 애가 미운 거죠. 그러니까 복수를 하는 겁니다. 많이 먹여서 애를 비만상태로 만들고, 땀구멍을 다 막아 버리고, 또 친구랑 사귀지도 못하게 하죠. 이런 식으로 아이를 사회적으로 고립시켜 버리는 겁니다. 서서히 치밀하게 복수를 한 거죠. 어때요? 제 시나리오가? 복수혈전의 유머 버전인데, 좀 찔리시는 분들이 꽤 있을 듯하네요.^^ 물론 이게 그 부모 탓만은 아니죠. 하지만 어찌됐건 이건 무지, 곧 지혜 없음의 결과예요. 지혜가 없으면 사랑의 이름으로 원수를 만드는 것이 세상의 이치거든요.

마지막으로 "평생의 금기는 밤에 불을 켜고 성생활을 하지 않는 것"입니다. 여기서 포인트는 밤일까요, 불일까요, 성생활일까요? 핵심은 '불을 켠다'에 있습니다. 성생활은 밤에 하는 거잖아요. 그런데 밤에 불을 켜면 불에 불을 더하는 거죠. 심장의 기운을 쓰는 거니까 온몸이 뜨거워지는 겁니다. 그런데 불까지 켜놓으면 불의 기운이 더욱 상승합니다. 이런 것이 나중에 '상화망동'(相火妄動)이라는 병증으로 등장합니다. 게다가 낮에 이렇게 하면 어떻게 되겠어요? 낮에 호텔에 가서 성생활을 한다, 이건 불구덩이인 거죠. 서로 살기가 등등하고, 너 죽고 나 죽자 이런 상태라고 할 수 있습니다. 그러면 불이 혈관을 막 돌아다닌다는 겁니다. 양생에는 당연히 치명적이겠죠? 그래서 평생의 금기로 꼭 지키라고 당부하는 겁니다.

이렇게 기운을 조율해야 칠정이 난동을 부리지 않는다는 겁니다. 결국 하루에서 평생까지, 한결같이 지키라는 거죠. 하루가 일생이라는 사실을 새삼 확인하게 됩니다. 내용 자체가 어렵지는 않아요. 물론 실천은 쉽지 않습니다. 포식, 만취, 장거리 여행, 화끈한 성생활. 다 욕망을 과도하게 쓰는 거잖아요. 우리 시대는 욕망의 범람을 부추기는 분위기라 더더욱 어렵습니다.

이 강의 마치면 다 치맥으로 마무리하실 거죠?^^ 그래도 양생의 원리를 알면서 치킨을 뜯는 거랑 전혀 모른 채 탐닉하는 것은 차원이 다릅니다. 알면 그래도 조금 멈출 수 있어요. 대단한 거죠. 그래서 앎은 그 자체로 빛이고 생명인 겁니다. 거듭 말하지만, 마음은 정말 힘이 셉니다. 당장 실행할 수는 없다 해도 마음속으로 곱씹다 보면 언젠가 그걸 지킬 수 있는 날이 오리라 믿습니다.

# 감관의 수호와 청정함

## 감각의 제국

『숫타니파타』로 가면 마음에 대한 분석이 굉장히 까다로워집니다. 마음의 행로를 아주 정교하게 분석하는 거예요. 우리가 뭘 좋아하고, 거기에 매이고, 그걸 열렬히 추구하고, 이런 것들을 미세한 단위로 쪼개서 보는 겁니다. 정말 양자역학에 등장하는 전자, 중성자, 파동, 이런 것들이 연상될 정도입니다. 그러니까 그냥 좋아한다, 싫어한다가 아닌 거죠. 호오(好惡)와 미추(美醜)도 각양각색인데, 그 안에서도 강도와 밀도가 다 달라요.

먼저 육근(六根)은 '안이비설신의'(眼耳鼻舌身意)를 말합니다. 눈과 귀, 코와 혀, 몸과 의식으로 감각의 기본조건들이죠. 이것에 대응하는 외부의 경계를 육경(六境)이라고 부릅니다. 색성향미촉법(色聲香味觸法), 색은 물질, 성은 소리, 향은 냄새, 미는 맛. 촉은 촉감, 법은 이 세계의 흩어져 있는 정보 같은 거예요. 이런 식으로 주체와 세계가 동시적으로 구성되는 겁니다.

예를 들면 눈이라는 감각기관은 색을 주관하니까 시각적 아름다움에 집중하죠. 인간의 신체적 특성상 이 감각은 다른 감각에 비해 압도적인데, 디지털 문명은 그런 경향을 더더욱 극대화시키고 있습니다. 세상이 온통 비주얼 이미지로 가득한 데다 특히 요즘엔 인스타그램이 대세 아닙니까. 맛집에 가면 일단 먹기 전에 사진부터 찍어 올리죠. 말하자면 눈으로 먼저 먹는 셈입니다. 거기에 '나, 이런 거 먹어, 멋지지?' 이런 과시욕도 충만하고요. 주거공간도 그렇습니다. 1인 가구가 대세인데 아파트 평수는 점점 더 커집니다. 그 넓은 공간은 화려한 인테리어로 채워집니다. 그게 과연 주거용일까요? 아니죠. 포토용이죠. 평소엔 아마청소도 잘 안 해서 사방에 물건들이 널브러져 있을 확률이 높아요. 바디프로필을 찍은 다음에 일상과 몸이 엉망이 되는 것처럼 말이죠.

제가 인스타그램을 열심히 하다가 어느 날 문득 그만둔 분에게서 자기 고백 같은 걸 들었는데요. 자기가 사진을 한창 올렸는데, 사람들이 막 '좋아요'를 누르면서 인기가 올라간 거예요. 그걸 본 친구들이 '넌 참 잘 살고 있구나', 그러면서 부러워하더래요. 그런데 사실은 그 시절이 자기가 제일 우울한 때였다는 겁니다. 사는 게 너무 힘들어서 인스타그램에 몰두한 건데, 사람들은 오직 그 이미지만 소비했던 거죠. 친구들이 본 자신과 자신의 실제 삶 사이가 하늘과 땅처럼 벌어진 겁니다. 그게 너무 끔찍해서 도저히 계속할 수가 없었다고 하더라고요. 그렇겠죠. 사진이 보여 주는 것처럼 사는 사람이 어디 있겠어요. 그런데도 왜 그 판타지에 빠지는 걸까요? 색의 미혹에 빠져 완전히 눈이 멀어서 그런 겁니다.

인스타에 빠진 사람이나 '좋아요'를 누르는 사람이나 의학적으로 보면 둘 다 위험해요. 정기신의 손실이 아주 크기 때문입니다. 늘 흥분상태에 있어야 하니까요. 면역력에 정말 좋지 않습니다. 그런데 인스타그램이나 SNS를 왜 그런 식으로 활용할까요? 일상의 다양한 희로애락을 통해 소통을 확장하는 방식으로 사용하면 좋을 텐데 말이죠. 사실은 그걸 위해서 개발된 기술이죠, 그런데 어쩌다 이렇게 소통은커녕 자신조차 힘들게 하는 방식으로 쓰고 있는 걸까요. 그만큼 색과 시각의 화려함에 빠져 있다는 겁니다.

외모에 대한 맹목적 지향도 마찬가지예요. 우리나라는 세계 제일의 성형천국이죠. 이 말은 성형기술이 뛰어나다는 뜻만이 아니라 온 국민이 성형에 목을 맨다는 뜻이기도 하죠. 아닌 게 아니라 외모를 가꾸느라 얼마나 생고생을 합니까. 그런데 연애든 우정이든 관계지수가 좋아졌다는 말은 들어 보지 못했어요. 외모의 진화와 공감의 확대는 별 관계가 없거나 반비례할 수 있다, 이렇게 봐도 무방합니다. 하기사 서로 잘나 보이려고 기를 쓰는데 어떻게 관계가 좋아지겠습니까?

그다음으로 귀는 청각을 주관하니까 소리의 아름다움에 민감하겠죠. 요즘 방송콘텐츠를 보면 대부분 먹방하고 노래자랑이 대세더라고요. 이어폰으로 장시간 음악을 듣고 스트레스는 노래방 퍼포먼스로 푼다는 코스가 일상문화가 된 듯합니다. 그래서인지 다들 노래를 엄청나게 잘하는데, 저는 좀 질려 버렸어요. 그런데 노래를 그렇게 잘하면 어떻게 되는 거죠? 일상을 슬기롭게 영위하고 감정 컨트롤이 잘 되나요? 제가 좀 우려되는 것은 노래의 내용이 거의 다 '지독한 외로움' '너는 내 운명이야' '죽어도 좋아' 등등 너무 감상적 편향이 지나치다는 겁니다. 안 그래도 우리는 감정의 폭류 속에 살고 있는데, 거기서 벗어나기는커녕 더 깊이 빨려들어 가는 훈련을 열심히 하고 있는 거죠. 그래서인지 정작 자연의 소리, 타자의 목소리에 귀를 기울이는 능력은 점점 더 떨어지고 있습니다. 대화의 능력, 스토리텔링의 즐거움을 잃어버리고 있는 거죠. 귀는 신장의 정과 연결되어 있다고 했죠. 청각이 이렇게 편향되면 정의 소모로 인한 다양한 병증이 일어나게 됩니다.

후각과 미각 등도 다 마찬가지입니다. 특히 미각은 혀에 붙어 있는 감각이죠. 이 감각이 영토성이 가장 심합니다. 예컨대, 자수성가한 재벌 회장님들도 그렇게 돈을 많이 벌고 산해진미를 먹어도 어릴 때 먹었던 된장찌개, 설렁탕 이런 걸 못 잊습니다. 혀가 완전히 영토화된 거예요. 어릴 때 엄마의 손맛을 추억한다고 하면 꽤 낭만적으로 느껴지지만, 어떤 맛에 집착한다는 것은 좀 부끄러운 일입니다. 제 경험을 말해 보면, 우리 엄마도 음식솜씨가 너무 좋아서 그 가난한 시절에도 참 잘 먹었습니다. 근데, 엄마가 노년에 병이 들어 누워 계시게 되자 우리 형제들이 모여서 한다는 게 엄마가 해줬던 김치, 양배추, 가지, 감자볶음 등에 관한 이야기가 전부인 거예요. 문득 우리는 엄마가 얼른 회복되어서 옛날처럼 맛있는 음식을 해주셨으면 좋겠다, 이런 마음이라는 걸 알고 깜짝 놀란 적이 있습니다. 엄마의 인생을 오직 맛으로만 추억하고 있다는 게 너무 이기적이라는 생각이 들더라구요.

그러니까 그런 맛에 대한 감각은 어떤 연기조건에서 만들어진 거잖아요. 배부르면 산해진미고 뭐고 다 맛이 없죠. 그런데 이런 감각을 고정시켜 놓고 그걸 평생 추억한다는 게 참 한심한 겁니다. 어린 시절의 추억이나 향수로 포장하지만, 결론은 다 엄마가 해야 되는 거잖아요? 그래서 엄마들은 맨날 설렁탕 끓이고 된장찌개 해주는 존재가 되는 거죠. 엄마를 그리워한다고 하지만 결국 엄마가 해준 된장찌개를 그리워하는 거잖아요. 저는 이게 참 부조리하다고 생각해요. 왜 어떤 대상이 나에게 준 쾌락을 기억하는 걸 사랑이나 그리움이라고 말을 하냐고요.

좀 냉정하죠. 맞습니다. 불교는 일체의 낭만과 환상을 허락하지 않습니다. 엄마가 그리워, 엄마가 해주던 따뜻한 밥이 그리워, 이런 말을 들으면 우리는 막 눈시울을 적시면서 감동을 받는데, 따지고 보면, 내 혀가 엄마가 해주던 된장찌개를 원한다는 거잖아요. 이렇게 적나라하게 분석을 하고, 거기에 작용하는 감각적 집착을 해체해 버리는 거예요. 그런 식으로 분별망상을 하나하나 격파해 나가는 거죠.

부처님도 왕자였으니까 늘 산해진미를 먹었겠죠. 그래서 출가 이후 제일 먼저 겪는 괴로움은 감각, 그 중에서도 미각과 후각의 해체라고 했죠. 옷은 좀 더러워도 입을 수 있겠지만 음식은 이제껏 맡아 보지 못했던 냄새와 맛을 견뎌야 되잖아요. 그 괴로움은 어디서 올까요. 좋은 음식에 대한 집착 때문인 거죠. 내 혀가 그걸 기억하고 집착하기 때문에 탁발음식을 그것들과 비교를 하는 겁니다. 가난한 사람들에겐 최고의 음식이 왕자의 혀에는 가장 친하고 비루한 음식이 되는 거죠. 결국 맛의 실체 같은 건 없다는 겁니다.

우리 시대의 감각은 지나치게 편향되어 있어요. 특별하고 핫

하고 황홀하고…. 도무지 평범한 꼴을 못 봅니다. 노동과 화폐에 지친 몸을 이런 감각적 판타지로 보상받으려고 하는 거죠. 그런데 그게 잠시의 위안이나 힐링으로 끝나는 게 아니라 우리의 감정, 윤리, 세계관 등에 깊은 영향을 끼친다는 게 문제죠. 어찌 보면 우리는 거대한 '감각의 제국'에서 감각이라는 군주의 지배를 받으며 살아가고 있는지도 모릅니다.

아, 마지막으로 촉각에 대한 이야기는 꼭 해야겠네요. 시각, 청각, 후각, 미각은 아주 익숙한 감각인데, 촉각에 대해서는 잘 인지를 못합니다. 하지만 정말 세고 강력한 감각이에요. 촉각은 피부의 감각, 즉 스킨십이죠. 부드러움을 좋아하고, 꺼끌꺼끌한 걸 싫어하는 겁니다. 이렇게 부드럽고 포근한 감촉은 인간에게 굉장히 근본적인 감각이고, 어떻게 보면 문명의 동력이라고까지 할 수 있는데요. 이 촉각에도 탐진치가 다 들어 있어요. 아니, 탐진치의 아수라장이죠. 성에 대한 집착도 가만히 보면 사실은 감촉, 스킨십에 대한 욕망이잖아요. 섹스는 다른 게 아니에요. 피부 사이의 마찰입니다. 가장 부드러운 피부들끼리의 마찰. 너무 리얼하고 냉철한 정의 아닙니까. 누구도 꺼끌꺼끌한 피부와 마찰하려고 하지 않잖아요.

갓난아기를 예뻐하는 것도 살결의 부드러움 때문입니다. 눈에 넣어도 안 아프다고 하는데, 진짜 눈에 넣을 수도 있을 것 같이 살들이 부드럽고 매끄럽죠. 아기가 만약에 고슴도치처럼 가

시들이 촘촘이 박혀 있다면 그렇게 사랑스러울까요? 어떻게든 '거리두기'를 하려고 하겠죠. 그러니까 우리가 사랑하는 것들에는 이 촉각에 대한 열망이 깔려 있는 겁니다. 면직물, 비단, 모피 등에 대한 것도 다 그렇습니다. 이 부드러움이 사람들을 미치게 하는 거죠. 영웅은 미인을, 미인은 실크를 탐닉합니다. 이들을 연결하는 감각이 바로 촉감이죠. 이걸 누리기 위해 전쟁과 살육이 쉬지 않고 일어났더랬죠. 우리는 표면에 드러나는 명분과 가치 따위에 몰입하느라 그 저변에 흐르는 욕망의 근원을 잘 알지 못했습니다. 맨날 헛다리를 짚었던 거죠.

## 뱀의 머리를 밟지 말라

그런 허상에 빠지지 않으려면 아주 구체적이어야 합니다. 탐진치라는 욕망이 번뇌의 근원임을 알았는데, 그게 어디서, 어떻게 구성되는가 하는 것을 정교하게 파헤치는 겁니다. 그래서 욕망이 구성되는 그 지점, 곧 감각기관을 분석하는 거죠. 안이비설신의, 육근이 바로 그것입니다. 이 통로를 통해 세계와 접촉하고 그 세계의 이미지를 구성한다고 보는 겁니다. 『동의보감』에선 얼굴에 있는 일곱 개의 구멍, 곧 칠규(七竅)를 존재와 세계가 서로 마주치는 통로라고 보죠. 두 개의 눈, 콧구멍 둘, 귓구멍 둘,

그리고 입. 좀 다르지만 상통하는 면은 있습니다.

그리고 육근이 야기하는 여섯 가지 경계, 곧 육경이 바로 '색성향미촉법'입니다. 눈-색, 귀-성, 코-향, 혀-미, 몸-촉, 의-법. 이런 식으로 육근과 육경은 짝을 이룹니다. 불교 공부하면 계속 듣게 되는 용어들이니까 이참에 외워 두시면 좋습니다.

우리는 쾌감을 주는 건 지속하고 싶다고 생각을 합니다. 이게 영원주의예요. 무슨 뜻이에요? 이 감각적 즐거움을 영원히 지속하고 싶다는 뜻입니다. 죽어서 천국에 가고 싶다고 할 때, 그 안에는 천국에서는 감각적 즐거움이 계속 지속될 거라는 믿음이 있는 거죠. 천국에 갔는데 예수님의 제자가 되어 진리를 터득하기 위해 늘 공부하고 수련해야 한다면 그래도 가실 건가요? 극락도 마찬가지인데, 부처님이 계신다는 서천에 대한 묘사가 『서유기』에 나와요. 삼장법사와 세 요괴 제자가 14년의 여정을 거쳐 마침내 석가여래가 계신 영축산에 도착했는데, 온 사방에서 경전 읽는 소리가 들리고, 부처님의 해탈에 대한 법문이 울려 퍼지는 등 온 사방이 수행터인 겁니다. 좀 당황스럽죠? 서방정토가 수행처라고? 실망하는 표정이 역력하시네요.^^ 그러니까 천국에 가겠다는 마음은 현세에 누리는, 혹은 누리고 싶은 감각적 즐기움, 특히 안이비설신 오감의 즐거움을 영원히 즐기고 싶다는 마음의 표현입니다. 그런데 여기 함정이 하나 있어요. 내가 어떤 것을 즐거워하면 그게 아닌 것들은 괴로움을 유발합니다. 그래서 집착과 혐오는 동시적인 것입니다. 그냥 좋기만 한 건 불가능해요. 싫은 것이 있어야 좋은 것이 있는 법이죠. 이게 우리의 마음의 속성이에요.

그래서 늘 감각적 즐거움을 기준으로 살아가면, 삶이 말할 수 없이 협소해집니다. 럭셔리한 호텔, 최고의 맛집, 황홀한 공연, 이런 것들에 길들여지면 그야말로 감각의 판타지, 감각의 제국에 사는 격입니다. 그런 것들을 행복의 기준으로 삼게 되면 평생을 갈애에 시달리게 되겠죠. 자신의 삶은 늘 부족하고 모자라게 느낄 거 아닙니까. 당연히 허무주의, 죽음충동으로 치닫게 될 테죠. '이생망', 이번 생은 망했어. 이렇게 되는 거잖아요. 그래서 이생을 포기하려고 하는데, 딱 하나 마지막까지 누리고 싶은 게 하나 있어, 그게 떡볶이죠. '죽고 싶은데 떡볶이는 먹고 싶어', 이런 아포리즘이 나오는 거죠. 나의 존재성을 미각적 즐거움이라는 코드 하나에 딱 부착시킨 거예요. 얼마나 슬픈 인생입니까.

그래서 이 감각기관들을 잘 다스려야 돼요. '감관을 수호하라'라는 말은 바로 그런 뜻입니다. 『숫타니파타』에 「감각적 쾌락의 욕망의 경」이라는 장이 있습니다. "감각적 쾌락의 길에 들어서 욕망이 생겨난 사람에게 만일 감각적 쾌락의 욕망이 충족되지 못하면, 그는 화살에 맞은 자처럼 괴로워합니다." <sub>「감각적 쾌락의 욕망의 경」</sub> 진짜 그렇죠. 내가 좋아하는 것 빼고 나머지는 다 괴로움으로 정보처리를 하고 있는 겁니다. 이건 진짜 엄청난 어리석음이죠. 엄청난 무능력이고요. 그러니까 감관을 수호해야 합니다. 감관을 수호해서 집착과 혐오에 끄달리지 않으면 어떤 대상을 만나더라도 매 순간 새로운 즐거움을 생성시킬 수가 있잖아요. 예를 들어 나의 혀가 떡볶이, 그중에서도 마약떡볶이에 길들여져 있으면 다른 음식들에서는 조금도 만족감이 들지 않아요. 반대로 내 혀가 그런 식으로 영토화되어 있지 않으면, 배고플 때 먹는 음식은 다 맛있는 법이에요. 둘 중에 어떤 게 더 좋을까요? 당연히 모든 음식을 다 맛있게 먹을 수 있는 게 최고겠죠.

감이당에선 『아파서 살았다』라는 책의 저자인 오창희 선생님이 그런 분입니다. 지중해 여행할 때 파르테논 신전 앞 식당에서 '세상에서 가장 맛없는' 덮밥을 만났어요. 열 명쯤 되는 모든 멤버가 학을 뗄 정도로 맛이 없었거든요. 당연히 모두 숟가락을 던져 버렸죠. 근데, 창희 샘이 그걸 비행기에서 챙겨 온 고추장을 가지고 약간 변주하더니 맛나게 먹는 거예요. 와, 다들 리스펙! 했죠. 이런 게 바로 생명력입니다. 사실 이건 좀 특별한 경우고, 몸을 움직여서 배를 좀 비우고, 약간 배가 고플 때 먹으면 모든 음식이 다 맛있습니다. 그 순간 여기가 천국이겠죠. 마약떡볶이 빼고는 다 싫어, 이건 지금의 삶을 지옥으로 만드는 겁니다. 천국과 지옥의 차이에 뭐가 있습니까? 바로 감각이 구성하는 집착과 혐오가 있습니다.

그래서 『숫타니파타』에선 이렇게 경고합니다. '발로 뱀의 머리를 밟지 마라!' 화살에 대한 비유보다 더 리얼하죠? 뱀의 꼬리도 아니고 머리를 밟는다는 건 생각만 해도 소름이 끼칩니다. 감관을 수호하지 않으면 그런 꼴이 된다는 겁니다.


## 바라문의 타락

해탈이나 열반, 이런 표현은 왠지 좀 고원하고 아득한 느낌이 있어요. 영겁의 시간 동안 구도를 해야만 가능할 거 같다고나 할까. 그래서 아예 시작할 엄두도 안 나는 거죠. 그런데 여기 반전이 있습니다. 그 출발은 실로 단순명료해요. 감각기관을 길들이고 제어하는 데서부터 시작하면 된다는 겁니다. 왜냐하면 거기서 구축된 감정들, 감각적 정보를 바탕으로 한 온갖 명분과 가치들이 세상만사를 다 지배하기 때문입니다.『숫타니파타』에 그와 관련한 다양한 스토리가 나오는데 그중에 저는 '바라문의 타락'에 대한 스토리가 제일 충격이었어요.

왕들이 감각에 빠지는 건 충분히 이해가 되잖아요. 왕들은 워낙 정복전쟁을 많이 하니까 늘 분노 아니면 초긴장 상태에 있어야 하고, 그 보상은 오직 식욕과 성욕뿐이죠. 늘 수많은 궁녀들에 둘러싸여 살아가는데, 감각을 컨트롤하기는커녕 감각이 늘 최고상태로 항진되겠죠. 참 아이러니한 게, 엄청난 적들을 물리치고 거대한 영토를 정복하는 전쟁을 거뜬히 해내는, 일종의 슈퍼맨 같은 왕들이 식욕이 제어가 안 됩니다. 성적 쾌락이야 전쟁과 통치 스트레스에 대한 보상으로 주어지니까 제어할 필요를 못 느낀다 쳐도, 식욕은 몸을 비대하게 만들고 건강에 엄청 해로운데도 도무지 제어가 안 되는 거죠. 게다가 자기 부하들, 신하들을 마음대로 컨트롤하지도 못합니다. 자기를 암살하지 않을까 하는 두려움 때문에 조금만 의심이 들어도 바로 죽여 버린다거나 반대로 자기 마음에 쏙 들면 그들이 천하에 몹쓸 소인배들이라도 질질 끌려 다니는 거죠. 왕이라는 사람들이 이렇게 균형을 못 잡아요. 그리고 대부분 아들들한테 암살당합니다.『조선왕조실록』을 봐도 왕족으로 태어난다는 건 정말 재앙이라는 생각이 들 정도예요. 언제 반역자로 몰려 참수형에 처해질지 알 수 없어요. 공주들은 대부분 요절합니다. 금수저로 태어나는 게 결코 좋은 팔자가 아닙니다.

그래서 왕들이 타락하는 거야 그러려니 하는데, 바라문들도 타락을 합니다. 바라문은 브라만 계급이잖아요. 최고 사제 계급이에요. 이들은 제사를 주관합니다. 그런데 제사를 주관하려면 하늘과 땅을 연결하고 신과 인간을 연결해야 되잖아요. 그러려면 완전히 청정하게 자신을 비워야 합니다. 그래야 신의 메시지를 듣죠. 이런 건 무당도 마찬가지고, 명리학자나 역학자도 그래야 합니다. 점성술을 배우는 사람이 술과 고기에 쩔어 있고 감정이 오락가락하면 입문도 하기 어려워요. 다른 사람의 운명을 해석하고 안내하려면 그 전에 자기 팔자부터 성찰할 수 있어야죠. 그리고 성찰을 하려면 무엇보다 감각적 탐닉에서 벗어나야 합니다. 하물며 나라 전체의 신관들인 바라문은 오랫동안 청정하게 지내서 모든 왕과 귀족 그리고 모든 백성들의 존경을 받았는데 이 바라문이 왕들이 가지고 있는 소뗴와 침구, 의복 이런 걸 보고 타락을 하는 거예요. 성직자가 '색성향미촉'이라는 감각의 판타지에 홀딱 빠져 버린 거죠.

게다가 잘 치장한 여인들의 미모를 보고 또 혹한 겁니다. 당연한 수순이죠. 부의 화려함에 미혹되는 건 다 성욕의 항진에서 비롯됩니다. 성욕이 요동치기 시작하면 시각·청각·미각·촉각이 한꺼번에 다 끓어오르게 되죠. 그러니 당연히 아리따운 여인을 보면 사족을 못 쓰게 되겠죠. 이런 여인들은 '색성향미촉'을 최고치로 구현한 존재들이니까요. 시각만 자극하고 목소리는 걸걸하다는 건 말이 안 되잖아요. 목소리도 섹시해야 되는 거죠. 살결도 당연히 부드러워야 하고 걸음걸이며 뒤태, 그리고 향내까지 다 갖추고 있는 겁니다.

그리고 미녀가 있으면 술하고 고기가 있겠죠. 가정식 백반이나 사찰음식 이런 거 먹으면서 미녀를 만나지 않아요. 지금도 똑같습니다. 고대 인도나 조선시대나 지금이나, 남성들이 성공했다는 건 술과 고기가 있고 미녀가 있는 유흥을 즐길 수 있다는 뜻입니다. 그런 점에서 부와 권력의 상징은 오감의 극대화인 거예요. 그럼, 거기 있는 미녀들은 뭐죠. 자신의 미모를 이용해서 쾌락을 제공하고 그 대가로 부와 권력을 누리고 싶은 거죠. 그러니 '색성향미촉'을 극대화하려고 몸부림치는 겁니다.

비단에 대한 욕망도 이런 거겠죠. 이게 서양이 중국을 침략한 이유이기도 하잖아요. 설탕 때문에 아프리카 흑인을 노예로 만들어 버린 거고요. 참 설탕 먹겠다고 그 엄청난 일이 벌어졌다니, 감각의 힘이 얼마나 대단한 겁니까. 식민지 경쟁을 하던 시기에 유럽, 특히 영국에서는 설탕을 높이 쌓아 놓고 파티를 하는 게 부의 상징이었다고 해요. 그렇게 쌓아 놓고 홍차에 각설탕을 두 개 정도 넣고, 그 차를 마시면서 댄스를 추는 거, 그게 상류사회의 표지였어요. 이렇게 감각기관을 최대한 확장하고, 그걸 아주 우아하게 누리는 게 상류사회인 거예요.

바라문들도 이런 걸 보고 자기가 사제라는 걸 까먹은 거죠. 잘 만들어지고 아름답게 수놓아진 준마가 이끄는 수레, 이게 너무 탐나는 겁니다. 그러니까 왕들한테 가서 베다를 들먹이면서 신들을 위해 희생제의를 많이 바쳐야 한다고 부추기는 거죠. 왕들은 또 신들의 축복을 받는다니까 막 갖다 바친 거죠. 살아서 영광, 죽어서 하늘에 태어나는 보험이라고 생각한 겁니다. 그래서 신들의 이름으로 무지막지한 살생이 벌어지게 된 거죠. 그 덕분에 제사를 주관하는 바라문들은 엄청난 부를 축적하게 됩니다. 당연히 신과의 소통은 불가능하겠죠. 베다의 진리 같은 건 안중에도 없겠죠. 이렇게 브라만교가 타락을 하면서 사원이 아니라 숲으로 출가를 하는 수행자들이 등장을 하는데, 이때부터를 우파니샤드 시대라고 부릅니다. 바라문에서 사문(沙門)으로 축이 이동하게 된 거죠. 싯다르타 왕자가 사문유관(四門遊觀)의 마지막 북문에서 사문을 만나 출가를 결심하는 장면이 나오는데, 이게 바로 그런 맥락입니다.

이게 인류의 모든 문명권에서 벌어진 타락의 패턴입니다. 문명의 전환이고 뭐고 간에 그 저변에 감각에 대한 미혹이 먼저 있었던 거죠. 겁대가리 없이, '뱀의 머리를 밟아 버린' 겁니다. 그래서 무슨 일이 벌어졌을까요? 『숫타니파타』에서는 이렇게 말합니다. "예전에는 탐욕과 굶주림과 늙음의 세 가지 병밖에는 없었소. 그런데 많은 가축을 살해한 까닭에 아흔여덟 가지나 되는 병이 생긴 것입니다."「바라문의 삶에 대한 경」 그 정도의 살생으로 아흔여덟 가지 병이 생겼다면, 지금 우리에게는 얼마나 많은 병이 생겼을까요. 980개, 아니 9800개쯤 생겼겠죠. 오늘날 현대인들은 직간접적으로 얼마나 많은 살생을 합니까.

그러니까 암과 치매뿐 아니라 온갖 정신질환이 끝도 없이 생기고, 존재 자체가 병증인 사람들도 점점 늘어나는 추세죠. 코로나 바이러스의 역습도 같은 맥락이고요. 그런 점에서 현대인의 욕망은 바라문의 타락의 집대성이자 절정이라고 할 수 있습니다. 바라문의 타락 이후 제도적 종교가 아닌 영적 깨달음을 지향하는 사문들이 등장했듯이, 우리 시대 역시 그런 변화가 필요하다는 생각이 듭니다.


## 수행은 감관의 수호로부터


자, 그럼 출가를 해서 일단 숲으로 가면 뭐부터 하는 거예요. 바로 감관의 수호에서 시작해야 합니다. 먼저 탁발을 해야 하니까 미각에 대한 전제를 버려야겠죠. 입에서 살살 녹고 달콤하고 짜릿하고 이런 음식은 절대 먹을 수 없는 거예요. 혹시 먹을 수도 있죠. 부잣집에서 탁발을 하게 될 경우엔 말이죠. 하지만 그런 맛에 탐닉하면 탁발생활을 계속하기 어렵겠죠. 맛있다/맛없다, 이런 분별을 벗어나야만 합니다. 생각으로는 그게 가능한데, 혀가 과연 동의할 수 있을까요? 암튼 그다음은 의복인데, 사문들은 시체를 쌌던 분소의를 입습니다. 싯다르타 왕자, 아니 고따마 존자도 분소의로 갈아입죠. 그와 동시에 춥고 따뜻하고, 무겁고 가볍고 이런 감각적 차이도 벗어나야 하지만 무엇보다 촉감에 대한 집착을 버려야 합니다. 옷이 살에 닿는 부드럽고 매끄러운 느낌에 탐닉하면 잠시라도 그런 옷을 견딜 수 없겠죠.

고따마 존자는 분소의는 견딜 만했습니다. 의상의 차이가 직접적인 괴로움을 주지는 않잖아요. 문제는 미각이었어요. 탁발한 음식은 이전에 한 번도 먹어 본 적이 없었던 거예요. 비릿하고 거칠고 탁하고. 먹자마자 바로 토합니다. 그동안 먹었던 음식들의 기억이 혀에 강력하게 남아 있었던 거죠. 비위도 그걸 받아들이지 않는 거구요. 그런 자신에게 말합니다. 그동안 얼마나 오랫동안 이 사문의 생활을 원했었냐고. 마음의 힘으로 미각의 분별망상을 제어하는 겁니다. 그러고 나서 다시 담담하게 탁발음식을 먹습니다. 이런 게 바로 감관의 수호예요. 수행은 바로 여기서부터 시작됩니다.

사실 출가를 한 다음에도 맛있는 음식이 그리워서 다시 환속하는 부잣집 아들들의 이야기가 많이 있어요. 돌아가서 잘 챙겨 먹고 기력이 회복되면 다시 또 출가를 하고, 또 조금 있다가 탁발음식 때문에 몸이 허약해지는 것 같고 그러면 다시 집으로 가고, 이런 걸 대여섯 번 하다가 자기가 자기한테 질려 버린 사람이 나옵니다. 다행히 그다음엔 마음을 굳게 먹고 수행에 집중해서 깨달음에 이르기는 합니다. 흔히 출가와 환속을 반복했다고 하면 우리는 운명적 사랑이나 가문의 복수같이 뭔가 대단한 스토리가 있었을 것 같은데, 이유는 아주 간단했어요. 식탐을 못 끊은 겁니다. 낭만적으로 치장되어서 그렇지 다른 사연들도 알고 보면 감각적 쾌락 그 이상도 이하도 아닌 경우가 태반입니다.

식욕에 관한 이야기로는 파세나디 왕 이야기가 아주 유명합니다. 꼬살라국이라고 당시에 굉장히 큰 나라의 왕이었는데, 이 왕이 식욕을 멈추지 못해서 몸을 가눌 수 없을 정도로 뚱뚱해졌어요. 어느 정도냐 하면, 부처님한테 오면 숨을 헐떡이고 제대로 앉아 있지도 못하는 겁니다. 그래서 부처님이 다이어트 방법을 게송으로 들려줘요. 게송을 읊조리면서 매 끼니마다 한 숟가락씩 덜어 내라고. 정말 최고의 다이어트죠. 바디프로필 이야기할 때 말씀드렸듯이, 과격하게 살을 빼면 다시 요요현상이 일어나서 이전보다 더 나빠져요. 제일 좋은 건 밥은 조금씩 줄이고 몸은 조금씩 더 움직이고. 이보다 더 좋은 방법은 없습니다. 파세나디 왕은 마침내 다이어트에 성공했어요. 부처님 덕분에 미각의 유혹을 이겨 낼 수 있었던 겁니다.

이렇게 감각기관을 수호하면, 쾌락이나 갈애에서 벗어날 수 있게 됩니다. 이런 상태를 청정하다고 해요. 쾌락에 물든 오염상태에서 벗어났다는 뜻이죠. 물론 청정해지려면 감각기관을 제어하는 것에서 시작해서 시비/선악을 포함하여 온갖 표상의 그물들을 다 타파해야 합니다. 그 출발이 바로 감관의 수호라는 겁니다. 그렇게 청정해진 상태에서 탁발을 하면, 그때는 그 탁발하는 행위가 구걸이 아니라 베풂이 됩니다. 이게 불교의 정치경제학적 역설이에요.

불교에는 수많은 아이러니와 역설이 있는데 우리의 경제적 관념을 완전 뒤엎는 내용도 있어요. 무슨 말이냐 하면, 이렇게 청정한 존재한테 음식 공양을 하는 것은 그 자체가 복을 짓는 행위예요. 그래서 수행자 입장에서는 공양을 주는 사람에게 복을 주는 거예요. 얻어먹는데 사실은 베풀고 있다는 역설, 전 이게 참 멋있다고 생각합니다.

우리는 보통 물질에는 고정된 주인이 있다고 생각하는데 사실 그렇지 않죠. 조금만 따져 봐도 온 세상이 다 연결되어 있어서 어디까지가 내 거인지 알 수가 없어요. 지금은 나한테 흘러왔지만 언제든 다시 흘러가야 한다고 생각해야 합니다. 사실이 그렇구요. 굉장히 영적인 표현이지만, 사실 가장 과학적인 원리이기도 해요. 세상에 머물러 있는 건 없잖아요? 하지만 우리는 종종 그런 이치를 까먹어요. 특히 돈에 대해서는 나와 남의 구별이 엄격하죠. 밥 한 끼 사 주면 엄청 오랫동안 기억합니다. 남한테 얻어먹은 건 순식간에 까먹는데 말이죠. 이게 욕망의 그물입니다. 이렇게 주체와 객체가 선명하게 나누어지면 주는 사람도 힘들고 받는 사람은 더 힘들어요. 이러다 보니 돈이 흘러가지를 못하고, 사적 소유 안에 다 갇혀 버리는 거죠. 그래서 돈을 금고 안에 엄청나게 쌓아 둔 채 쓰지도 못하면서 전전긍긍하는 이들이 많죠. 어리석기 짝이 없는 짓입니다.

돈은 흘러야 돼요. 돌고 돌아서 '돈' 아닙니까?^^ 벌고 쓰고 나가고 들어오고 해야 되는 거죠. 남아돌면 당연히 증여를 해야 하구요. 그런데 불교는 거기서 한 걸음 더 나갑니다. 주는 자와

받는 자가 전도되는 거예요. 내가 수행을 해서 청정해지면 이 몸으로 누군가에게 복을 짓게 할 수 있습니다. 청정하다는 건 다른 게 아니라 지혜와 자비로 충만한 거예요. 그 파동을 내가 마주치는 모든 이들에게 흘러가게 하는 겁니다. 이게 탁발의 원리입니다. 자본주의하에선 상상도 할 수 없는 정치경제학이죠.

## 보라, 몸의 실상을!

이제 마지막으로 감각적 집착 중에 가장 심한 몸에 대한 집착에 대해서 이야기해 보겠습니다. 인간은 누구나 자기 몸을 특권화하고 아름답게 꾸미려고 하는 경향이 있죠. 부처님은 중생을 이 집착에서 벗어나게 하려고 의학적인 얘기를 많이 하셨어요.

『숫타니파타』에 나오는 「승리의 경」을 보면, "몸은 뼈와 힘줄로 엮여 있고, 내피와 살로 덧붙여지고 피부로 덮여 있어, 있는 그대로 보이지 않는다"승리의 경라고 말씀을 하십니다. 뼈와 힘줄, 내피와 살, 피부, 이런 이야기를 하실 줄은 몰랐죠. 뭔가 좀 고상하고 낭만적인 이미지로 표현할 줄 알았는데 말이죠. 여기서 핵심은 '있는 그대로 보이지 않는다', 다시 말해 '있는 그대로 보지 못한다'는 사실입니다.

우리는 자기 자신을 제대로 보지 못해요. 뒷모습조차 평생 볼 수 없습니다. 겨우 거울에 비춰서 보는 거죠. 유체이탈을 하면 볼 수 있을까요? 그런데 뒷모습 보려고 유체이탈까지 해야 되나 싶기는 합니다. 뒷모습뿐이 아니죠. 자기 얼굴도 볼 수가 없어요. 거울이 아니면 못 보잖아요. 이렇게 보지도 못하는 나에 대해 엄청난 집착을 합니다. 자신에 대한 착각을 하고 있는 거죠. 당연하게도 나 자신이 항상 변하고 있다는 것도 몰라요. 그러니까 있는 그대로 보지 못한다, 그런데 늘 뭔가를 고집하고 있다, 이런 사실을 먼저 인정해야 합니다.

그다음에 몸속을 들여다보면 "내장과 위, 간장 덩어리, 방광, 심장, 폐장, 신장, 비장으로 가득 차 있다"고 합니다. 여기까지는 "그래 몸에는 오장육부가 있어"라고 할 수 있죠. 그런데 그다음, "콧물, 점액, 땀, 지방, 피, 관절액, 담즙, 임파액으로 가득 차 있다. 아홉 구멍에서는 항상 더러운 것이 나온다. 눈에서는 눈곱, 귀에서는 귀지가 나온다."『승리의 경』 평소 우리가 더럽다고 여기는 것들을 다 나열하십니다. 이런 것들은 예쁘고 안 예쁘고 상관없이 누구한테나 다 있잖아요. 하지만 사람들은 그런 것들은 보려고 하지 않습니다. 온갖 지저분한 것들을 감싸고 있는 그 거죽 표면만 쳐다보는 거죠.

그래서 남성이든 여성이든 각자의 환상 속에서 살아갑니다. 남성들은 44사이즈의 날씬한 몸매지만 가슴은 풍만한 여자면 좋겠고, 여성들은 꽃미남이지만 근육과 복근이 탱탱한 남자면 좋겠고. 이런 식인 거죠. 이런 이상형들이 서로 만나면 어떻게 될까요? 여성들은 이슬만 먹어야 하고, 남성들은 맨날 헬스를 하고 있어야겠죠. 서로의 일상, 서로의 맨얼굴을 보여 줄 수가 없으니까요. 양쪽 다 서로를 속이면서 환상 속에서 사는 거죠. 이 환상이 사라지는 순간을 환멸이라고 합니다. 환상이 클수록 환멸도 지독하겠죠. 서로 끌린 만큼 서로를 미워하게 됩니다.

그래서 부처님은 우리 몸의 실상을 제발 있는 그대로 보라고 하시는 거예요. "코에서는 콧물이 나오고, 입에서는 한꺼번에 담즙이나 가래를 토해 내고, 몸에서는 땀과 때를 배설한다. 또 그 머리에는 빈 곳이 있고 뇌수로 차 있다. 그런데 어리석은 자는 무명에 이끌려서 그러한 몸을 아름다운 것으로 여긴다." 몸은 본래 온갖 분비물과 배설물로 가득한데, 그걸 화려하게 치장함으로써 자신과 남을 속이는 거죠. 마치 그런 아름다움이 영원할 것처럼 말이죠. "또 죽어서 몸이 쓰러졌을 때에는 부어서 검푸르게 되고, 무덤에 버려져 친척도 그것을 돌보지 않는다. 개들이나 여우들, 늑대들, 벌레들이 파먹고, 까마귀나 독수리나 다른 생물이 있어 삼킨다." 「승리의 경」 이게 우리 몸의 실상이라는 거예요. 마지믹 게송을 보면, "인간의 이 몸뚱이는 부정하고 악취를 풍기며, 가꾸어지더라도, 온갖 오물이 가득 차, 여기저기 흘러나오고 있다. 이런 몸뚱이를 가지고 있으면서, 생각하건대 거만하거나 남을 업신여긴다면」「승리의 경」이라는 표현이 나옵니다. 그러니까 거죽이 좀 예쁘고 멋있다고 해서 남을 업신여긴다면 실로 한심하기 짝이 없는 노릇이라는 겁니다. 이 게송을 읽으면서 문득 미남미녀로 태어나는 게 결코 좋은 일이 아니구나라는 생각이 들었어요. 그 미모에 대한 집착을 놓기도 어렵거니와 평생 미숙한 상태에 머물 수 있겠다는 생각이 든 거죠.

저는 여름이 시작되면 걱정이 되는 게 하나 있어요. 이건 좀 추접하고 창피스러운 이야기인데, 내용이 너무 재밌어서 굳이 말씀을 드리는데요. 한 십몇 년 전이었나, 그해 여름이 무척 더웠어요. 저는 에어컨을 싫어해서 대충 선풍기와 부채로 버티면서 여름을 보냈고 있었죠. 그런데 어느 날 귀가 잘 안 들리는 거예요. 멍하게 울리면서 소리가 저 멀리서 메아리치고. 그래서 '드디어 내가 베토벤처럼 귀가 멀게 되었구나, 흑, 이 무슨 운명의 장난이란 말인가', 이러면서 비통한 심정에 빠져 있었는데, 일단 병원에나 가보자, 그래서 동네에 있는 가정의원엘 갔어요. 의사 선생님이 한참 검사를 하시더니 귀지가 땀에 절은 채 퉁퉁 불어 가지고 귓구멍을 다 막았다는 거예요. 엥? 좀 창피하긴 했지만 그래도 다행이다, 그랬는데, 그다음이 문제였어요. 너무 퉁퉁 불어서 핀셋으로는 끄집어낼 수가 없다는 거예요.

그럼 어떡하지? 세상에나! 의료용 전동드릴을 귀에 꽂더니 그걸 윙~ 하고 돌리기 시작한 거죠. 이런 경험은 여기서 저밖에 못해 봤을 겁니다. 아무튼 그래서 귀가 뚫렸는데, 세상에 그렇게 시원할 수가 없었어요. 얼마 있다가 다른 쪽 귀가 또 막혀서 그 병원에 가서 다시 전동드릴의 신세를 졌죠. 그때서야 비로소 부끄러움이 올라와서 그 선생님이 제가 인문학 저자인 걸 알면 어떡하지? 이런 생각이 들어서 그해 겨울에 이사를 와 버렸어요. 좀 추잡한데 웃기긴 하죠?^^

정말 우리 몸에서는 별의별 일이 다 일어납니다. 사실 별일 아닌데도 원인을 모르면 너무 불안해요. 저도 그때 귀가 잘 안 들리니까 아픈 거하고는 좀 다르더라고요. 처음 겪는 데다 이유를 모르니까 굉장히 불안한 거예요. 그래서 무지는 그 자체로 괴로움을 줍니다. 원인을 알면 이미 반 이상은 치유된 겁니다. 마음에 잘 새겨 두시기 바랍니다.

이렇게 우리 안에는 잡스러운 것이 너무너무 많습니다. 그래서 부처님은 당부하시는 거죠. 부디 몸의 실상을 있는 그대로 보라고. 헛된 이미지나 환상에 빠져 허우적대지 말라고. 그것이 감관을 수호하는 길이자 수행으로 들어가는 입구라는 것이죠. 제가 『동의보감』이랑 『숫타니파타』를 같이 강의하는 것도, 부처님이 몸에 대한 이야기를 많이 하셔서, 함께 보는 것이 더 효과적이라는 생각이 들어서입니다. 그럼, 이번 강의는 여기서 마치겠습니다.

# 몸, 타자들의 공동체 vs 나는 '내'가 아니다!

# 사대오온이 다 공하다?

『동의보감』은 우리 몸이 얼마나 무수한 타자들로 이루어졌는 가를 보여 줍니다. '타자'는 내가 잘 모르는 것, 낯설고 이질적인 대상 혹은 존재라는 뜻이에요. 우리가 보통 '내가 누구다'라고 이야기할 때는 내가 단일한 무엇으로 이루어졌다는 전제가 있 습니다. 그런데 조금만 잘 살펴봐도 나는 단일한 존재가 아니죠. 낯설고 이질적인 것들로 가득 차 있습니다. 당연히 정체를 잘 알 지도 못합니다. 그러면 '도대체 나는 무엇인가?', 이런 실문이 가 능하겠죠.

『동의보감』이 우리 몸을 오행의 흐름으로 보는 것과 달리 불교에서는 인간의 존재를 사대오온(四大五蘊)이라고 합니다. 사대는 지(地), 수(水), 화(火), 풍(風)으로 주로 물질적 요소들을 의미하고, 오온은 색(色), 수(受), 상(想), 행(行), 식(識)으로 주로 정신활동과 관련된 요소들입니다. 온이란 덩어리, 집합체, 뭐 이런 뜻이라고 생각하면 됩니다. 이런 요소들이 어떤 조건에 따라 뭔가를 구성하고, 그 조건이 사라지면 해체된다는 겁니다. 지수화풍은 지수화풍대로, 색온, 수온, 상온, 행온, 식온은 또 그것대로 계속 변해 가니까 사대오온으로 구성된 '나'라는 존재는 당연히 계속 변해 가겠죠. 나를 둘러싼 자연 조건, 시공간도 끊임없이 변하고 있고요. 그럼 그 변화의 흐름 속에서 나라고 고정할 만한 것이 있을까요? 그 중에서 대체 무엇을 나라고 지칭할 수 있을까요? 그래서 특별히 나라고 할 것이 없고, 조건들, 곧 인연의 생성소멸만 있다고 하는 겁니다.

'사대오온이 다 공하다'라는 건 이런 맥락이죠. 이 말은 들어 보신 분들도 있을 텐데요. 우리 존재가 다 공하다는 말이지요. '공'은 어떤 특별한 실체가 없다는 뜻인데요. 이해하기가 쉽지 않습니다. 한자로 '빌 공'(空) 자잖아요. 그래서 비어 있다고 해석하기가 쉬운데, 그러면 비어 있는 걸 공이라고 할 수 있느냐, 라고 하면, 그런 건 아니거든요. 연기적 조건에 따라 생성소멸하는 과정, 그 프로세스 자체가 공입니다. 만약 '비어 있다'라고 하면 공을 '비어 있는 상태'라고 고정시켜 버리기 쉽습니다. 그러면 공 자체가 다시 실체화되어 버리죠. 적멸, 허무, 공허 등등으로 말이죠. 공은 '그 어떤 것도 실체가 없다'라는 뜻인데, 공이 실체화되면 참 난감해지죠.

이게 언어가 부리는 마술이에요. 언어는 우주의 파동을 다 고정시켜서 입자화한 것이거든요. 양자역학에서 입자는 주관과 객관이 마주쳐서 만들어진다고 합니다. 그러니까 원래 전자는 파동으로 존재하는데, 관찰자, 즉 주체가 어떤 위치에 있느냐에 따라 그 파동이 순식간에 입자로 구성된다는 것입니다. 말하자면, 관찰자와 관찰 대상의 동시성 같은 것이죠. 이렇게 말하고 보면 이건 과학이 아니라 종교적 표현처럼 느껴지지 않나요? 그래서 과학자들조차 왜 그런지는 묻지 말라고 한다고 합니다. 우리가 흔히 '과학적'이라고 이야기하는 뉴턴역학이나 근대과학은 물리적 대상들을 명확하게 규정하고 수치화하는 거였잖아요. 그랬는데 양자역학에 갔더니 입자를 쪼개고 쪼개서 최소단위까지 쪼갰지만, 고정된 입자가 나오지 않는 겁니다. 세상의 모든 것이 쿼크라고 하는 것으로 구성되었다고 하는데, 쿼크 자체가 요동을 치는 흐름인 겁니다. 이 흐름이 입자로 구성이 되려면 관찰 주체가 있어야 하는 거죠. 주체가 어느 입장, 어느 위치에 있느냐에 따라 그에 상응하는 입자가 결정되는 겁니다. 양자역학의 원리는 알면 알수록 신비롭지만, 일단 이 사실만으로도 많은 것을 알 수 있어요. 크리슈나무르티(Jiddu Krishnamurti)와 데이비드

봄(David Bohm)이 말한 바, '관찰자와 관찰대상이 하나다'라는 테제는 '마음과 우주가 하나다'라는 다르마로 이어질 수 있고, '실체가 따로 없다'는 논리는 연기법과 공으로 통한다고 할 수 있죠(이에 대해서는 다큐멘터리 영화 「무한한 잠재력」Infinite Potential을 참조하세요).

자, 그래서 '사대오온이 공하다'는 것을 다시 살펴볼 텐데요. 사대는 지수화풍이니까 이해가 쉽죠. 지수화풍에 공(空)을 추가해서 '지수화풍공'이라고도 하는데요. 이렇게 하면 오행과 비슷해지는데, 오행이 요소가 아니라 기운에 해당한다면, 사대는 요소에 가까운 편입니다. 오행이 의역학의 기초를 이루듯이, 사대는 인도 아유르베다 의학의 토대를 이루고 있죠. 서양의 천문학이라고 하는 열두 별자리 점성술의 기본 요소인 '화토공수'(火土空水)와도 상통하는 바가 있습니다. 이러고 보니 이 사대의 원리에 동양의 오행론과 서양의 천문학이 교차하는 지점이 느껴지는데, 인도의 지리적 위치 때문이 아닌가 싶네요.

그다음, 정신활동에 대한 것은 오온을 통해 살펴봅니다. 우선 색(色)은 우리의 몸, 그리고 물질적 세계를 말합니다. 그 형체 있는 세계를 접하고 느끼고 받아들이는 것이 수(受)고요. 그다음에 상(相)은 그렇게 느낀 것에 대해서 어떤 이미지나 가치를 떠올리는 거예요. 표상이나 개념 같은 것을 말하는 거죠. 행(行)은 의도를 부여해서 거기에 임팩트를 부여하는 겁니다. 그렇게 되면 총체적으로 어떤 종류의 분별된 의식(識)이 탄생한다는 겁니다. 불교는 정신활동을 이렇게 다섯 단계로 세밀하게 분류를 했습니다. 앞에서, 정기신에서 '정'하고 '기'는 대충 감이 잡히는데 '신'은 보이지 않는 무형의 활동이라서 어렵다고 말씀드렸잖아요. 그 '신'의 영역을 불교에서는 주도면밀하게 분석하고 있는 겁니다. 우리가 마주치는 외부의 세계(色)를, 느끼고(受), 어떤 이미지를 떠올리고(相), 의도적 조작을 해서(行), 이렇게 종합적으로 판단하는 것(識). 이런 식으로 인간이 마음활동을 하고 살아간다고 본 거예요. 굉장히 정교한 거죠.

문제는 이것들은 기본적으로 다 꿈이자 환영이라는 겁니다. 달리 말하면, 내가 보고 느끼고 생각하는 대로 존재하는 세계는 없다는 거죠. 내가 지금 보고 경험하는 세계는 어떤 종류의 마주침 속에서 잠시 구성된 것일 뿐입니다. 연기조건이 만들어 낸 환영이라는 겁니다. 우리는 이런 이야기를 들어도 '설마'라고 생각합니다. '이렇게 내 눈앞에 리얼한 세계가 있는데 왜 없다고 하지?' '이게 가짜라고? 미친 거 아냐?' 등등. 서양철학사, 과학사가 그렇게 세상을 파악해 왔고 우리도 20세기 내내 '주객 이원론', '물질의 합법칙성', '변증법적 발전' 등을 수도 없이 들어 왔기 때문에 그런 식의 사유를 받아들일 수가 없는 거죠.

그래서 '맞아, 세상만사 다 마음먹기 달렸잖아', 이런 수준으로 퉁치고 넘어갑니다. 하긴 어느 정도 맞긴 해요. '꼴도 보기 싫었는데 마음을 바꿨더니 봐줄 만해', 이런 일도 일어나고, 미친 듯이 끌려서 세상에는 오직 그 사람만 존재하는 줄 알았는데, 마음 한번 바꿔 먹으니 그렇게 한심해 보이는 인간이 없고…, 실제로 이런 일들이 종종 일어나거든요. 하지만 이런 수준에서 불교를 이해하시면 안 되고, 시선을 훨씬 더 깊이, 그리고 광대무변하게 확장해야 합니다. 그래서 불교에 입문하려면 의학은 물론이고 물리학, 양자역학, 생물학, 철학과 종교학 등 전 분야의 지식과 접속해야 합니다. 한마디로 총체적 지성이 필요한 겁니다.

그렇게 깊은 탐구와 정진을 해서 무상과 무아를 깨닫게 되면 존재와 세계가 다 꿈 같고 환영 같은 것임을 알게 되는 거죠. 이런 걸 조금 문학적으로 표현한 게 '취생몽사'(醉生夢死)라든지 『구운몽』에서 말하는 '일장춘몽'(一場春夢)이라고 하는 것들이죠. 부처님은 우리가 취해 있는 이런 꿈에서 스스로 깨어난 존재입니다. '각자'(覺者)라고 하는데요. 신의 도움이나 어떤 외부의 힘이 아니라 온전히 자기의 힘으로 꿈에서 깨어난 자, 미몽에서 해탈한 자라는 거죠. 해탈과 열반이라는 말을 들으면 막연하고 고원하게만 느껴지는데, 꿈에서 깨어난 존재, 이렇게 말하면 느낌이 아주 다르죠. 우리가 지금 꿈속을 헤매고 있음을 알게 된다면, 누구라도 깨어나고 싶지 않을까요?

**2**

# 몸, 타자들의 공동체

## 내 안의 타자(1) _ 꿈

『동의보감』은 「내경편」, 「외형편」, 「잡병편」 이렇게 구성되어 있다고 했죠. '내경'은 몸 안의 풍경, '외형'은 몸 바깥의 형상, '잡병'은 운기로 인한 질병 등등…. 이렇게 이해하시면 됩니다. 「내경편」의 첫머리에 정기신이 등장하고, 그다음에 '혈'(血)이 나옵니다. 정기신이 동시에 작용하는 구체적인 물질과 형태가 등장한 거죠. 그래서 피[血]는 생명, 목숨을 상징합니다. 그런데, 혈 바로 다음에 몽(夢)이 나와요. 몽은 꿈이죠. 정(精), 기(氣), 신

(神), 혈(血), 몽(夢), 이렇게 이어지는데, 이 구성도 참 희한합니다. 꿈이 그만큼 중요하다는 뜻이겠죠. 꿈에는 논리나 체계가 없죠. 시공이 제멋대로 펼쳐졌다 접혔다 하고, 전후맥락이 막 뒤바뀌어 있고, 이미지도 뒤죽박죽으로 등장합니다. 그리고 깨어나면 그 이미지들이 조각조각 흩어져 다시 연결하기도 어려워요. 그냥 어떤 느낌이나 기분만 남습니다. 대체 어디서 이런 게 생겨날까요? 꿈을 많이 꾸면 아침에 몸이 개운치 않죠. 그렇다고 내 맘대로 꾸지 않겠다고 선택할 수도 없어요. 그런데 이건 아주 불가능하지는 않은가 봅니다. 도의 경지에 이르면 꿈을 꾸지 않는다는 표현이 있는 걸 보면요. 꿈이 없는 잠, 그게 최고의 수면이라는 겁니다. 불교에서는 '꿈속에서도 깨어 있어야' 한다고 합니다. 꿈의 환영에도 휘둘리지 말라는 뜻이겠죠? 아무튼 꿈도 아주 중요한 생리활동 혹은 생명활동의 하나인 것만은 틀림없습니다.

얼마 전에 제가 강원도 고향에 가서 하룻밤 묵었는데, 잘 기억은 안 나지만 밤새 어딘가를 걸었다는 느낌이 드는 거예요. 자세를 보니, 무릎을 굽히고 웅크리고 자고 있더라고요. 아침에 온도가 떨어지니까 저절로 몸을 웅크리게 되었고, 그러다 보니 다리에 힘이 들어갔던 거죠. 그게 꿈속에서는 내가 계속 걷는 장면으로 표현된 거 같습니다. 이런 식으로 『동의보감』은 꿈이 봄의 어떤 상태를 표현한다고 보는 겁니다. 『동의보감』의 꿈 해석은 아주 심플한데요. 간심비폐신(肝心脾肺腎)이 목화토금수, 오행의 기운에 다 배속이 되니까 그것과 연결해서 꿈을 해석하는 경우가 많습니다. 간이 안 좋으면, 간이 목에 해당하니까, 숲이나 나무와 관련된 사건이 많이 나옵니다. 숲으로 도망을 간다든지 나무를 타고 올라간다든지, 꿈에 이런 장면이 자주 등장하면 일단 간에 문제가 있다고 보는 겁니다. 불이 나거나 날아다니는 장면은 화와 관련된 꿈으로 심장의 상태랑 연결되고, 금속과 금기와 관련된 이미지의 꿈은 폐에, 물이나 늪에 빠지는 꿈은 신장에 문제가 있다는 식으로 해석을 합니다. 그러니까 꿈의 형상들은 오행의 기운을 표현한다고 보는 거예요.

그런데 우리가 보통 '꿈의 해석'이라고 하면, 프로이트의 무의식이 제일 먼저 떠오르죠. 프로이트의 『꿈의 해석』이라는 책이 1900년에 나왔고, 이후 현대인들의 꿈에 대한 분석은 프로이트의 정신분석학을 피해 갈 수 없는데요. 프로이트의 이론에는 자연과의 교감 같은 것은 아예 설정이 안 되어 있죠. 그래서 꿈을 오로지 엄마, 아빠와의 관계, 그리고 성을 통해서만 해석을 하게 되어 있어요. 예를 들면, 꿈에서 누가 찾아왔는데 문을 열었더니 모자를 쓴 프랑스인이다, 그러면 모자가 성기를 의미하고…, 이런 식으로 해석을 하고 있죠. 처음에 한두 개는 재미있는데 나중에는 좀 지루해집니다.

일단 우리가 꿈을 이렇게 선명하게 꾸지를 않죠. 깨고 나서 기억이 나는 것도 아니고. 일단 기억이 나야 뭘 분석을 하든지

할 텐데, 꿈은 뭔가 잡힐 듯하면서 이미지들이 허공에 흩어지잖아요. 이렇게 잘 기억도 안 나는데, 정신분석가와 상담을 하면 어떤 방식으로 자꾸 유도를 한다는 거예요. 결론은 유년기에 엄마, 아빠의 섹스 장면을 목격했고, 그때부터 엄마와의 합일을 방해하는 아버지에 대한 적대감을 갖게 되었고…, 이런 식으로 스토리가 펼쳐집니다. 이게 그 유명한 오이디푸스 콤플렉스죠. 이런 프레임에 들어가면 모든 사람들은 트라우마를 앓게 되어 있어요. 그래서 실제로 현대인은 거의 다 트라우마를 앓고 있다고 스스로 생각하죠. 결핍이나 상실감이 있으면 그게 다 오이디푸스 콤플렉스 아니면 유년기의 트라우마로 이어지는 거죠. 그래서 꿈도 그런 방식으로 꾸게 되고.

서양신화에 따르면 오이디푸스는 아버지를 죽이고 엄마랑 사랑을 나눴죠. 그다음에 어떻게 되죠? 엄마인 이오카스테는 자살을 하고, 오이디푸스는 자기 눈을 멀게 하고 딸인 안티고네의 손을 잡고 길을 나서죠. 천하를 방랑하면서 완전한 자기 비움을 하고 죄를 씻어내려고 합니다. 이런 이야기는 굉장히 비극적이죠. 왜 서양인들은 사랑과 성을 이렇게 참혹하게 그렸을까요. 서양의 신화에는 가족끼리 죽고 죽이고 질투하고 근친상간에 상상을 초월하는 일을 벌이는 이야기들이 많아요. 『일리아스』, 『오뒷세이아』와 같은 이야기도 미녀를 약탈해서 전쟁이 일어났는데, 그 전장에서 10년 동안 어마어마한 살상이 벌어지는 이야기들이 나오잖아요. 약탈과 전쟁 그리고 살상, 이게 과연 사랑의 서사라할 수 있을까요? 그러니까 서양인들한테는 가족이라고 하는 것이 비극의 온상이었던 것 같아요. 그리고 죄에 대한 의식이 굉장히 강렬했던 거 같고요. 아담과 원죄라는 이야기도 그런 배경에서 나온 거죠. 그러니까 생성과 창조보다는 부정과 파괴, 상실과허무의 이미지가 훨씬 더 강렬한 겁니다. 인류학적으로 접근해볼 필요가 있어요.

이런 배경에서 프로이트가 정신분석학을 했고 그게 지금까지도 영향을 미치고 있는 겁니다. 그래서 모든 인간의 문제는 가족의 문제로 돌아가게 됩니다. 그 결과 가족은 정말 너무너무 숨막히는 공간이 되어 버렸어요. 저는 이 가족, 스위트 홈이라는망상에서 벗어나야 비로소 가족이 구원된다고 생각합니다. 68혁명 이후 서양에서는 정신분석학에 대한 맹렬한 공격이 있었어요. 질 들뢰즈(Gilles Deleuze)와 펠릭스 가타리(Félix Guattary)가쓴 『안티 오이디푸스』라는 책이 대표적인데, 이 책에 바로 가족으로 환원되는 정신분석학이 아니라 분열분석이라는 새로운 모험과 시도가 등장합니다. 인간이라는 존재는 우주적 판타지의역동적인 현장인데, 그걸 왜 가족의 울타리 안에 가두어 두느냐고 따지는 거죠. 이후 두 사람의 철학적 모험은 『천 개의 고원』으로 이어져서 정신분석학은 물론, 플라톤 이래 서양의 형이상학을 전복하면서 도(道), 무위자연, 무아 같은 동양적 지혜로 통하는 지점에 도달하고 있어요. 물론 아직도 임상현장에선 프로이트가 유효하게 작용하고 있다는 게 좀 안타까운 일이긴 합니다. 암튼 이런 지성사적 흐름을 잘 염두에 두시기 바랍니다.


## 내 안의 타자(2) _ 목소리와 언어

『동의보감』「내경편」을 살펴보는 중인데, 꿈 다음에 성음(聲音)과 언어, 즉 목소리와 언어가 등장합니다. 이것도 좀 놀랍죠. 제가 지금 목소리를 내고 있는데, 목소리를 내는 동시에 제 목소리를 듣고 있잖아요. 이렇게, 말하면서 자기 목소리를 들을 때는 대체로 이상하지 않죠. 그런데, 자기 목소리를 녹음을 해서 들으면 너무너무 이상합니다. 그런데 그게 바로 남들이 듣고 있는 내 목소리인 거죠. 내가 아는 나의 목소리랑 남들이 듣는 나의 목소리가 너무 다르다는 겁니다. 가수들이 부르는 노래야 이런 간극이 없겠지만, 그들도 일상 언어를 말할 때는 마찬가지입니다.

그런데 목소리와 말이 제대로 나오려면 신장에 있는 물을 펌프질을 해야 합니다. 입에 침이 고여야 그게 윤활유가 되어서 소리도 내고 말도 할 수 있는 겁니다. 물이 안 올라왔다, 그러면 입이 마르고 발음이 잘 안 되는 거죠. 혀가 유연하게 굴러가는 것도 정기신의 정이 올라와야 가능한 것이고요. 그러니까 우선은 신장에 정, 질료인 액체가 충만해야 하는 겁니다.

　그다음에 이 신장의 물을 끌어올리는 거는 간의 목기, 심장의 화기가 하는 일입니다. 어떤 질료가 흘러다니기 위해서는 불하고 바람의 기운을 써야 합니다. 물만 있으면 고여서 썩잖아요. 이렇게 어느 것도 그 자체로 존재하는 건 없어요. 항상 다른 것들과 관계를 맺는 겁니다. 그래서 펌프질을 하는 건 심장인데 마지막으로는 폐가 기관지로 끌어올려야 목소리가 나오죠. 물론 이 모든 것이 작용하려면 비위가 받쳐 주어야겠죠. 허기가 지면 소리고 말이고 나오지가 않습니다.

　그래서 목소리를 들으면 오장육부의 상태를 가늠할 수 있습니다. 제가 『동의보감』 안내서에도 썼는데 아주 유명한 관상쟁이가 중년에 눈이 멀었대요. 관상쟁이인데 시각을 잃었으니 큰일이라고 생각했는데, 웬걸, 이후에 더 유명해지셨다고 합니다. 얼굴을 보지 못하는 대신 목소리를 듣고 그다음엔 상대방의 뼈를 만져 본대요. 뼈가 튼튼한가 아닌가를 봤다는 거예요. 뼈와 목소리 모두 신장과 관련이 되니까. 그 상태를 확인하면 얼마나 내공이 깊은지를 알 수 있다는 거고요. 그러면 그 사람이 하는 일이나 사업이 어떤 운을 맞이하게 될지 가늠할 수 있다는 겁니다. 내 몸의 상태가 인복을 불러오기도 하고 내치기도 하는 거죠. 혼자만의 능력으로 할 수 있는 건 없습니다.

　저는 사업을 하지는 않지만, 공동체 활동을 오래 하다 보니 이런 이치를 정말 리얼하게 겪고 있어요. 제가 여러 권의 책을 썼는데, 그 중에 제가 순수하게 계획하고 그 계획대로 나온 책은 하나도 없는 것 같아요. 갑자기 느닷없이 누군가가 나타나서 제안을 합니다. 그 인연으로 책을 쓰고 나면, 그때부터 인생의 절친이 되기도 하지만, 많은 경우 홀연히 사라지기도 해요.

『동의보감』이 그런 케이스인데요. 저로 하여금 『동의보감』을 공부하도록 이끌어 준 청년은 당시 한의대 본과 졸업반이었는데, 인문학 세미나 하러 연구실에 왔다가 『동의보감』에 대해 정말 열정적으로 가르쳐 주었어요. 또 공동체 멤버들을 설악산 등반으로 안내해 준 산악 가이드였는데, 어느 날 홀연히 떠나 버렸어요. 또 최근에 낸 『조선에서 백수로 살기』라는 책도 갑자기 어떤 청년의 제안으로 쓰게 된 거구요. 느닷없이 나타나서 마음을 다해 설득을 하면 그 마음을 배신하기가 정말 힘듭니다. 이 부담감을 안고 사느니 그냥 쓰고 말자, 그렇게 되는 거죠. 그런 점에서 보자면 계약 같은 것이 결정적이라는 생각이 별로 안 듭니다. 계약서를 썼나, 안 썼나, 그건 되게 낮은 단계예요. 구두로 약속했지만 이걸 어기면 내가 평생 마음의 빚을 질 거 같다, 그러면 그 약속은 반드시 지키게 되어 있어요. 그런 게 믿음과 신뢰라는 겁니다. 그렇게 해서 책이 나오면 '이게 과연 나의 책인가?', 이런 생각이 들지 않을 수 없습니다.

앞에서 말한 관상쟁이가 뼈와 소리를 통해서 운을 예측하는 것도 그런 이치일 겁니다. 보통 용하다는 역술가를 찾아갈 때는 내가 지금 뭐가 굉장히 크게 걸린 일이 있는 거죠. 그런 문제를 판단하는 데 역술가는 뼈와 목소리의 울림을 본다는 거고요. 그러면 우리는 이걸 거꾸로 응용할 수 있겠죠. 내가 무언가를 이루고 싶다면 목소리를 정직하고 정확하고 투명하게 내는 연습을 하면 됩니다. 그렇게 하면 뼈도 튼튼해집니다. 당연히 허리도 곧추설 테고 그러면 당연히 사람들의 신뢰를 얻을 수 있습니다. 그게 인복이죠. 무슨 일이든 인복이 있으면 이루어집니다. 설령 실패해도 다시 일어설 수 있고요. 그래서 감이당에서는 낭송이나 암송, 그리고 연극이라든가 요가같이 신체를 같이 움직이면서 하는 공부법을 많이 개발했어요. 공부를 끈기 있게 밀고 가려면 신체가 받쳐 줘야 하니까요.

이런 생리적인 토대를 무시하면 너무 공허하죠. '서로 사랑하고, 존중하고, 배려해라', '이타심을 가져라', 이런 말들은 생리적인 토대가 없다면 참 허무한 말들입니다. 이런 말들이 힘을 가지려면 몸으로 이타심을 키우는 훈련이 되어야 합니다. 이타심을 키우지 못하면 내가 이 세계와 연결되어 있다는 느낌을 갖지 못하고 그러면 정기신이 고갈됩니다. 그래서 거의 모든 사람이 자기가 제일 약하고 힘들다는 느낌에 빠져 있는 거죠.

그리고 소리와 언어는 아주 강력한 형식과 내용을 가지고 있어요. 오늘 어떤 언어를 말했는가가 오늘 하루의 내 인생이에요.

그런데 내가 가족들이나 지인들과 주고받는 언어 가운데 고귀한 말이 별로 없죠? 가족들과 나누는 대화는 얼마 되지도 않을뿐더러 주로 감정을 적나라하게 표출하는 단어들이 많잖아요? 친구들하고 스트레스를 해소한다고 수다를 떠는 것도 참 영혼을 거칠게 만드는 말들이 대부분이고. 노래방에서 부르는 노랫말들은 주로 감정을 격렬하게 표출하는 것들이죠. 결국 우리가 쓰는 말들은 양적으로 빈곤할뿐더러 그나마도 참 거칠고 까칠한 것들투성이입니다.

그래서 『동의보감』에서는 말을 어떻게 하는지가 병증을 진단하는 기준이 됩니다. 그래서 똑같은 말을 계속하면 그건 지금 어디가 아픈 거예요. 계속 욕을 하고 있다면, 그건 심장이 뜨거운 겁니다. 툭하면 막 욕하는 사람들 있잖아요. 그건 심장이 열받은 거예요. 젊었을 때 조용하게 살았던 할머니가 나이 들어서 하루 종일 남편 욕을 하는 경우도 있다고 해요. 그건 정기신이 소모되면서 그동안 쌓인 울화가 과격하게 치솟는 것이죠.

'어떤 말을 어떻게 할 것인가'를 고민하는 것은 정말 중요한 양생술의 하나입니다. 그런데 지혜로운 말, 재밌는 말을 하려면 어떻게 해야 하죠? 책을 읽어야죠. 책 중에서도 고전을 읽어야 합니다. 고전을 읽어야 지혜롭고 유머러스한 언어들을 습득할 수 있습니다. 그건 단순히 지적인 계발이 아니라 양생적 훈련에 해당합니다. 새로운 표현, 재밌는 언어를 구사한다는 건 바로 내 몸의 건강지표이기도 하니까요.


## 내 안의 타자(3) _ 벌레

꿈, 소리와 언어, 그다음에 주목해야 할 요소가 '충'(蟲)입니다. 충은 벌레인데, 세균에서 회충까지 굉장히 범위가 넓습니다. 코로나19도 바이러스니까 벌레의 범주에 들어가죠. 지금 코로나 19만 봐도, 지구의 주인은 세균이랑 박테리아 등 미생물이라고 할 수 있죠. 우리는 인간이 가장 위대한 종인 거 같은데, 지구 입장에서 보면 엄청난 착각입니다. 인간은 절대로 이 미생물들을 이길 수 없어요. 없앨 수도 없고. 그걸 우리가 코로나19 사태를 통해 리얼하게 목격하고 있는 중이고요.

『동의보감』을 보면 식물에 들어 있는 유충들이 몸 안에 들어가서 자기 마음대로 자라기도 하고, 상상을 초월하는 벌레들이 등장하기도 하는데, 이것들과 우리가 공생을 하고 있는 겁니다. 실제로 20세기 초까지만 해도 기생충하고 같이 살았잖아요. 회충이 어마어마하게 많아서, 사람 몸에서 수십 마리가 나오기도 하고 그랬어요. 이렇게 기생충이 많으면 굉장히 유익한 게 하나 있죠. 절대 살이 찌지 않아요. 제가 늘 하는 이야기인데, 그렇게 어렵게 다이어트 하지 말고 마음껏 먹어도 됩니다. 몸속에 회충만 키우면 되는 거예요.^^ 이 회충들은 대부분 위험하지 않고 딱 곡식, 양분만 뺏어먹어요. 시골에는 회충 있는 아이들이 정말 많았어요. 그래서 아이들이 계속 배고프다고 하면 할머니들이 "뱃속에 거시가 들었냐"고 했죠. '거시'가 회충이라는 뜻이거든요. 그래서인지 비만 때문에 괴로운 애들은 없었죠.

이렇게 살아가려면 수많은 벌레들과 공생을 해야 합니다. 바이러스도 세균인데, 바이러스는 더구나 죽지를 않죠. 몸 안에서 잠복하고 있다가 어떤 조건이 되면 발현되는 겁니다. 무생물과 생물의 경계를 오가는 존재인 거죠. 코로나도 무섭지만 결핵, 대상포진 등도 다 바이러스성 질환이에요. 수두 바이러스도 아직 많이 있죠. 저도 몇 년 전에 수두 바이러스를 앓았었는데요. 항바이러스제를 투여한 다음에는 별다른 치료법이 없어요. 그냥 쉬는 것 말고는. 시간이 지나면 낫긴 낫는데, 완치는 불가능하죠. 그냥 잠복하고 있으니까요. 비유비무(非有非無), 즉, '있는 것도 아니고 없는 것도 아'닌 상태인 거죠.

이렇게 벌레들, 충들과 공생을 해야 하는데, 『동의보감』에서 가장 두드러지게 눈에 띄는 충으로 '삼시충'(三尸蟲)이라는 것이 있습니다. 이 충은 뇌에 들어가서 공부를 하기 싫어하게 만들고 색을 밝히게 한다는 거예요. 이걸 보면 '공부하고 싶다'와 '색을 밝힌다'가 딱 반대항에 있는 거죠. 그러니까 여러분이 고전을 읽기 싫어하는 것은, 뭔가 '야한' 상태를 꿈꾸고 있다는 뜻인 겁니다. 명리적으로도 인성(공부)과 재성(화폐와 성)은 상극입니다. 두 가지 운을 동시에 얻기는 어렵다는 뜻입니다. 대개는 재성 쪽으로 기울어지는데, 그걸 배후조종하는 게 삼시충이라는 거죠.


## 내 안의 타자(4) _ 똥, 오줌


이런 식으로 내 안에 정말 내가 모르는 존재들이 너무 많다는 겁니다. 그리고 「내경편」의 마지막을 장식하는 항목이 바로 소변, 대변, 즉 똥오줌입니다. 이것도 좀 뜻밖이죠. 누구든 살아 있으려면 몸속에 똥과 오줌이 있어야 해요. 뿐더러 똥오줌은 그냥 쓸모없는 배설물이 아니에요. 똥오줌의 상태를 보고 몸 안의 상태를 점검할 수 있어요. 특히 소변에는 아주 중요한 정보들이 다 담겨 있어요. 현대의학도 소변으로 많은 검사를 하잖아요. 대변의 색깔, 길이, 밀도 등을 통해서도 많은 것을 파악할 수 있죠. 몸이 찌뿌둥하고 열이 나고 피로할 때는 대변을 잘 보고 나면 몸이 개운해져요. 대변이 열을 빼 주면서 정기신이 순환되기 때문입니다.

이렇게 아주 소중한 존재인데, 평소에 그런 생각을 못합니다. 더럽다는 감각 때문인데, 이런 감각에 사로잡히면 몸 전체를 보지 못하게 됩니다. 더러운 것은 안 보이게 치우는 게 우선이잖아요. 특히 현대인들의 화장실 구조가 그렇죠. 더러운 건 절대 보지 않겠다는 투지가 느껴집니다. 그래서 똥오줌 상태를 잘 점검하지 않습니다. 하지만 몸이 좋건 안 좋건 아침에 대변을 보시면 상태를 면밀히 잘 살펴보세요. 그러면 오늘 내 컨디션이 거기 있어요. 그러면서 미추에 대한 고정관념도 벗어날 수 있는 거죠.

이렇게 『동의보감』「내경편」만 봐도 내 안에 내가 모르는 타자들로 득시글득시글하다는 걸 알 수 있습니다. 그러니까 이 중에서 무엇을 나라고, 나의 고유한 모습이 뭐라고 주장할 수 있을까, 이런 질문을 던질 수 있죠.

# 나는 '내'가 아니다!

## 나는 '대체' 누구인가?

불교는 이 문제를 궁극의 영역까지 밀고 갑니다. '나는 누구인가?'라는 질문을 시공간적으로 극한까지 던져 보는 겁니다. 결론은? '무아'(無我), '나라고 할 만한 것이 없다'입니다. 우리 몸은 지수화풍으로 구성되어 있는데, 그럼 지수화풍이 나일까요? 그런데 지수화풍은 계속 변하고 있잖아요. 그럼, 어느 때, 어느 순간의 나가 진정한 나인가. '나의 영혼을 구원해 주소서'라고 기도드릴 때 그 영혼은 어느 시절의 나일까요? 저만 해도, 이전의 나의 생각이나 행동, 즉 색수상행식으로 이루어졌던 것들 중에 지금 지속되는 게 거의 없습니다. 지속이 된다고 해도 그런 것들은 대개 부정적인 것들입니다. 내가 새로워졌다고 하면 과거의 흔적은 자연스럽게 사라져 버려요. 고정시켜 놓을 수가 없어요. 그리고 우리 자신이 늘 새로움을 추구합니다. '일신우일신'(日新又日新)해야지, 어제와 오늘이 똑같아, 그날이 그날이야, 십 년 전의 내가 너무 생생해, 이러면 좀 곤란한 거죠. 나는 매 순간 구성되는 거지, 나라고 딱 고정시킬 게 없는 겁니다.

이건 아주 통속적인 방식으로 불교의 '무아'를 얘기한 건데요. 불교적으로 이야기를 하면 내가 안이비설신의, 육근을 통해 무언가를 감각하고 그것을 좋다고 생각했더라도, 감각은 계속 변하고 감각의 대상도 계속 바뀌잖아요. 색수상행식도 역시 마찬가지입니다. 결국 남는 건 고집하는 나, 집착하는 나뿐인 거죠. 이건 변함이 없죠. 대상과 감정은 다 바뀌었는데 예전에도 이게 나의 전부라고 우겼고, 지금도 우기고 있는 것만 똑같은 거죠. 이건 사주팔자도 마찬가지인데, 사주팔자에서도 어떤 종류의 물리적 패턴만 남는 거예요. 주체의 상태가 어떤지 대상이 무엇인지는 중요하지 않고, 늘 애착하고 미워하는 패턴만 남는 겁니다. 대상과 조건하고는 무관하다는 뜻이죠. 그런 걸 까르마, 곧 업이라고 말합니다.

그럼 변하지 않는 나, 영원히 존재하는 나는 무엇일까요? 내

영혼이라는 것이 있다면 그것은 무엇일까요? 영혼이 구원을 받아서 천국에 간다고 했을 때, '아, 내가 마침내 천국에 왔구나'라는 걸 확인할 수 있는 그 존재는 누구인 거죠? 구원받았다는 것을 알려면 내 감각이나 감정, 의식의 동일성이 있어야 될 거 아니에요. 그런데 그런 감각이나 감정, 의식이 영혼은 아니잖아요. 영혼은 본질적이고 근원적인 차원이라 심층의 무의식이라 할 수 있는데, 감각이나 감정, 의식 같은 건 지극히 피상적인 차원에 속하거든요. 죽은 다음에는 몸이 해체되니까 거기에 의탁해 있던 정신작용도 같이 해체될 거 아닙니까. 그래서 영혼이 있고 구원을 받았다고 하더라도 그걸 확인할 수가 없는 거죠. 아무튼 이야기할수록 헷갈립니다. 결론이 나오긴 어렵지만 분명한 건 나의 고유성, 동일성, 지속성을 보증할 만한 것이 무엇인지는 아무도 모른다는 겁니다.

## 나에게도 좋고 남에게도 좋은!

그래서 영혼이나 본성을 알고자 한다면 의식 너머, 혹은 의식의 심연에 대한 탐구를 해야 합니다. 물론 붓다는 아무리 심층을 탐구해도 자아의 실체를 만날 수는 없다고 하죠. 그래서 나라고 할 만한 것이 없다, 자아의 실체 없음을 깨달아라, 라고 하는

데, 그러기 위해서는 가장 먼저 감각, 감정을 제어하라고 했죠. 그 점에 대해서는 앞에서 이야기를 했고, 이번 강의에서는 언어를 컨트롤하는 것에 대해서 이야기해 보려고 합니다.

『숫타니파타』에서는 "스스로를 괴롭히지 않고, 다른 사람을 다치게 하지 않는 그러한 말을 해야 합니다"「잘 설해진 말씀의 경」라고 합니다. 우선 자기 자신한테 이로운 말을 하라는 거죠. 그다음에 다른 사람을 해롭게 하는 말을 하지 말라는 겁니다. 이걸 하나로 연결하면 이렇게 됩니다. '나에게도 좋고 남에게도 좋은 말을 하라' 정말 딱 맞네요. 남에게 듣기 좋은 말도 아니고, 나만 즐거운 말도 아니고. 나에게도 남에게도 좋은 말을 하면 되는 거죠. 물론 참 쉽지가 않습니다. 그래서 수행이 필요한 거죠.

부처님 설법을 듣고 깨달았을 때 제자들이 찬탄하는 말이 "처음도 훌륭하고 중간도 훌륭하고 마지막도 훌륭한 말씀"이라고 하는데요. 그 말씀을 들으면 "넘어진 걸 일으켜 세워 주는 것 같고, 눈을 환하게 비춰 주어서 세상의 모든 흐리멍덩함과 혼탁함이 해소되는 것 같다"고 찬탄을 합니다. 이렇게 세상의 이치를 다 알게 되었을 때의 정신활동을 청정하다고 하는 겁니다. 그리고 부처님이 제자들에게 "가서 법을 전하라"라고 하실 때도 이렇게 당부합니다. "처음도 올바르고 중간도 올바르고 마지막도 올바르게 설하라"

그러니까 말이 참 중요한 거예요. 우리가 불교를 생각하면 자꾸 불립문자나 이심전심(以心傳心) 같은 걸 떠올리고, 언어를 별로 중히 여기지 않는 것처럼 생각하는데 그게 아니에요. 불교에서는 언어를 정확하고 투명하고 담담하게 구사하라고 합니다. 중생은 온갖 다양한 고뇌를 겪고 있기 때문에 붓다는 다양한 비유와 수사를 통해 중생의 처지와 근기에 맞게 방편을 구사해야합니다. 그러니까 말을 정말 잘해야 하는 거죠. 묵언수행이라는것도 우리가 아는 오염된 언어를 멈추기 위함이지, 깨달은 다음에는 말을 그냥 청산유수로 해야 합니다. 혀도 유연해지고 머리도 맑아졌으니 중생의 근기와 번뇌에 맞춰 적합한 조언을 해줄수 있어야 하는 거죠. 그래서 『숫타니파타』를 비롯하여 초기경전에는 언어에 대한 이야기가 굉장히 많이 나옵니다.

> 사람이 태어날 때 참으로 입에 도끼가 생겨난다. 어리석은 이는 나쁜 말을 하여 그것으로 자신을 찍는다. 비난받아야 할것을 찬탄하고 찬탄해야 할 것은 비난하니, […] 입으로써 불운을 쌓고 그 불운으로 안락을 얻지 못한다. 입이 험하고 진실하지 못한 천한 자여, 산 것을 죽이고 사특하며 악행을 일삼는 자여, 비루하고 불행하고 비천한 자여, 이 세상에서 말을 너무 많이 하지 말라. 그대는 지옥에 떨어진 자이다.「꼬깔리야의 경」

그러니까 살생이나 악행을 하는 것하고 입이 험하고 진실하지 못한 게 같은 급으로 언급되고 있어요. 말을 험하게 하는 것이 천하의 몹쓸 짓이라는 거죠. 다른 종교 경전에서도 비슷한 구절들이 있지만 불경은 더욱 디테일하게 강조를 합니다.

"결코 어떠한 행위도 없어지지 않는다. 때가 되면 그 임자가 그것을 받는다. 죄악을 짓는 어리석은 자는 내세에 자신 안에서 그 괴로움을 발견한다."「꼬깔리야의 경」 인간이 하는 활동은 '신구의'(身口意) 삼업(三業)으로 구성되어 있습니다. 신은 몸으로 하는 거니까 행동을 말하고, 구는 말, 의는 생각이죠. 그런데 이런 인간의 활동은 무조건 다 흔적을 남깁니다. 이 우주에선 어떤 정보, 어떤 흔적도 사라지지 않아요. 그래서 정말 긍정적이고 지혜롭고 자비로운 생각을 해야 하는 거죠. 그리고 생각을 잘 하면 업을 덜어 낼 수 있습니다. 참 놀라운 가르침이죠. 행동과 말과 생각이라는, 살아 있으면 누구나 하게 마련인 일상적 활동을 바꾸는 것이 업을 덜어 내는 것이라니 참 감동적이지 않나요? 우리는 영성을 계발하거나 구원을 받기 위해선 뭔가 거룩하고 비범한 행위를 해야 할 거 같은데, 그게 아니라는 거죠. 행동과 말과 생각을 닦는 것은 누구나 할 수 있잖아요. 돈이 드는 것도 아니고 특별한 힘이 드는 일도 아니고.

## 윤회, 끝나지 않는 죽음

어쨌든 이 우주에는 어떤 행위도, 어떤 말의 파동도 다 흔적이 남습니다. 또 거기에 따른 인과응보가 있다는 겁니다. 그래서 생사의 윤회가 끝나지 않는 거고요. 만약 죽으면 모든 것이 끝이다, 그러면 어떤 점에서 편하죠. 불안할 것도 없고, 사후를 걱정할 필요도 없고. 하지만 그렇게 생각하는 사람은 거의 없어요. 종교를 믿든 안 믿든 다 그런 거 같아요. 잘 모르겠지만 왠지 생사가 쉬지 않고 이어질 거 같은 느낌이 있지 않습니까. 인식론적으로도 그렇고 과학적으로도 그래요. 그래서 인도의 사상은 윤회를 아예 생사의 핵심 주제로 삼아 버린 겁니다.

윤회론에 따르면 내가 죽어도, 내가 했던 행위의 모든 게 정보로 남아서 또 어떤 조건을 만나면 다시 생명이 시작되는 겁니다. '우리는 모두 죽음으로부터 왔다'라는 말이 있죠. 생각해 보면 누군가 죽어야 내가 태어나고, 내가 죽으면 또 누군가가 태어나는 것은 분명하지 않습니까? 아무튼 그래서 우리는 수많은 생로병사를 겪었다고 보는 겁니다. 그런 점에서 윤회는 계속 '다시 태어난다'가 핵심이 아니고, '끊임없이 죽는다'에 방점이 있어요. 영생(永生)이 아니라 영사(永死). 그래서 티베트불교에서는 아예 내가 만나는 사람들은 수많은 윤회의 과정 속에서 언젠가 나의 어머니였다고 간주하는 수행법을 발전시켰습니다. 그렇게 생각하는 순간 모두에게 자비심을 일으킬 수 있게 된다는 거죠.

자, 그러면 이 윤회에서 벗어나려면 어떻게 해야 할까요? 어차피 한 번 죽어서 끝나는 게 아니라면, 이번 생은 그냥 막 살고, 다음에 또 태어나서 그때 잘하자, 이렇게 내세로 미룰 수도 있겠죠. 그런데 그렇게 되지가 않습니다. '좋은 일은 다음 생에 하지', 이럴 수가 없어요. 왜냐하면 선업을 쌓으려면 굉장히 능동적인 에너지가 있어야 해요. 선업은 신구의(身口意) 삼업을 컨트롤하는 능력만큼 행할 수 있는 것이기 때문에 그냥 적당히 언제든 선택할 수 있는 게 아니에요. 그래서 다음 생을 기약하는 그런 수동성으로는 수억 번을 태어나도 선업을 행할 수 없습니다. 평생의 미션인 다이어트도 뜻대로 안 되는데, 선한 일, 지혜나 자비와 연관된 행위가 그런 태도로 되겠습니까? 반대로 악행은 그냥 끌려가는 거예요. 탐진치의 무명에 빠져 이유도, 목표도 잘 모르면서 그냥 저지르는 일은 다 악행이 됩니다.

그래서 신구의 삼업을 닦는 공부는 어차피 해야 하는 거라고 생각하셔야 합니다. 저는 그걸 그냥 받아들이기로 했어요. 어차피 해야 되는 공부다, 이렇게 생각하면 오히려 이번 생에 다 못해도 괜찮구나, 라는 여유가 생겨요. 다음 생에 또 하면 되잖아요. 그러면 초조해할 필요도 없고, 열등감을 가질 이유도 없어요. 이번 생에 진도를 뺄 수 있는 만큼 빼고 다음 생에 태어나면 그 진도에서 시작하면 되잖아요? 이런 태도를 적극 계발한 것이 티베트불교의 환생 개념이 아닐까 생각합니다. 윤회가 무명 속에서 끝없는 죽음을 되풀이하는 거라면 환생은 다음 생을 능동적으로 선택하는 것입니다. 정신없이 끌려오는 게 아니라, 기꺼이 이 생으로 되돌아오는 거죠. 터미네이터의 'I will be Back!'처럼.^^ 그럼 무엇이 되돌아오는가? 자아가 없는데…. 어떤 특정 개별 주체가 계속 다시 태어난다, 이런 개념이 아니고 지난 생에 터득한 마음의 흐름, 지혜와 자비의 덕성이 전 우주에 흔적을 남기니까 그것이 또 다른 몸으로 돌아온다고 보는 겁니다. 그런 분들은 당연히 평생을 지혜와 자비의 화신으로 살아가게 되겠죠. 꼭 보살이 아니어도 그런 마음과 연결되어 있다면 다음 생에도 수행을 계속할 수 있지 않을까요?

### 부처님의 발바닥

마무리를 하자면 우리의 몸은 혀도 짧고 뻑뻑하니까 자꾸 거친 말과 쓸데없는 말을 하고 거짓말하고 사특한 이간질을 하고 그러잖아요. 그런데 몸하고 행위나 생각이 연결되어 있는 겁니다. 불교만 봐서는 잘 모르는데 명리학이나 음양오행을 함께 보면 우리 몸이 태어날 때 태과불급으로 세팅이 되니까, 생각을 외곬으로 한다든지, 말을 제멋대로 막 한다든지, 이런 괴로움을 안고 태어나는 거죠.

그런데 부처님은 그런 태과불급의 몸이 아니라 서른두 가지 호상을 가지고 있다고 해요. 이게 중국의 관상학에서 말하는 호상과 일치합니다. 눈이 옆으로 길게 찢어져서 코끼리 같은 눈을 하고 있고, 귀는 일자로 길게 드리워져 있고, 손은 허벅지까지 내려오죠. 장딴지는 사슴과 같이 두텁고…. 이렇게 모든 형체가 상서롭다고 합니다. 그런데 이런 몸을 가지려면 무한한 선업을 쌓아야 한다는 겁니다. 선업의 결과물이 바로 그런 몸이라는 거죠. 좀 뜨끔했습니다. 저는 늘 제 외모가 못마땅했는데, 그게 이전 생의 결과물이라니. 쩝! 그래서 정말 남은 생은 착하게 살아야겠다고 마음먹었습니다.^^

그런데, 그런 부처님의 모습 중에 특별히 신기한 게 두 가지 있습니다. 하나는 혀가 너무 길다는 거. 혀가 얼마나 긴지 이마를 다 덮고 귓구멍에도 넣을 수 있다고 묘사가 되죠. 이 유연성이 십만 팔천 법문의 원천일 겁니다. 또 하나는 부처님의 성기입니다. "세존께서는 바라문 쎌라가 세존의 감추어진 성기의 특징을 볼 수 있도록 신통력을 발휘했다. 또한 세존께서는 혓바닥을 내어 양쪽 귀의 구멍에 닿게 하고, 양쪽 콧구멍에 닿게 하고, 앞이마를 혓바닥으로 덮었다."「쎌라의 경」

이 경은 부처님이 출현하셨다고 하니까 쎌라라고 하는 바라문이 검증을 해보겠다고 찾아온 대목입니다. 그래서 서른 개의 호상은 바깥에 다 드러나 있으니까 확인을 한 거죠. 팔이 길어야 된다, 미간에 털이 있어야 된다, 장딴지는 사슴 같아야 된다, 등등 다 확인을 했는데, 두 가지를 확인하지 못한 거죠. 혀와 성기는 밖에서 볼 수가 없으니까요. 그래서 '이걸 어떻게 확인하지?' 이러고 있는데, 부처님이 그 마음을 읽으신 거예요. 그래서 일종의 시뮬레이션으로 혀를 보여 주시고, 성기를 보여 주십니다.

혀는 엄청나게 긴 데 반해 성기는 안으로 감추어져 있다고 이야기를 합니다. 이런 대목이 정말 신기했어요. 부처님 성기에 대한 묘사가 있다는 게 놀랍지 않습니까? 하긴 이게 무슨 터부시할 사항은 아니잖아요. 성욕을 타파하는 게 얼마나 중요한지 누누이 설법을 하시고 있는데, 성기에 대한 표현을 터부시한다면 더 이상한 거죠. 그렇다면 성기가 감추어져 있다는 건 무슨 뜻일까요? 어떤 분은 고행을 너무 해서 정력이 약해져서 그렇다고 하는데, 절대 아닙니다. 도교에서도 '마음장상'(馬陰藏相)이라고, 말의 성기처럼 안으로 숨겨진 형상은 도의 최고 경지를 표현하는데, 붓다도 그런 경지에 도달한 거죠. 그것은 정력이 약하거나 손상된 상태가 아니라 성욕을 완벽하게 컨트롤할 수 있음을 의미합니다. 앞에서 깨달음을 이루기 직전에 마왕이 딸 셋을 보내서 유혹했는데 그걸 항복시키는 장면을 보여 드렸죠. 부처님이 자기 안에 있는 성 에너지를 억지로 누르신 게 아니라, 성 에너지를 온전히 제어하게 되었다는 뜻이라고 말씀드렸습니다.

여섯번째 강의 _ 몸, 타자들의 공동체 vs나는 '내'가 아니다!

보통 남성의 성기는 성욕의 측면에서만 생각하는데, 거기에는 공격성과 폭력성이 내재되어 있습니다. 그걸 제어하지 못하면 단지 성적인 문제뿐만이 아니라 삶 전체가 위태로울 수 있어요. 약탈과 정복, 위계와 서열, 전쟁과 대결 등의 욕망에 사로잡힐 수 있으니까요. 그런 식의 맹목적인 공격성이 사라지고 그 힘이 자비심으로 전환되는 것이 열반이겠지요. 붓다의 성기는 그런 의미를 담고 있는 게 아닐까 싶습니다.

저는 사실 부처님의 호상 가운데 발바닥에서 가장 큰 감동을 받았습니다. 『숫타니파타』에는 부처님의 발이 너무 툽툽해서 모든 땅과 다 안착이 된다는 표현이 있습니다. 늪을 만나면 늪에 안착이 되고, 자갈길을 만나면 자갈길과 안착이 된다고 합니다. 내리막길, 오르막길 어떤 길하고도 이 발이 딱딱 맞고요. 저는 발을 이렇게 묘사하는 건 처음 봤어요. 우리는 발은 발이고 땅은 땅이라고 생각하죠. 그래서 땅이 험하면 넘어질 수도 있다고 생각하고 있고요. 그런데 그게 아닌 거예요. 우리가 걷는다는 건 모든 땅과 교감하는 거죠.

그런데 최근 몇 년 동안 제가 몇 번 심하게 넘어지는 일이 있었어요. 좀 어이가 없었죠. 위험한 데도 아니고 하체가 무거워서 넘어지는 경우가 거의 없었으니까요. 그래서 이 부분이 확 들어온 거 같아요. 나는 대체 왜 넘어졌을까? 그렇게 안전한 곳에서 그렇게 방심을 할 수가 있다니. 나도 부처님과 같은 발바닥을 가지려면 어떻게 해야 하나, 이런 생각을 하게 된 거죠. 그래서 그때는 걸어 다닐 때, 계속 이 대목을 속으로 환기하면서 내 발바닥 감각이 어떻게 땅하고 조응하는지를 관찰해 보곤 했습니다.

그런데 붓다가 그런 발바닥을 가지게 된 건 수천억 겁 동안 수많은 중생에게 보시를 했기 때문이라는 겁니다. 재산과 지위와 심지어 자기의 몸까지도 수시로 끊임없는 보시를 했기 때문에 이런 발을 가지고 태어났다는 거죠. 아, 그렇구나! 발바닥도 땅과 감응을 해야 하는구나, 그래야 어디서든 잘 걸을 수 있는 거구나, 그런데 그런 감응이 일어나려면 수많은 보시와 공덕이 있어야 하는구나! 깊은 깨달음이 다가왔습니다. 여러분도 혹시 아무 이유 없이 넘어지는 일이 있거들랑 부처님의 발바닥을 떠올려 보시기 바랍니다.

# 음양오행론과
# 연기법

# 『동의보감』의 원리, 음양오행론

## 자연의 운행과 음양오행

불교에서는 '나'라는 존재를 포함해서 이 '세계'가 어떻게 운행되는가에 대한 원리로 연기법을 이야기하는데요. 이런 원리를 『동의보감』에서는 음양오행론으로 이야기합니다. 동양에서는 자연의 운행을 관찰하여 물리적 법칙으로 세팅한 다음 그 원리를 오랫동안 정치경제와 문화 등 다방면에서 사용을 했습니다. 그걸 음양오행론이라고 합니다. 음과 양은 원소나 요소가 아니라 파동 혹은 운동의 흐름이죠. 두 기운이 함께 어우러져 있는 상태가 태극인데, 태극이 일단 움직이기 시작하면 음양으로 나뉘고, 그 음양의 기운이 다시 오행, 즉 목화토금수(木火土金水)로 분화되는 겁니다. 이 오행으로 우주의 모든 질서를 설명하는데, 봄, 여름, 가을, 겨울의 변화가 바로 그렇습니다. 봄은 목, 여름은 화, 가을은 금, 겨울은 수에 배속되는데요. 봄여름은 양의 기운인 목과 화, 가을겨울은 음의 기운인 금과 수에 대응하는 거죠. 봄여름은 발산하고 가을겨울은 수렴하고, 이런 식으로 변화해 간다는 겁니다. 그럼 토는 어디에 있죠? 봄여름에서 가을겨울로 넘어가는 중간에 그 두 개의 기운을 매개하거나 조정하는 역할을 한다고 봅니다. 발산에서 수렴은 천지의 기운이 방향을 거꾸로 바꾸는 것이어서 조정 국면이 필요하다고 보는 거죠. 이게 동아시아 문명권에서 찾아 낸 물리적 법칙이에요.

그리고 이런 오행의 원리는 오장육부에도 그대로 적용이 되는데요. 그러면 봄의 기운을 가진 목은 간담의 기운과 상응합니다. 생리뿐 아니라 감정도 그렇죠. 앞의 강의에서 몇 번 말씀드렸는데, 목에 해당하는 감정은 분노죠. 위로 솟구치는 흐름이니까. 술을 마시면 간 기운을 자극하기 때문에 난폭운전을 하거나 이유 없는 폭행을 저지르기도 하죠. 그래서, "다 '간 때문이야~'"라고 하고 싶겠지만, 간 기운을 조절하지 못한 때문인 거지, 간은 아무 잘못이 없습니다.^^

그다음 여름의 기운인 화는, 우리 몸에서는 심장과 소장입니다. 간과 담은 가까이 있으니까 금방 이해되는데, 심, 소장은 좀 생소할 수도 있어요. 현대의학에서 보자면, 심장은 순환계고, 소장은 소화계에 속하는 장기니까요. 하지만 한의학적으로는 분류의 기준이 오행의 기운이기 때문에 심장과 소장을 화기에 배속시킵니다. 그다음 토는 비위를 말합니다. 비위, 즉 비장과 위장은 몸의 가운데에 위치하여 모든 걸 조정해 주는 거죠. 음식물을 완전히 분해한 다음 영양분을 몸 전체로 공급해 주는 역할을 합니다. 조정과 배분, 이런 활동은 토의 기운이라고 보는 겁니다.

일종의 총매니저 역할이라고 할 수 있는데요. 같은 이치로 사주에 토기가 잘 발달해야 매니저 역할을 하는 데 유리합니다. 매니저는 자기는 안 드러내면서 다른 사람들이 활동할 수 있는 무대를 만들어 주는 거잖아요. 만약 자기가 자꾸 무대에 출현하고 싶어지면 매니저 역할은 불가능합니다. 공부나 수행을 하려고 해도 토기가 좀 있어야 돼요. 토 자체가 동요하지 않고 듬직하게 앉아 있는 기운이거든요. 토기가 없고 목기만 있다면 잠시도 가만히 있지 못하고 방방 뜨겠죠. 그러면 어떻게 해야 하죠? 팔자대로 살아야 하는 걸까요? 아니죠. 일단 내가 토의 끈기가 부족하다는 것을 인정해야겠죠. 그러면 그런 기질을 극복할 힘이 생기지만, 그걸 모르면 뭘 하든 끈기 있게 밀고 나가질 못하면서 세상만사 다 자기 스타일에 안 맞는다며 불평만 늘어놓게 됩니다. 팔자대로 살면서 팔자타령을 하는 격입니다. 그러니까

팔자를 바꾸려면 가장 먼저 자신이 어떤 기운을 주로 쓰고 있는지를 정확하게 알아야 합니다. 그다음에 선택을 해야죠. 계속 이런 스타일로 살 것인가, 아니면 방향전환을 할 것인가.

그다음에 가을은 수렴의 계절이라 금에 배속됩니다. 금이라는 말 자체도 아주 단단함을 표현하잖아요. 손맛이 야무지다, 마감처리가 깔끔하다, 정확하다, 엄격하다 등이 전부 금기에 속하는 것입니다. 그에 비하면, 목은 뻗어나가는 기운이지 마무리하는 기운이 아니에요. 뻗어나가는 기운 혹은 기질을 발산형이라고 하고, 거두어서 내실을 다지는 기운 혹은 기질은 수렴형이라고 하는 겁니다. 그래서 타고난 기질에 금기가 없으면 뭘 하든 마무리가 안 되는 거죠. 마무리가 잘 안 될 뿐만 아니라, 마무리할 때쯤엔 아예 잠수를 타거나 다른 현장으로 옮겨간 경우가 많습니다. 이런 분들 꽤 많죠. 금기는 폐, 대장과 연결이 됩니다. 폐하고 대장도 서로 다른 계통인 거 같죠. 하지만 오행상으로는 서로 연동되어 있습니다. 폐가 차면 대장도 차요. 폐 기능이 약하면 대장도 시원치 않습니다. 저의 경우도 그런데, 폐가 차가운 편이라 15년 정도 비염에 시달렸는데, 대장도 건조하고 찬 편이라 대변불통의 상태를 수시로 겪습니다. 늘 변비에 시달리는 후배가 있는데, 감기가 걸렸다 하면 인후염을 지독하게 앓더라구요. 이 경우엔 폐/대장에 열이 많아서 문제인 거죠.

사계절로 보면 여름의 화가 가을의 금으로 변하는 것을 '금화교역'(金火交易)이라고 하는데요. 이건 일종의 혁명에 해당합니다. 왜냐하면 발산하는 힘이 정반대의 힘으로 바뀌니까 천지의 기운이 완전히 뒤집어지는 거예요. 그런 점에서 보자면 자연은 해마다 혁명을 하는 거죠. 그리고 그렇게 혁신과 전복을 해야만 자연스러운 생명활동이 가능합니다. 이걸 인간사에 유추를 해보면 개인이든 사회든 혹은 국가든 끊임없이 자기갱신을 해야 한다는 뜻이겠죠. 그런데 인간은 그런 변화에 저항하는 경우가 참 많아요. 변화, 즉 급격한 변화를 싫어하는 거죠. 특히 자기가 뭘 좀 잘하거나 익숙하면 절대로 바꾸려고 하지를 않아요. 자연의 흐름에 거역하는 겁니다. 바로 거기에서 질병과 고통, 온갖 번뇌가 발생한다고 할 수 있습니다. 우리가 여행하다가 어디가 되게 익숙하고 좋다고 거기에 계속 머무르지는 않죠. 때가 되면 떠나잖아요.

우리 몸의 세포도 주기적으로 리셋을 한다고 하지 않습니까. 제가 아주 오래전에 『거의 모든 것의 역사』라는 책을 읽었는데, 놀랍게도 온몸의 세포가 몇 년이면 싹 다 바뀐다는 거예요. 저자는 이렇게 말합니다. '이전에 무언가를 경험했다고 할 때 당신은 거기에 있지 않았다! 어떤 경험을 했다는 팩트는 맞다, 하지만 그때 그 현장에 있었던 세포는 지금 당신의 몸에 단 한 개도 남아 있지 않다.' 그런데 왜 사람들은 그렇게 절절하게 기억하고 추억할까요? 그렇죠. 의식이 붙들고 있는 겁니다. 그게 영광이든 상처든. 그러면 안 되겠죠. 지나간 건 다 떠나 보내야 됩니다. 상처는 말할 것도 없고 아주 영광스러웠던 기억도 빨리 보내는 것이 좋습니다. 내 몸은 그 시절과는 전혀 다르게 리셋되었단 말이죠. 실제로 예전에 찍은 자기 사진만 봐도 다른 사람이잖아요? 너무 달라졌죠. 늙었고, 쭈글쭈글해졌다, 이런 수준이 아니라 표정이나 분위기 전체가 달라졌다는 뜻이에요. 그건 좋은 것도 나쁜 것도 아닙니다. 그저 당연한 거죠. 달라졌다는 건 내가 살아 있다는 뜻이니까요. 그런데도 자꾸 옛날이 더 좋았다는 착각에 빠지는 겁니다.

그때는 스스로에게 얼마나 불만이 많았겠어요. 자기에게 불만이 가장 많을 때가 사춘기잖아요. 나이가 들수록 거울 보면서, '괜찮네', '이 정도면 됐지', 이렇게 생각하지 않나요. 그러니까 지금이 더 나은데도 자꾸 옛날로 회귀하는 겁니다. 왜 그럴까요? 그건 지금의 자신이 또 마음에 들지 않아서 그런 겁니다. 그러면 결과적으로 평생 동안 불만, 불안 상태에 있었다는 이야기입니다. 그렇습니다. 그래서 불교에선 인생을 고해(苦海)라고 하는 거고, 그렇게 불만, 불안 상태에 있으면서도 또 생사를 반복하는 것을 윤회의 바다라고 하는 겁니다. 세상이 원래 그렇다는 게 아니라, 인간의 의식이 삶을 그런 식으로 구성한다는 거죠. 여름엔 겨울을, 겨울엔 가을을, 여기에선 저기를, 지금보다는 옛날을 늘 회고하고 애착하면서 말이죠.

마지막 수는 신장과 방광입니다. 신장하고 방광이 하나로 묶이는 건 쉽게 이해되죠. 두 장기가 다 물 조절과 관련되어 있으니까요. 수는 겨울, 북쪽의 기운을 나타냅니다. 금에서 시작된 수렴이 수에 이르면 더더욱 강화되겠죠. 금이 결실과 열매, 그러니까 외형적 차원의 마무리라면 수는 그 열매와 결실조차도 해체하여 더 근본으로 들어가는 방식의 수렴입니다. 물이 얼어 얼음이 되는 계절, 또 겨울 산의 나목들을 떠올리시면 됩니다.

정기신 부분에 나오듯이, 신장의 수 기운은 물이나 액체보다 더 미분화된 액정들, 호르몬, 정액, 정자와 난자 같은 질료를 다룬다고 했죠. 그래서 수 기운은 생명의 출발, 곧 생식과 에로스와 관련이 있고, 인식의 차원에선 근원적 통찰력, 다시 말해 외적으로 드러나는 연관관계가 아니라 보이지 않는 무형의 세계를 투시하는 힘과 관련이 있습니다. 이런 활동을 통찰력, 혹은 로고스라고 하죠. 좀 아이러니하게도, 수 기운은 가장 원초적인 생명력 혹은 성적 욕구를 주관하는데, 그것이 또 가장 근본적인 지성을 주관한다는 거죠. 이걸 제 용어로 말하면, 에로스와 로고스의 향연이 됩니다. 생명력은 타자를 향한 열렬한 욕망이기도 하면서 동시에 세계를 이해하고자 하는 구도적 열망이기도 하다는 뜻이죠.

모든 종교가 지와 사랑, 지혜와 자비, 공감과 통찰 등을 내세우는 것이 이런 맥락이 아닐까 싶네요. 즉, 우리 몸의 생리적 메

일곱번째 강의 _ 음양오행론과연기법

커니즘, 즉 신장/방광이 주관하는 수 기운의 속성, 생식과 통찰이라는 두 개의 방향을 표현하고 있는 것 같습니다. 그래서 신장이 튼튼해야 사랑의 화신도 되고, 진리의 수호자도 될 수 있는 게 아닐까요?

## 상생과 상극, 그 어울림과 맞섬

이렇게 해서 오행의 순환을 오장육부가 그대로 재현을 하는 거죠. 그런데 이 오행의 기운들 사이에는 상생과 상극의 작용이 있어요. 오행이 원래 음양의 분화였으니까 음양 사이의 밀고 당기는 기운이 오행 속에도 계속 작용하는 겁니다. 상생은 목생화, 화생토, 토생금, 금생수 이렇게 돌아가는, 서로 낳고 낳는 기운이고, 상극은 목극토, 토극수, 수극화, 화극금, 금극목 이렇게 이어지는 서로를 극하는 기운입니다. 상생의 어울림과 상극의 맞섬이 동시에 작용하는 거죠. 이렇게 두 기운이 같이 작용해야 조화와 긴장 속에서 서로를 지탱하는 거지, 상생만 있거나 상극만 있으면 이런 작용이 불가능합니다. 정말 사람살이랑 똑같아요. 인간관계도 일방적인 케어만 주어지면 어떻게 됩니까. 엉망이 되죠. 사랑이 아무리 좋다고 한들 무차별적으로, 일방적으로 주어지면 다 도망갑니다. 엄마하고 자식의 관계를 생각해 보시면 됩니다. 우리 주변엔 엄마의 일방적 케어에 지쳐서 도망 다니는 청년들이 정말 많거든요. 상생만으로는 이 우주가 도무지 순환이 안 됩니다. 상극의 리듬이 있어야 역동적으로 움직이는 겁니다.

예를 들어, 봄이 되면, 나무의 기운이 땅의 기운을 뚫어야 하는 겁니다(목극토). 나무랑 흙이 서로 조화를 이루면서 이대로 살자, 이러면 씨가 흐물흐물해서 솟아나지를 못해요. 싹이 트고 자라려면 땅을 뚫어야 하는 겁니다. 그리고 그렇게 뚫고 나서는 계속 위로 뻗어나가야지, 뚫고 나온 땅을 계속 그리워한다면 말이 안 되죠. 이런 원리는 극하는 관계뿐 아니라 생하는 관계에서도 마찬가지인데요. 목생화의 원리를 보면, 나무는 늘 불에 탈 준비가 되어 있잖아요. 연소성을 가지고 있으니까 불이 붙으면 형체가 바뀌어 버리잖아요. 그런데 불은 목이 그러건 말건 자기의 길을 가는 거죠. 불꽃이 자기가 태워 버린 나무를 그리워하고 그러지 않습니다. 화생토, 토생금, 금생수 다 같은 이치로 흘러갑니다. 무언가를 낳기 위해선 이전의 기운이 사라져야 하는 거지 둘 다 조화를 이루면서 오래오래 잘 산다, 이런 개념이 아닌 겁니다.

마찬가지로 상극의 원리도 다르게 볼 수 있습니다. 상극이라고 하면 굉장히 부정적인 느낌을 일으키는데, 잘 따져 보면 아니에요. 토극수, 물을 멈추게 하려면 토 기운으로 막아야 합니다. 다른 건 물을 막을 수가 없어요. 그런데 물은 또 땅을 좋아하죠.

물과 땅은 잘 섞입니다. 왜냐하면 자기를 멈추게 해주기 때문에 그렇습니다. 토와 수가 섞이면 뭔가를 만들어 낼 수 있는 질료가 형성되잖아요. 이런 게 상극인 거예요. 사람살이도 그렇죠. 나를 가로막고 누르는 존재가 사실은 내 존재의 성장과 변형을 이끌어 내는 원천입니다. 만약 우리가 상극의 관계를 두려워하거나 피하면 생성과 변이가 일어날 기회 자체가 사라지는 거예요. 수극화, 화극금, 금극목, 다 이런 원리입니다. 정리해 보면, 이 우주가 상생상극의 리듬을 타는 것처럼 우리 몸의 간, 심, 비, 폐, 신도 다 상생상극을 합니다. 그래서 내 몸은 자연의 아바타라고 할 수 있는 겁니다.

이 원리를 바탕으로 해서 자연에는 사계절이 있고 열두 달이 있습니다. 그리고 그 열두 달을 반씩 나누면 24절기가 되고요. 그걸 다시 5일 단위로 나누면 72절후가 됩니다. 그리고 또 간지가 있죠. 천간(天干)은 갑(甲)·을(乙)·병(丙)·정(丁)·무(戊)·기(己)·경(庚)·신(辛)·임(壬)·계(癸), 이렇게 10개가 돌아가고, 지지(地支)는 자(子)·축(丑)·인(寅)·묘(卯)·진(辰)·사(巳)·오(午)·미(未)·신(申)·유(酉)·술(戌)·해(亥), 이렇게 열두 개가 돌아가잖아요. 이렇게 10개와 12개의 기호가 짝을 지어 흐르면 60번째에서 한 바퀴를 다 돌게 되죠. 그래서 60번 돌아간 걸 '환갑'이라고 하는데, '갑이 돌아온다', '처음 출발한 갑자가 되돌아온다'라는 뜻입니다. 60갑자죠. 이게 동아시아 문명의 역법(曆法)입니다.

지금 우리는 서양의 역법, 즉 태양력을 쓰고 있는데, 거기에 선 역법과 기상학을 연결 짓지는 않죠. 날짜는 날짜고 그 해의 기온, 태풍이나 지진 등 자연재해, 바이러스 같은 재난은 따로따로 예측을 하죠. 그러니까 2020년이라는 해는 그저 숫자일 뿐 코로나와 아무 연관이 없는 부호입니다. 그런데 동아시아에서는 이 모든 정보를 다 연결해 버립니다. 2020년은 경자년(庚子年)이니까 일단 경(庚)과 자(子), 천간과 지지가 모두 우주적 대혁명을 의미하는 해입니다. 뭔지 모르지만 급격한 변화를 맞이하면서 새로 시작하는 때라고 할 수 있어요. 아마 코로나가 아니었어도 아주 급격하고 놀라운 변화가 왔을 겁니다. 그건 분명해요.

　그런데, 사람의 몸과 관련해서는 천간의 경이 금기운으로 폐와 연관되어 있으니까, 폐질환을 조심해야 하고, 특히 화극금의 원리에 따라 폐를 불기운이 덮치는 운기를 예고하고 있어요. 꼭 코로나가 아니어도 폐와 관련한 질환을 예상할 수 있는데, 심장 질환이 있는 경우 특히 조심해야 하는 해라고 할 수 있습니다. 이 기운을 명리학적으로 변환하면, 누군가에게는 공부운, 누군가는 재물운, 관운 등으로 나타날 텐데, 핵심은 그게 뭐가 됐든 굉장히 큰 변화와 함께 온다는 공통점이 있습니다. 좀 거칠게 이야기했지만, 이런 식으로 동양 역법은 일 년의 흐름뿐 아니라 그 해의 기상학, 그 해의 운명학 등이 서로서로 다 맞물려 돌아간다는 겁니다.

서양은 모든 정보를 다 쪼개고 분류해서 따로따로 데이터베이스를 구축합니다. 그게 서양식 분류법이에요. 그래서 각 분야의 기술지는 엄청나게 탁월하지만, 그걸 총체적으로 연결하는 회로는 없습니다. 아예 그런 시도 자체를 하지 않고요. 그런데 동양은 기본적으로 다 연결이 되어 있는 '통일장' 이론인데, 반면 서양의 정보체계에 비하면 디테일에서는 굉장히 추상적인 면이 있죠. 결국 서양은 분류학과 기술지가, 동양은 인식론과 통찰력이 뛰어난 셈입니다. 21세기는 동서양이 다 융합된 시대니까 동서양의 패러다임을 서로 연결시키는 데 주력해야지 어느 것이 더 뛰어나냐, 누가 더 옳으냐 식의 이분법은 공허하기 짝이 없습니다.

## 『주역』이 '주역하는' 까닭은?

또 한 가지 동양사상에서 알아 두셔야 할 게 『주역』의 체계와 음양오행론이 분화되어서 따로 발전했다는 점입니다. 동아시아 문명에서 가장 오래된 고전이 『주역』이에요. 노년에 건강한 두뇌활동을 하고 싶으면 『주역』을 암기하는 데 한번 도전해 보세요. 코로나 때문에 경제활동을 잘 못 하는 때일수록 공부를 해야 합니다. 명리학에서 경제활동이 잘 안 된다는 건 공부해야 될 때라는 뜻입니다. 앞서도 말씀드린 거 같은데, 재성, 즉 재물운하고 공부운은 상극의 관계거든요. 재성이 발달한 사람은 돈과 관련된 인연은 넘치는데, 대신 공부운이 많이 위축되어 있어요. 그래서 부자인가 아닌가 이런 걸 따지는 것은 참 어리석습니다. 부자이면 좋겠지만, 부자인 대신 공부운이 없다고 하면 그건 좋은 게 아니잖아요. 우리가 보통 재성이 있다, 공부운이 있다, 이렇게 이야기를 하면 다른 것도 다 있는데, 그 운이 더 있는 거라고 착각을 하는데 그게 아닌 거예요. 상생상극이기 때문에 명리적으로 한 기운이 강하면 다른 기운은 위축될 수밖에 없고, 하나를 얻으면 하나를 잃을 수밖에 없어요.

『주역』 이야기로 다시 돌아가서, 『주역』은 기본적으로 어떤 사건에 대해서 미래를 예측하는 점성술이에요. 음양오행이나 명리학하고는 전혀 다른 체계입니다. 그런데 점성술이라고 하면 미신이나 무속을 떠올리는데 그것도 사실 굉장히 잘못된 통념입니다. 『주역』으로 점을 쳐서 어떤 예측을 얻으려고 해도 마음을 완전히 비워야 되거든요. 어떤 문명권이든 인류의 지성과 영성은 점성술부터 시작합니다. 그 이유는 인류 초기에는 물질적으로 참조할 만한 게 별로 없었기 때문이죠. 도구는 단순한데, 세계는 너무 넓고 깊은 거죠. 그래서 늘 천지를 관찰하고 동시에 마음의 심연을 탐사하면서 과거와 미래, 인간과 자연을 연결하는 정신활동을 계발했던 거예요. 그게 점성술이었던 겁니다. 꿍장히 거룩하고 신성한 행위이죠. 그런데 그렇게 거룩한 행위를 하기 위해서는 나의 의식, 나의 마음이 천지와 연결되어야 합니다. '관찰자와 관찰대상은 하나다'라는 양자역학의 원리를 환기해 보시면 됩니다. 마음이 열리는 그만큼 우주는 자신의 모습을 드러내는 법이니까요. 그래서 아무나 점을 칠 수가 없었어요. 제사장이나 특별한 내공을 지닌 사람들만 할 수 있었던 겁니다. 그렇게 해서 수많은 세월 동안 체계화되었기 때문에『주역』이 동아시아 문명의 토대를 이루게 된 거죠.

중화문명권의 기본 사상은 유교와 도교라 할 수 있는데, 유교와 도교의 원천은 공히『주역』입니다. 공자는 말할 것도 없고 주자학의 원천도 주돈이(周敦頤)의 태극도(太極圖), 곧『주역』을 배경으로 삼고 있습니다. 주자(朱子) 역시 자신의 스승인 정이천(程伊川)과 함께『주역』에 대한 주석을 달았고요. 다산 정약용 역시 남해 유배지에서『주역』공부에 몰입하여 방대한 주석서를 내기도 했죠. 도교의 경우야『주역』을 빼놓고는 논할 수가 없구요. 그럼에도 20세기 초에 서구과학의 관점에서 미신으로 몰리면서 음지로 들어가 버렸죠. 근데, 참 놀랍게도 21세기 들어 세상이 바뀐 거 같아요. 청년이건 중·노년층이건 일단『주역』공부에 발을 들이고 나면 다 반한다는 거죠. 그 현장이 궁금하신 분들은 감이당 멤버들이 함께 쓴『내 인생의 주역』이라는 책을 보시면 됩니다. 다른 걸 다 떠나서 이거야말로『주역』의 내공이라는 생각이 듭니다. 요즘식 농담으로 말해 보면 『주역』이 '주역한다'는 게 이런 걸까요?

음양오행론과 『주역』은 앎의 체계가 달라요. 음양에서 출발하는 건 동일한데, 음양오행론이 음양에서 오행으로 간다면, 『주역』은 음양에서 사상(四象)으로 갑니다. 태양, 소양, 태음, 소음, 이렇게 나뉘는 것이 사상입니다. 거기서 한 단계 더 가면 8괘가 되죠. 건(乾), 태(兌), 리(離), 진(震), 손(巽), 감(坎), 간(艮), 곤(坤)이라고 하는 기운이 등장하는데, 이 여덟 가지가 우주 생성의 기본이라는 겁니다. 하늘[乾]과 땅[坤]이 있어야 되고, 물[坎]하고 불[離]이 있어야 되는 거죠. 이게 기본이라면, 거기에 번개[震]가 치고 바람[巽]이 불어야 합니다. 그래야 기운을 흩어놓거나 어딘가로 몰아갈 수 있는 거죠. 그럴 때 전기, 전자파 작용이 일어날 거고요. 이런 작용을 통해 형체가 생겨납니다. 우선 산[艮]이 생기죠. 그런데 재미있는 것은 이렇게 솟아나는 것이 있으면 어딘가엔 푹 파이는 데가 있다는 겁니다. 그게 연못[兌]이 되는 거죠. 스티븐 호킹(Stephen Hawking)의 책에서도 이 비슷한 이야기가 나옵니다. 현대물리학에서도 빅뱅 이후 세계가 만들어질 때 한쪽에 히말라야가 있다면 반드시 그에 버금가는 바다가 있다고 하더라고요. 이렇게 대칭으로 생성되는 게 창조의 원리라는 겁니다.

아무튼 이렇게 8괘가 형성되면 창조의 기본 세팅이 이루어진 거죠. 그다음엔 이 8괘들의 상호작용이 일어납니다. 8×8=64. 그래서 64괘거든요. 64괘는 천지의 모든 운행, 모든 사건들의 스텝이라고 할 수 있어요. 세상만사 모든 것이 이 알고리즘 안에서 움직입니다. 인간도 이 시공간 안에서 태어났기 때문에 인간이 겪게 되는 사건들도 이 64괘의 프로세스를 통과한다는 것, 이것이 『주역』의 연기법이죠.

## 지혜롭게 늙어 가기

음양오행에서 펼쳐지는 상생상극의 파노라마, 그리고 『주역』의 8괘에서 64괘로 구성되는 변화의 원리를 바탕으로 관상, 의학, 명리학, 풍수, 성명학(姓名學)이 발달하게 됩니다. 성명학은 결국 소리를 다루는 학문인데요. 소리에도 오행이 있거든요. 소리의 오행은 우리가 쉽게 활용할 수 있어서 알아 두시면 좋습니다. 목기는 ㄱ, ㅋ, 화기는 ㄴ, ㄷ, ㄹ, ㅌ, 토기는 ㅇ, ㅎ, 금기는 ㅅ, ㅈ, ㅊ, 수기는 ㅁ, ㅂ, ㅍ. 이렇게 배속이 됩니다. 세종대왕이 한글을 만들 때도 다 오행의 기운을 바탕으로 만들었다고 하죠. 사실 전통적 사유 안에는 오행론이 적용되지 않은 게 없어요. 그럼 이걸 응용해서 나한테 필요한 기운을 발음으로 만드는 건 쉽잖아요. 목기가 필요하다면 ㄱ, ㅋ 발음으로 아이디를 만들거나, 가게를 차릴 때 그 소리가 담긴 이름을 짓거나 하는 건 어렵지 않거든요. 요즘 인터넷 아이디들을 보면 지나치게 특이하거나 너무 튀더라구요. 굳이 그렇게 좌충우돌하는 소리들을 쓸 필요가 있을까요. 소리와 이름에도 리듬과 파동이 있다는 거 잊지 마시기 바랍니다.

흔히 운이 좋다는 건 횡재수를 주로 말하는 거 같은데, 사실 그보다 더 핵심은 사람이 와야 하는 겁니다. 사람이 오면 뭐라도 들고 와요. 사람을 많이 만나다 보면 뭐라도 얻어먹거나 받게 되어 있어요. 그런데 사람이 안 오고 돈만 오면 그건 정말 위험합니다. 로또 맞고 인생 폭망하는 경우가 그런 거겠죠. 제일 중요하면서도 쉬운 것은 자기가 만나는 사람이나 사물, 심지어 자기가 내뱉는 발음까지, 그 모든 걸 최고로 존중하는 마음을 갖는 겁니다. 이건 정말 어렵지 않습니다. 돈이 드는 것도 아니고 아이디어를 쥐어짤 필요도 없고, 그저 마음의 행로만 바꾸면 됩니다. 없는 걸 만들어 내는 것도 아니에요. 마음속에 다 있어요. 엄청난 자산입니다. 그걸 그냥 쓰기만 하면 됩니다. 물건을 함부로 대하는 사람은 타인을 대할 때도 거칠겠죠. 반려견을 학대하는 사람이 타인을 존중할 리가 없잖아요. 그리고 그런 사람에게 좋은 운이 들어올 리가 없지 않습니까. 반대로 자기 주변의 모든 사물과 교감을 나누고 마주치는 모든 사람들의 행운을 빌어 줄 수 있다면, 당연히 천지의 좋은 기운과 연결되지 않겠어요. 음양오행론이나 『주역』 64괘가 말하는 이치도 알고 보면 다 이런 원리에 기반하고 있습니다.

불교는 말할 나위도 없죠. 불교에서 우리라는 존재는 사대오온으로 본다고 했죠. 사대는 지수화풍, 오온은 색수상행식. 좀 어렵고 낯설 수 있는데 자꾸 듣다 보면 익숙해집니다. 『동의보감』도 불교의 사대를 접맥해서 설명을 합니다. "근골과 기육은 모두 지에 속하고, 정혈과 진액은 모두 수에 속하며, 호흡과 따뜻함은 모두 화에 속하고 영명(靈明)과 활동은 모두 풍에 속한다."『동의보감』(「내경편」), 12쪽 바람은 아주 맑고 투명하게 잘 불어야죠. 그런데 영명, 정신활동도 그래야 된다는 거예요. 어디가 막힌다는 건 갑자기 깜깜해지고 침침해지는 거잖아요. 그래서 정신활동을 많이 계발을 하셔야 돼요.

그렇지 않으면 우리는 늙음 앞에 무력하게 쓰러지고 맙니다. 현대인은 몸이 건강하면 괜찮을 거라고 생각하고, 오직 건강만 열심히 챙기잖아요? 그런데 몸은 건강해도 성격이 이상해지면 어떻게 할 겁니까? 노쇠해진다는 건 뇌 활동이 둔해지면서 성격도 한쪽으로 치우친다는 뜻이에요. 오직 자기 몸만 챙기고 자기만 챙겨 달라고 보채면 주변에 사람들이 다 사라질 텐데, 그래도 건강하기만 하면 괜찮을까요? 그럴 때 건강은 오히려 큰 장애가 될 수도 있습니다.

생각해 보세요. 몸이 약하면 주변에 악영향을 많이 끼치지 못합니다. 오히려 어린애처럼 순해지겠죠. 그런데 몸이 튼튼한데 성격이 점점 나빠지는 노년은 정말 곤란하지 않겠습니까? 청년은 이런저런 시행착오를 해도 되지만, 노년기에는 그게 통하지 않아요. 노인에게는 정말 지혜가 필요합니다. 지혜는 지식이 아닙니다. 『주역』의 언어로 말하면, 나아가야 할 바, 즉 삶의 방향성 같은 것입니다. 그러니까 지금 당장 지혜가 있느냐 없느냐가 아니라 마음을 지혜롭고자 하는 쪽으로 향하고 있어야 한다는 뜻입니다. 그러면 몸이 쇠약해져도 충분히 소통이 가능하지만 오직 건강만을 추구하게 되면, 그건 정말 위태롭습니다. 자기밖에 모르는 이기적인 노인을 누가 좋아할까요? 제발 그런 노인은 되지 말아야겠죠. 그렇게 되지 않으려면 20대, 30대 때부터 노인에 대한 상을 바꿔야 됩니다. 아주 일찍부터 '지혜롭게 늙어가기'를 삶의 비전으로 삼아야 합니다.

지혜가 있으면 유머가 있어요. 유머가 최고의 소통기술입니다. 유머는 그저 청년들의 개그를 흉내내는 게 아니라 인생의 깊은 맛, 예를 들면 여유와 관용 같은 게 우러나야 해요. 오히려 청년들이 전혀 생각할 수 없는 그런 언어들이 터져 나와야 합니다. 익숙한 통념과 진부한 레퍼토리를 벗어날 수 있는! 연암 박지원이 『열하일기』에서 유감없이 발휘했던 것과 같은 그런 거 말입니다. 일단 웃음이 터지면 서로 간의 장벽이 무너집니다. 나이고 권위고 능력이고를 다 넘어서서 친구가 될 수 있는 거죠.

그래서 다시 결론은? 네, 고전을 읽어야 합니다!^^ 서양과 달리, 동양의 위대한 현자들은 다 유머러스합니다. 달마대사 이미지도 정말 해학적이잖아요. 그리고 중국인이 제일 좋아하는 불상이 포대화상인데, 보신 분들은 아시겠지만 배불뚝이에 볼따구가 터지도록 웃고 있어요. 보기만 해도 마음이 넉넉해집니다. 우리도 이렇게 늙어 가야 하지 않을까요?

# 연기법, 마음과 우주의 상호작용

## 생성의 프로세스와 소멸의 프로세스

자 그러면 이제 불교에서 말하는 연기법에 대해 본격적으로 알아보도록 하겠습니다. 연기는 두 가지로 나누어 볼 수가 있어요. 생성의 프로세스와 소멸의 프로세스, 즉 유전연기와 환멸연기입니다. 유전은 무언가가 생겨나서 변이하는 거예요. 이것이 있으니 저것이 생겨난다는 의미이고요. 환멸연기는 거꾸로 이것이 사라지니 저것이 소멸한다는 뜻입니다. 너무 쉬워서 당황스럽죠? 이렇게 쉬운데 우리는 왜 깨달음에 이르지 못하는 걸까요? A가 있으니 B가 생겨난다. A가 사라지니 B가 소멸한다. 부처님이 보리수 아래에서 가부좌를 틀고 앉아서 마침내 깨달았다는 것이 이겁니다. 이건 우리가 학교 다니면서 수학이나 과학에서 배운 인과론과 거의 비슷해 보이지 않나요. 맞습니다. 하지만 불교의 연기법은 원인과 결과의 폭이 대단히 넓고 다층적입니다. 무량하다, 헤아릴 수 없이 무한하다는 뜻이죠. 현대과학의 인과론은 아주 좁은 차원에서 원인과 결과를 찾죠. 눈으로 직접 확인하고 검증 가능해야 하니까요.

불교의 연기법은 직접원인과 간접원인을 폭넓게 보는데요. 그걸 인생에 적용해 보죠. 가령 누군가 '나는 왜 이렇게 불행한가'라고 생각할 수 있겠죠. 이게 결과입니다. 그럼 원인을 찾아야겠죠. 가난해서, 부모를 잘못 만나서, 직장 상사가 괴롭혀서, 등등의 원인들을 찾습니다. 그런데 불교의 연기조건으로 가면 '마음에 늘 불행을 만들어 내는 구조가 있어서'라는 원인도 나오는 겁니다. 매사를 불행으로 해석하는 패턴이 당신에게 있다고 이야기를 하는 거죠. 그럼 그 이야기를 들은 사람은 내가 언제 그랬냐고 버럭! 화를 내겠죠. 아니라고, 내가 그 인간만 안 만났어도 그렇게 되지 않았다, 부모가 나를 제대로 케어만 해줬어도 이러지 않았다, 이렇게 이야기를 하겠죠. 그럼 이렇게 반문할 수 있어요. 유복하게 태어나 부모의 사랑을 듬뿍 받고 자랐는데도 왜 그런 성정을 가진 사람들이 속출하는 걸까요? 또 '외모 때문에 차별을 받아서 내가 불행해졌다'는 논리가 타당하려면 미모의 선남선녀들은 무조건 행복해야겠죠? 그런데, 아니잖아요. 또 요즘엔 돈이 행운의 척도인데, 그럼 부자들은 대체 왜 그렇게 이상한, 피곤하고 타락한 삶을 사는 걸까요? 기타 등등. 말하자면, 그런 식의 인과론은 삶에 대해서는 전혀 먹히질 않습니다.

그래서 연기법은 그렇게 외부적인 조건을 따져서는 절대 원인을 찾을 수가 없다, 그러니 내면을 탐구해 보자, 그랬더니 마음의 특별한 구조들이 발견된 거죠. 그럼 그런 식의 구조는 언제, 어떻게 형성되었지? 아주 오래전부터, 수많은 생애 동안 그렇게 이어져 왔다고 말합니다. 그렇다면 '이번 생에서는 그런 구조를 바꾸기 위해 얼마나 노력을 했는가'라고 묻는 거죠. 이런 식으로 사건에서 마음, 마음에서 생사, 다시 수행으로, 인과의 고리가 무한히 확장되어 갑니다.

확실히 우리가 아는 기계적 인과론과는 차원이 다르죠. 잘 모르겠지만 뭔가 나라는 존재가 전 우주적으로 확장되어 가는 느낌은 분명합니다. 해서 이 연기법이 21세기를 살아가는 사람들의 마음을 치유하는 새로운 가이드라인이 되는 거죠. 나는 누구인가? 나의 운명은 어디서부터 비롯하는가? 등등 이런 문제를 풀기 위해 전생이니 최면 요법 같은 것들도 참 많이 하더라고요. 참고로 저는 전생을 절대 만나고 싶지 않아요. 만나면 너무 부끄러울 것 같아서 차마 못 볼 거 같은 느낌인데, 그게 그렇게 궁금한 분들이 많은가 봅니다.

실제로 연기법의 차원에서 보면, 전생이나 다음 생에 대한 궁금증이 대강 풀립니다. 지금 내가 살아가는 방식, 구체적으로 지금의 행동과 말과 생각 등이 이전 생의 결과인 거죠. 과거의 내가 이런 생각과 말과 행위를 했기 때문에, 지금 여기서 이렇게 하고 있는 겁니다. 그것들이 일으키는 결과로서의 행/불행을 겪고 있는 거구요. 같은 원리로 다음 생도 예측할 수 있습니다. 지금 나의 생각과 말과 행동이 다음 생을 결정하거든요. 그러니까 가장 핵심은 지금 여기의 삶인 거죠. 이 삶이 이전 생의 결과물이면서 동시에 다음 생의 원인인 겁니다. 간단하죠? 너무 간단해서 실망스럽죠?^^ 그래서 불교를 포함하여 모든 종교의 경전들에는 지금, 여기의 삶에 충실하라는 메시지가 있는 겁니다. 그럼 가장 중요한 질문은 뭐겠습니까? 지금, 여기에서 나는 어떻게 살고 있는가? 그것이 나는 누구인가에 대한 가장 명료한 답인 거죠. 하지만 우리는 이런 질문과 실천은 하지 않은 채 그저 막연하게 행복하고 싶다, 멋지게 살고 싶다는 망상에 빠져 있습니다. 그러는 와중에 오늘 하루, '지금, 여기'는 계속 방치됩니다. 억울함과 분노 사이를 오락가락하면서. 그럴수록 탐욕과 집착은 증장되겠죠.

『숫타니파타』의 게송을 들어 볼까요.

어떤 괴로움이 생겨나더라도 모두 집착을 조건으로 한다는 것이 관찰의 한 원리이고, 그러나 집착을 남김없이 사라지게 하여 소멸시켜 버린다면, 괴로움이 발생하지 않는다고 하는 것이 관찰의 두번째 원리이다.「두 가지 관찰의 경」

어떤 괴로움이 생겨나더라도 모두 형성을 조건으로 한다는 것이 관찰의 한 원리이고, 그러나 형성을 남김없이 사라지게 하여 소멸시켜 버린다면, 괴로움이 발생하지 않는다고 하는 것이 관찰의 두번째 원리이다.「두 가지 관찰의 경」

앞에서는 집착을 이야기하고, 뒤에서는 형성을 이야기하고 있죠. 집착을 하면 뭔가 물질적 형상을 만들려고 한다는 거예요. 내가 무언가 하나를 계속 주시하고 있으면 시각적 의식, 즉 안식(眼識)과 그것이 결합해서 어떤 폼이 형성이 돼요. 그런 다음에 그 대상을 실체화하면서 막 집착을 합니다. 그럼 그런 과정은 어디서 시작되었을까요? 의식 혹은 마음, 특히 욕망이 일으킨 거죠. 거기가 출발지점입니다.

부처님의 말씀을 더 들어 볼까요? "어느 때 세존께서는 우루벨라 마을의 네란자라 강변에 있는 보리수 아래에 계셨다. 그곳에서 처음으로 바르고 원만한 깨달음을 이루신 세존께서는 다리를 맺고 앉은 채 7일 동안 오로지 한 자세로 삼매에 잠겨 해탈

일곱번째 강의 _ 음양오행론과연기법

의 즐거움을 누리셨다."『마하박가』 1, 시공사, 1998, 40쪽 몇 번 말씀드린 장면이죠. 깨달음 이후의 환희를 말하고 있는 대목입니다. 저는 이 장면을 볼 때마다 뭔가 가슴이 벅차오릅니다. 이건 우리가 생각할 수 있는 기쁨의 수준이 아닌 거예요. 우리는 이 지극한 복락이 뭔지를 짐작조차 잘 못합니다. 우리가 생각하는 기쁨이나 즐거움은 기본적으로 감각을 바탕으로 하기 때문에 대부분 물질적 소유나 증식을 통해 얻어지는 것입니다. 그래서 늘 순식간에 생겨났다 사라지죠. 그야말로 '순삭!'입니다. 또 '아, 좋구나!' 하고 느끼는 순간 이미 어떤 결핍이나 상실감이 치고 들어옵니다. 그런 점에서 인간은 평생 동안 진정한 기쁨을 한 번도 제대로 느끼지 못하는 거 같아요. 몸도 그렇죠. 정말 쾌적하다, 완벽한 컨디션이야, 이렇게 느끼는 시간이 얼마나 될까요? 아주 짧습니다. 방송강의할 때 연예인들한테 물어봤더니 일 년 중 하루도 이런 기분을 느껴 본 적이 없다고 그러더라구요. 언젠가 텔레비전에서 JYP 박진영 씨가 한 말이 인상적이었는데, 자기가 평소에 가장 많이 하는 말이 '힘들어, 배고파'라고 하더라구요. 체중조절 때문에 끼니를 줄여야 해서 늘 허기가 지고, 춤이나 노래, 아이돌 관리 등으로 늘 피곤한 상태인 거예요. 아마 성공한 연예인들이 대개 이렇지 않을까요?

결국 성공 여부와 상관없이 대부분의 사람들은 몸과 마음이 온전히 복락을 누리는 순간은 거의 없다고 봐야겠죠. 그래서 알고 보면 다 불쌍하다고 하는 건가 봅니다. 그런 점에서 붓다의 환희심은 차원이 다른 것입니다. 정말 얼마나 기뻤으면 이렇게 7일 동안 그걸 앞으로 복습, 뒤로 복습 이렇게 하시고, 또 나무를 옮겨 다니면서 49일 동안이나 기쁨을 누리셨을까요?

> 무명(無明)에 기대어 행(行)이 있고 행에 기대어 식(識)이 있고 식에 기대어 명색(名色)이 있고 명색에 기대어 육처(六處)가 있고 육처에 기대어 촉(觸)이 있고 촉에 기대어 수(受)가 있고 … 생(生)이 있고…. 『마하박가』 1, 41쪽

이것이 49일 동안 지극한 환희 속에서 앞으로, 뒤로 복습한 내용입니다. 무명에서 시작해서 생에 이르는 과정을 주욱 연결하고 있는데요. 이런 스텝을 거쳐서 사람이 태어난다는 거죠. 태어나기 전에 이런 과정을 겪는다는 겁니다. 어떤 것에 집착을 해서 거기에서 형태를 떠올리고 감각기관이 생기고 거기에 이름을 부여하고…, 그러니까 생명이란 기본적으로 욕망과 소유, 집착의 산물이라는 거죠. 그러니 질병과 번뇌를 겪는 게 너무나 당연하다는 거고요.

# 무명과 윤회

생명이 탄생하려면 정자랑 난자가 결합해야 합니다. 그러면 정신은 어디에 있는 거예요? 정자, 난자 안에 들어 있나요? 있다면 어떻게? 정자, 난자는 분명 물질적 요소잖아요. 그럼 이 물질적 결합에서 어떻게 그토록 어마어마한 정신활동이 나올 수가 있을까요? 그래서 우주가 다 의식이라고 하는 '양자의학'(Quantum Medicine)이 있더라고요. 그 의식의 파동이나 흐름이 결합을 해야 생명의 탄생이 가능할 수 있다는 거죠.

그래서 불교에서는 '부모미생전의 본래면목을 찾아라'라는 말이 있습니다. 나의 부모가 아직 안 태어났는데 그때 내가 이미 있다는 거예요. 그러니까 그것도 말이 안 되지만, 또 따져 보면 그럴 수도 있는 게 '나'라는 존재가 허공에서 정보의 흐름으로 떠돌아다니고 있다면 내가 태어나기 위해서는 일단 부모가 세상에 있어야 할 거 아니에요. 그래야 내가 부모의 몸을 이용해서 세상에 나올 수 있을 테니까요. 그래서 먼저 부모를 태어나게 한 다음, 서로 사랑하게 만든다는 겁니다. 아주 먼 거리에 있는데도 기어이 만나게 하고 만나자마자 막 호르몬이 과다분비되도록 해서 두 몸을 하나로 잇는다는 거죠. 그 결정적인 순간에 엄마의 자궁 속으로 쏙 들어간다는 겁니다. 이제 자기가 태어나면 둘이 사랑을 하든 말든 상관이 없죠. 그리고 아버지가 있는 게 좀 불리해 보이면, 둘이 멀어지게 만들기도 합니다.

이렇게 아기의 의식 차원에서 탄생의 서사를 구성할 수도 있는 겁니다. 우리는 탄생에 대한 거의 모든 것을 부모에게 전가하는데, 논리적으로 보면 그게 더 앞뒤가 안 맞아요. 부모의 계획과 책임이 그렇게 중요하다면 부모가 왜 그런 애들을 낳겠어요. 저뿐 아니라 모든 자식들은 대부분 불효막심해요. 그게 부모 탓이라고 할 수는 없습니다. 우리 자신도 컨트롤하기 어려운데, 어떻게 생명의 탄생을 책임질 수 있겠습니까?

그러면 부모미생전에도 무언가가 있었으니까 당연히 이전 생이 있겠죠. 윤회가 없다면 지구상에 이 많은 인구의 탄생을 어떻게 설명할 수 있겠어요. 이전에 죽은 사람들이 되돌아 온 게 아니라면 이렇게 많은 존재들의 탄생을 설명할 방법이 없습니다. 계속 새로운 아이들이 다른 별에서 수입되는 것도 아니잖아요. 그리고 사람들의 행동양태는 왜 이렇게 비슷한 거죠? 수천 년 전이나 머나먼 거리에 사는 사람이나…. 그게 바로 윤회와 연기법을 말하는 거예요. 사람의 마음은 다 서로 이어져 있다는 겁니다.

앞의 인용문에서 생이 시작된 첫번째 단계가 무명이었죠. 무명 안에서 탐진치를 열심히 누적해서 왔다는 겁니다. 『티베트 사자의 서』에서는 죽은 후에 49일 동안 죽은 자, 곧 사자(死者)가 겪게 되는 영혼의 프로세스를 세밀하게 보여 주고 있습니다. 티베트불교는 이 죽음 직후의 과정을 수천 년 동안 탐구하고 실험하고 체험해 왔기 때문에 달라이라마를 통한 환생통치를 제도화할 수 있었던 겁니다. 그래서 티베트 사람들에게 인생에서 가장 중요한 것은 다음 생에 가져갈 정신적 자산이라고 합니다. 부귀영화는 아무 소용이 없죠. 부와 귀는 육신과 물질이 지배하는 세계에서만 필요한 거니까. 죽음은 달리 말하면 물질과 육신의 세계를 벗어나는 것이니까 사후에는 오직 정신과 의식, 무형의 파동만이 존재하겠죠. 그래서 오체투지로 순례를 하고 출가를 하려고 하는 거죠. 정신이라는 무형의 자산이 충만하면 그만큼 죽음이나 사후세계가 덜 두려워질 테니까요.

탐진치를 덜어 내면 사후에 맑은 정신으로 다음 생을 만날 수 있다, 그렇게 되면 노병사뿐 아니라 슬픔, 눈물, 괴로움, 근심, 이런 것들로부터 조금이라도 벗어날 수 있다, 굉장히 논리적인 이야기 아닙니까. 이걸 정교하게 밀고 가면 죽음을 그렇게 두려워하지 않을 수 있어요. 다음 생이 또 있잖아, 그거는 크나큰 희망이 될 수 있을 것 같아요. 사후에 심판을 받는다고 생각하면 누구나 불안하죠. 솔직히 누구도 난 충분히 선하게 살았어, 이렇게 생각하기 어렵잖아요. 그런데 또 지옥을 간다고 생각하면 좀 억울하죠. 불안하거나 억울하거나, 이런 마음의 동요 자체가 이미 지옥을 만들고 있는 셈입니다. 누가 만들었죠? 바로 나의 마음이 만들었죠.

# 고(苦)에서 해방되려면?

이렇게 해서 괴로움이 어떻게 생겨났는지, 그 원인을 찾았 잖아요. 그러면 반대로 원인이 사라지는 인과를 찾으면 되겠죠. "무명에서 탐착을 없애면 무명은 남김없이 사라진다. 무명이 사 라지므로 행이 사라지고, 행이 사라지므로 식이 사라지고, 식이 사라지므로 명색이 사라지고…". 『마하박가』 1, 41쪽 탐착하기 때문에 무명에 빠진다는 거예요. 무명은 밝지 않다, 깜깜하다는 뜻인데, 우리가 무언가에 빠지면 깜깜해집니다. 다른 게 하나도 안 보이 잖아요. 이게 탐착 때문이라는 거예요. 무언가를 탐하다 보면 뜻 대로 안될 때 화가 치밀고, 그러다 보면 폭력을 행사하고 그럴수 록 더더욱 판단이 흐려지고 멍청해지고…. 이 사슬에서 벗어나 려고 노력하는 게 수행입니다. 그래서 앞의 인용문과는 거꾸로 소멸의 방향으로 진행시켜 보는 겁니다.

『티베트 사자의 서』에 따르면, 인간이 윤회하는 것도 이렇게 무명에 빠져서 사후에 얼른 몸을 가지려고 몸부림치다가 두 남 녀가 섹스를 하는 걸 보자마자 그 자궁 속으로 들어가는 거라고 합니다. 그러면 달라이라마나 린포체 같은 환생자는 어떤 경로 를 거치는 걸까요. 그것도 똑같은 윤회가 아닌가라고 의문을 가 질 수 있는데, 그런 환생은 윤회의 경로와는 달리 영명한 상태 로 죽음을 맞이했을 때 이루어진다고 합니다. 마음이 맑고 투명한 상태를 유지하면 일단 죽음이 두렵지가 않고, 생사를 건너는 것을 잠깐 여행을 갔다 오듯이 통과할 수가 있다는 거죠. 그래서 달라이라마들은 '이 몸을 가지고 할 수 있는 공덕을 다했으니 이 제 그만 이 몸을 벗고 다시 태어나야겠다', 이런 마음으로 죽음을 맞이한다고 합니다. 깨달음에 이르면 굳이 다시 이 고해의 바다로 돌아오지 않아도 되는데 왜 굳이 되돌아 오는 걸까요? 번뇌에 빠져 허덕이는 중생을 구제하기 위해서죠. 오직 그 이유뿐인 겁니다.

이와는 달리 윤회는 선택의 여지가 없어요. 정신없이, 미망에 사로잡혀, 아무 데나 태어난다고 합니다. 태어나는 이유도 환생과는 전혀 다르죠. 환생자들이 중생에 대한 자비심으로 돌아온다면, 윤회는 이전 생의 탐착을 고스란히 유지한 채 돌아오는 거죠. 탐착은 더 커졌는데 조건은 더 나빠집니다. 욕망은 더 커졌는데 능력은 더 없죠. 당연히 생에 대한 불만은 더 크겠죠. 평생동안 원망과 자책에 시달리게 됩니다. 이게 중생들의 윤회라면, 보살의 환생은 오직 중생구제의 소명을 위한 것이니 어디서 어떻게 태어나도 지혜와 자비를 구현해 나갑니다. 달라이라마라는 제도가 이렇게 해서 탄생한 것입니다.

유튜브에서 네팔에서 한 제자가 자기 스승의 환생자를 찾아다니는 다큐멘터리(「환생을 찾아서」)를 보고 가슴이 뭉클했던 적이 있어요. 다큐의 주인공은 6년 동안 돌아가신 스승의 환생을 찾아다닙니다. 원래는 제자가 찾아다닐 수가 없다고 해요. 왜냐하면 환생자를 찾으려면 그 환생자보다 덕이 높아야 된답니다. 그런데 이 제자는 스승에 대한 사랑이 너무 간절해요. 그래서 꿈도 꾸고 징조도 나타나고 이러니까 사원에서 허락을 해준 거예요. 그래서 무려 6년 동안 네팔의 온갖 부락을 다 찾아다니는데 이 승려를 이스라엘의 어떤 감독이 쫓아다니면서 이 다큐멘터리를 찍은 거예요. 이 감독도 정말 대단합니다.

그러다 결국 어떤 아이를 발견해서 스승의 환생이라는 것을 확인한 다음, 자기 무릎에 앉혀 놓고 키웁니다. 이전에는 자기가 그 스승 무릎에 앉아서 스승의 돌봄을 받았는데 이제는 자기가 그 어린 스승을 돌보는 겁니다. 그 장면에서 눈물이 핑 돌더라구요. 이런 인간관계는 현대인들에게는 상상조차 하기 어렵죠. 신화나 전설에 나올 법한 일인데, 이걸 현실로 만들어 내다니, 그건 전적으로 그 제자의 간절한 마음이 만들어 낸 것이죠. 우리가 생각하는 사랑과 연애, 그리움 따위로는 이런 일이 절대로 가능하지 않습니다. 너무나 슬프면서 아름다운 영상이었습니다.

다시 부처님의 연기법으로 돌아오면, 괴로움의 양상이 하나씩 차츰차츰 사라지면, 마침내 무명에서 벗어나게 되고 그러면 더 이상 윤회하지 않는다는 거죠. 우리 입장에서는 윤회를 벗어나는 건 고사하고 탐진치를 조금이나마 덜어 낼 수만 있어도 좋겠죠. 그러기 위해선 매일매일 우리 뇌에 새롭고 신선한 지식을 공급하고, 새로운 사유를 창안해 내고, 말을 산만하게 하지 않는 수행을 해야 합니다.

정말 우리는 하루 종일 폭언, 수다, 남의 뒷담화, 아니면 진짜 하나마나한 얘기를 하면서 시간을 보내죠. 그나마 참 재미없게 합니다. 불교나 인도철학은 논리학이 엄청 발달해서 토론도 많이 하는데, 우리는 그런 문화가 없어요. 광장에서도 주로 구호를 외치지 활발하게 토론을 하지는 않잖아요. 그래서 저는 글쓰기를 해야 한다고 계속 이야기를 하는 겁니다. 아무리 생각해도 글쓰기 말고 생각과 언어를 바꿀 수 있는 훈련이 없어요. 글을 쓰면 발표를 해야 하고 발표하면 질문을 받아야 합니다. 이 과정을 통해 언어를 훈련할 때 비로소 마음의 장을 바꾸고 삶의 동선을 바꿀 수 있습니다. 이렇게 한 걸음씩이라도 나아가야 탐진치를 덜어 내어 무명에서 조금씩 벗어날 수 있다는 겁니다. "고요히 명상에 잠긴 수행자에게 진실로 법칙이 드러났다. 그 순간 모든 의심이 사라졌으니 괴로움의 원인을 알아낸 까닭이다."『마하박가』1, 42쪽 이런 이치입니다.


## 붓다의 환희심

부처님의 깨달음 이후 장면에 대한 묘사도 여러 버전이 있는데요. 어떤 버전에서는 일주일 동안 눈을 깜빡이지 않고 보리수 나무를 응시하는 장면이 있어요. 왜 이렇게 쳐다보고 있었던 걸까요. 보리수나무 아래에서 깨달음을 얻었기 때문에 그 고마움을 전하는 거라고 합니다. 아, 순간 먹먹했어요. 그런 생각은 상상도 못해 봤거든요. 붓다와 진리와 보리수의 삼위일체! 그러니까 자기와 마주치는 모든 인연을 얼마나 소중히 여기는가에 따라서 붓다인가, 중생인가를 알 수 있는 거죠. 그런데 그게 어려운 일은 아니잖아요. 그냥 몸으로 마음으로 표현하면 됩니다. 온 마음을 다해 바라보는 것만으로 축복과 경의를 표하는 거죠. 사실 이런 태도는 우리도 다 배울 수 있습니다. 신통력이 필요한 것도 아니고 신들의 가호가 필요한 것도, 영웅적 파워가 필요한 것도 아니니까요.

마음을 내면 온 우주와 연결된다는 것, 그게 연기법의 핵심입니다. 그리고 거기에는 사람만 있는 게 아니에요. 물건들과의 인연은 어떻게 보면 가족보다도 더 깊을 수가 있어요. 사물이 없으면, 또 물건들이 없으면 우리가 살아갈 수가 없잖아요. 그런데 그 사물이나 물건이 있으려면 그걸 만드는 사람, 공간, 장치 등이 다 있어야 하고, 또 호흡을 하려면 공기가 필요한데 그게 내가 숨쉴 만큼만 있어서 되는 게 아니죠. 우주를 다 덮는 하늘이 있어야 내가 숨 쉬는 공기가 있을 수 있는 거죠. 그리고, 이 하늘, 이 허공이 있으려면 온 우주가 있어야 됩니다. 이런 식으로 나의 호흡 하나가 순식간에 온 우주로 이어집니다. 나랑 무관한 게 한 가지도 없는 거죠. 이게 연기법이에요.

탐진치도 색수상행식도 다 덩어리라고 합니다. 덩어리는 해체를 해야 합니다. 내 욕망을 하나씩 미세하게 관찰함으로써 쪼개고 쪼개서 인과를 찾아가는 거예요. 내가 어떤 것을 원한다면, 그것은 무엇인지, 그것을 왜 원하는지를 묻고 또 묻는 거죠. 그럼, 인정욕망, 질투, 소유욕, 뭐 이런 덩어리들이 나오겠죠. 그리고 조금 더 파들어 가면, 식욕, 성욕과 같은 것들이 나올 거고요. 한마디로 인과론입니다. 지금까지 우리가 인과론을 이런 방식으로 쓰지 않았죠. 결과가 있으면 원인이 있는 거고, 나를 둘러싸고 고정시키는 덩어리가 있으면 그 덩어리를 만든 뭐가 있는 건 당연한 겁니다. 그런데 우리는 그걸 덩어리로 둔 채 그냥 '이건 나야', '나는 원래 이래', 이렇게 퉁치고 그걸 절대 쪼개지 않습니다. 오히려 세월이 지날수록 그 덩어리를 더 뭉치게 하는 거죠. 그러다 보면 나중에는 내가 왜 이러는지를 도무지 알 수가 없고, 어디서부터 쪼개야 할지도 모르게 되는 거죠. 그게 바로 무명입니다.

이렇게 정리하면 굉장히 평범한 얘기 아닌가요? 꼭 연기법이나 유전연기, 환멸연기, 이런 말들을 동원하지 않아도 그냥 우리가 일상적으로 자주 쓰는 논리입니다. 그리고 '결과가 있으니 원인도 있다', 이 정도는 누구든 동의할 수 있는 바예요. 다만 삶에 적용을 안 할 뿐이지 그 자체가 난해한 건 아닙니다. 공이 무엇인지, 아뢰야식이 무엇인지, 이런 논의들로 가면 어려울 수가 있겠지만, 제가 지금 이야기한 이 정도는 누구나 다 이해하고 동의할 수 있습니다. '내가 왜 이렇게 불편하지?', 아니면 '마음이 왜 이렇게 불안하지?'라는 생각이 들면, 그 지점에서부터 차츰차츰 나아가면 되는데, 인과법을 쓰지 않고, 바로 먹을 걸로, 술로, 유흥으로 도피를 해버리는 겁니다. 그렇게 무마하면서 습관적으로 돈을 벌고, 돈을 버는 데서 오는 성취감을 조금씩 느끼면서 그렇게 살아갑니다. 불안이 점점 커져 가는데 임시로 막아 놓고 사는 거죠. 그래서 중년 이후가 되면 다 마음이 헛헛하다, 답답하다고 하는데, 이 헛헛함과 답답함은 그만큼의 덩어리가 뭉쳐 있어서 어디서부터 뚫고 나가야 될지를 모를 때 오는 겁니다.

중년들은 대부분 이런 코스를 비슷하게 겪습니다. 이게 바로 윤회인 거죠. 그 수레바퀴를 벗어나려면 간단해요. 내가 왜 이토록 불안한가, 왜 이렇게 마음이 헛헛한가를 관찰하고 분석을 해야 하는 겁니다. 그렇게 한 걸음, 한 걸음 들어가면 이 덩어리들이 미세하게 쪼개지기 시작합니다. 그러면 그만큼의 공간이 확보되는 겁니다. 자유와 여유의 공간.

그러니까 우리가 지금 사는 게 사는 게 아닌 거예요. 피곤에 쩔거나 아니면 불안에 휘둘리거나 하면서 근근이 살고 있습니다. 이건 자기를 존중하지 않는 거죠. '나는 이것보다 행복할 권리가 있다'고 생각하라, '행복하거나 존재하지 않거나' 이런 말들이 있어요. 이건 그저 단순히 힐링과 위안의 말이 아니었어요. 연기법을 깨달은 붓다의 환희심을 보면서 그걸 확신하게 되었습니다. 우리에게도 그 기쁨에 가까이 다가갈 권리와 소명이 있는 겁니다.

# 수승화강과
# 니르바나

# 음허화동에서 수승화강으로

## 우리는 과연 평정을 원하는가

『동의보감』을 대표하는 양생의 대원칙은 '통즉불통'(通則不痛)입니다. 꽤 자주 들어 보셨죠? 그걸 좀더 구체적인 차원에서 표현하는 게 바로 '수승화강'(水昇火降)입니다. 수승화강이 무엇인지 알면 한의학에 입문했다고 할 수 있죠. 몸을 가장 균형 있게 잡아 주는 상태를 말하는 거예요. 음/양은 아직 구체적인 어떤 형식이나 물질은 아니고 에너지의 흐름인데, 그게 어느 단계에서 물하고 불로 바뀌면서 물질화됩니다. 거기서부터 창조의 프로세스가 시작되니까 사람의 몸도 물과 불이 가장 기본적인 축을 이루고 있어요. 물은 신장, 불은 심장에 있으면서 위아래로 상하축을 이루고 있는 거죠. 그리고 양쪽으로 목의 기운인 간과 금의 기운인 폐가 배치되어 있고, 토는 비위니까 가운데에 자리 잡고 있는 겁니다. 『동의보감』에서는 이 중에서 수직적인 축, 즉 불(심장)과 물(신장)의 축이 가장 중요하다고 보고 '수승화강'을 누누이 강조하고 있어요.

몸의 상태는 물론이고 불안과 평정 같은 것들도 이 수승화강으로 설명할 수가 있습니다. 감정의 기복이 심하다, 수승화강이 안 되는 겁니다. 낮밤이 뒤바뀌었다, 역시 수승화강이 안 되는 거죠. 인간관계가 자꾸 어그러진다, 이것 역시 심장과 신장의 축이 불균형 상태인 겁니다. 이처럼 수승화강의 개념은 다양한 차원으로 확장해서 적용할 수 있습니다. 핵심은 역시 균형이죠.

그럼 열반은 무엇일까요? 불교를 배우다 보면 열반이라는 말을 자주 듣게 됩니다. 보통 열반이라고 하면 도가 높으신 스님이 삶을 다 마쳤을 때 '열반에 드셨다', 이런 표현을 많이 하죠. 그래서 저도 '돌아가셨다는 뜻인가 보다', 이렇게 생각을 했어요. 그런데 열반은 '욕망의 모든 불이 꺼져서 고도의 평정에 도달한 상태'라는 뜻이더라구요. 그러니까 수행의 최고 경지를 뜻하는 겁니다. 형식적으로 보자면 죽음도 그런 상태 중의 하나인 거죠. 몸에서 벗어남으로써 욕망의 불꽃이 꺼져 버렸으니까요. 불교의 가르침을 세 가지로 정리한 것을 삼법인(三法印)이라고 하는데, 제행무상(諸行無常), 제법무아(諸法無我), 그리고 열반적정(涅槃寂靜)이 그것입니다. 무상과 무아를 터득해서 열반의 상태에 도달한다는 뜻이겠죠. 부처님은 성도 이후 45년간 설법과 유행을 하시다가 80세에 생을 마치시는데, 그때까지를 유여열반(有餘涅槃), 그 이후를 무여열반(無餘涅槃)이라고 합니다.

'유여'는 뭔가 여지가 있다는 것으로 몸을 가지고 있는 한 완전한 열반은 불가능하기 때문입니다. '무여'는 '나머지가 없다'는 뜻이죠. 삶을 마치면 몸이 사라지니까 무여열반인 거예요. 부처님이 입적하시고 나서 다비식을 했더니 뼈에 한 점의 찌꺼기도 없었다고 합니다. 그래서 사리는 구슬 같은 것이 별도로 나온 게 아니라, 모든 뼈가 너무 영롱해서 사리라고 했다고 하네요. 붓다의 사리가 몇 말이나 되어서 그걸 당시 인도에 있었던 8개 왕국에서 나눠 가졌다고 합니다. 다비식은 장작불로 하는데, 비용이 엄청나서 크샤트리아 이상만 다비식을 할 수 있었다고 합니다. 나머지 신분의 사람들은 할 수 없이 매장을 했죠. 하지만 동아시아에서는 반대였습니다. 높은 계급일수록 무덤이 어마어마하게 컸죠. 산 하나를 통째로 능으로 만들기도 했구요. 땅이 워낙 넓어서 그랬을 겁니다. 어쨌든 인도에서는 화장이 굉장히 고귀한 풍속이었던 거죠. 우리 시대는 대부분 화장을 하는데, 엄청난 고열로 고스란히 재가 되잖아요. 예전에는 목재를 써서 하니까 그렇지 않았겠죠. 그래서 화장을 하고 난 다음에도 완전 연소를 한 게 아니라 뼈에 이런저런 찌꺼기가 많았나 봅니다. 그래서 부처님의 사리가 경이로움을 던져 준 거죠.

그걸 무여열반, 찌꺼기가 하나도 없는 열반이라고 했는데, 이건 윤회의 잉여가 아무것도 남지 않았다는 뜻입니다. 그래서 붓다는 입적 이후엔 오로지 다르마, 법신으로서만 존재한다고 합니다. 그러니까 부처님이 환생한다, 이런 말은 없잖아요. 부처님은 오직 법으로, 양자역학적으로 말하면 법의 파동으로만 존재하는 겁니다. 그럼 우리가 어떻게 그걸 접할 수 있죠? 붓다의 다르마는 진리의 파동으로 온 우주에 가득한데, 어떻게 그 파동과 접속할 것인가는 각자의 몫이겠죠. 물론 이렇게 말하면 대개 상징이나 수사학으로 생각하기 쉽죠. 중생들은 보이지 않는 것을 잘 못 믿으니까, 그래서 색신이 나타납니다. 관세음보살, 문수보살, 지장보살, 이런 보살들은 형체를 가졌잖아요. 어떤 특별한 연기조건하에서 모습을 드러내시는 거죠. 보살들은 각자의 개성과 장기가 있어요. 관세음보살은 자비, 문수보살은 지혜 등으로. 자비의 다르마, 지혜의 다르마가 파동과 패턴으로 존재하다가 문득 형상으로써 현현하는 거겠죠.

중생들은 그것도 어렵죠. 관음보살, 문수보살과 직접 교신할 수 있는 중생이 몇이나 되겠습니까. 그래서 결국 화신이 되어서 온다는 겁니다. 그게 티베트불교에서 말하는 환생의 원리라고 하더군요. 사람의 몸으로 오는 겁니다. 사람으로 태어나 수행을 하고 도를 이루어 중생을 구제하고 지혜와 자비를 닦을 수 있도록 이끄는 거죠. 중생들에게 진리로 가는 길을 다양하게 펼쳐 주는 거죠. 물론 가이드가 친절하다고 모두 진리의 길에 들어서는 건 아니죠. 정작 그런 스승들을 만나도 요리조리 피합니다. 떠난 다음에는 또 애달파하고. 그래서 보살들과 화신들은 끊임없이 되돌아올 수밖에 없습니다.

티베트불교에서 많이 하는 기원문 중에 이런 것이 있습니다. '허공계가 존재하는 한, 중생계가 존재하는 한, 세세생생 살아서 중생을 구제하겠습니다.' 일종의 '보살서원'이라고 하는 건데요. 인문학자의 관점에서 보면 이런 서원은 정말 신기합니다. 인간이 어떻게 저런 걸 발원할 수가 있지? '허공이 존재하는 한, 중생이 존재하는 한 계속 되돌아와서 중생이 윤회를 벗어나는 길을 가도록 돕겠다'는 이런 서원은 우리가 감히 상상할 수도 없어요. 우리의 인식구조에는 그런 식의 비전이나 꿈 같은 건 없습니다. 어떤 대단한 인간도 그런 식으로 자기 삶의 방향을 설정하지 않죠. 화성을 정복하겠다, 영생을 위해 냉동인간이 되겠다, 세계 최고의 부자가 되겠다, 등등 엄청난 야망들이 있잖아요.

이 야망들의 공통점은 지극히 '자아중심적'이라는 겁니다. 쉽게 말해 이기적인 거죠. 오직 자기밖에 없는 거죠. 그에 반해, 위에 나오는 저 기원문에는 자아가 없어요. 오직 타자들의 행복만 있어요. 무슨 뜻일까요? 앞서도 말씀드린 거 같은데, 나라는 존재는 이미 충만하다는 뜻이죠. 더 부족한 것도 더 이룰 것도 없다는 것입니다. 그러니 이기심을 가져야 할 이유가 없는 거죠. 그럼 한번 생각해 봅시다. 자기의 욕망을 무한히 확장하는 것과 타인을 위해 온 존재를 헌신하는 것, 둘 중에서 어느 것이 더 인간적이고 보편적일까요. 당연히 후자입니다. 전자는 좀 유치한 거죠. 아직 어린애 상태다, 진화가 덜 되었다, 이런 느낌을 받습니다. 성숙과 진화, 그리고 완성이라는 관점에서 본다면 누구든 후자를 향해 나가지 않을까요. 그런 마음의 절대적 경지를 열반이라고 할 수 있습니다.

어디에도 치우치지 않는 절대적 평정, 자아로부터 완벽히 벗어난 충만함, 그래서 완벽하게 이타적인 마음을 유지할 수 있는 거겠죠. 우리는 거기에 도달하지도 못하고 어쩌다 도달해도 잠시도 유지하기가 어렵죠. 특별한 결핍이나 문제가 없을 때도 평화를 누리질 못합니다. 심드렁하거나 무료하거나, 다시 번뇌를 일으키죠. 간신히 도달한 균형과 평정을 스스로 깨는 데 몰두합니다. 무슨 뜻이냐면 열반은 고사하고 일단 마음의 평화를 유지하기 위해서도 고도의 수행이 필요하다는 겁니다.

저는 사실 스트레스가 훨씬 덜한 조건 속에 살고 있어요. 왜 그럴까 생각했더니, 우선 직업이 없습니다. 그러면 스트레스가 훨씬 줄죠. 그다음에 가족이 없다. 그다음에 부동산, 주식, 자동

차 등등, 굴리는 건 다 없어요. 그러면 스트레스가 생길 일이 없죠. 무엇보다 저는 지금도 좋아하고 나중도 좋아하고, 다음 생에도 하고 싶은 걸 하면서 살고 있습니다. 읽고 쓰고 말하고…^^ 그러니까 대체로 컨디션이 특별히 나빠질 만한 일이 없고 또 조금 피곤하면 바로 조정 국면에 들어가요. 너무 무리했으니 쉬는 데에 전력을 다하는 거죠.

이렇게 사는데도 일 년 중에 정말 내가 몸이 너무 편안해서 자유롭다고 느끼는 순간은 별로 없는 것 같아요. 들뜨고 불안하진 않지만 수승화강이나 니르바나가 함축하는 균형과 평정을 비슷하게도 못 누리는 거죠. 그러니 잘나가는 정규직에, 온갖 부귀를 누리면서, 늘 들뜬 채로 살아가는 이들은 얼마나 스트레스가 많을까요. 생각하면 마음이 짠합니다. 그래서 현대인은 열반이 무엇인지를 상상조차 못 하는 겁니다. 아마 열반의 상태를 조금이라도 짐작할 수 있다면 누구든 인생을 걸고 수행을 할지도 몰라요. 하지만 우리의 몸과 마음은 불안정과 불균형의 상태 속에 사는 데 너무 익숙한 것 같습니다. '사는 게 다 그런 거지, 뭐', 이러면서. 이건 일종의 숙명론, 허무주의에 속하는 거죠. 그래서 참 궁금한 것이, '모든 사람들이 행복을 원하는데, 그 행복 안에 수승화강, 심신의 평정 같은 내용이 있기는 할까?' 이런 생각이 듭니다.

## 음허화동과 불면증

자, 그럼 이제부터 구체적인 이야기를 해보도록 하겠습니다. 우선 수승화강부터 얘기를 해보면, 신장의 물은 올라오고 심장의 불은 내려가야 한다고 여러 번 말씀드렸죠. 그래야 수승화강이 되는 겁니다. 물은 아래로 흐르니까 아래에 있어야 되고, 불은 위로 타오르니까 위에 있어야 한다고 생각하기가 쉬운데요. 초기화는 물론 그렇습니다. 우리 몸의 구조를 보면, 수 기운을 관장하는 신장은 아래에 있고, 불의 기운을 관장하는 심장은 위에 있죠. 그런데 그 상태로 있으면 아무런 생명활동도 불가능하죠. 생명이 움직이려면 신장의 수기는 올라오고, 심장의 화기는 내려가야 합니다. 모든 물의 흐름에는 그 물을 흐르게 하는 불의 에너지가 있는 거예요. 안 그러면 고여서 썩습니다. 이게 참 신기한 일이에요. 물과 불은 상극인데, 이렇듯 서로 공존해야 합니다. 물은 불을 품고 있어야 흐를 수 있고, 불은 물을 품고 있어야 계속 연료를 공급받을 수 있는 겁니다.

이렇게 물은 불과 함께 올라오고, 불은 내려가서 물에 에너지를 공급해 줘야 해요. 이렇게 돌아가는 것이 수승화강입니다. 만약 이렇게 움직이지 않고 물과 불이 따로 놀면 그걸 '음허화동'(陰虛火動)이라고 하는 거예요. 대표적인 병증입니다. 일단 물이 아래에 고여 있으면 탁해지고 무거워집니다. 그러면 어떻게 될까요? 온갖 부종과 관련된 병이 생깁니다. 반대로 너무 많이 소모되면 당연히 진액이 고갈되겠죠. 일종의 물 부족 현상인데, 그런 상태를 '음허'라고 합니다. '진액이 마르는' 상태라는 뜻이죠.

이렇게 진액이 고갈되면 일단 혀가 잘 안 돌아갑니다. 술을 먹거나 유흥에 빠져 밤을 불태우게 되면 바로 나타나는 현상이죠. 또 눈이 뻑뻑하고 뇌 활동이 둔해져요. 다 진액 공급이 잘 안 되기 때문입니다. 물 부족 현상이 일어나면 그때부터 화 기운이 제멋대로 날뛰기 시작합니다. 주로 위쪽으로, 얼굴과 머리 쪽으로 치솟는 거죠. 촛불이 타오를 때 마지막에 촛농이 거의 사라지면 불꽃이 어지럽게 춤추는 것과 비슷한 현상입니다. 이런 현상을 화의 망동, 즉 화동이라고 합니다. 그러면 두통, 불면, 기억단절, 분열증 이런 증상을 앓게 됩니다.

이런 상태가 누적되다 보면 음허화동이 일상화되어서 몸 전체에 염증 반응이 생기게 됩니다. 그러면 늘 피곤하고 여차하면 열이 오르고 감정기복도 심해지고 그러죠. 병이 일어나기 직전의 상태, 『동의보감』에선 '미병'(未病)이라고 하는 상태를 일상적으로 겪는 겁니다. 그래서 요즘엔 현대의학에서도 염증수치를 굉장히 중시하더라구요. 암, 치매, 우울증 등 난치병들이 거의 다 염증수치와 관련이 있다는 게 밝혀진 거죠. 하긴, 코로나 바이러스 때문에 우리는 몸에 열이 난다는 게 얼마나 위험한지를 날마다 실감하고 있지 않습니까?

그리고 음허화동, 즉 수 기운이 고갈되고 화 기운이 망동할 때 일어나는 가장 중요한 증상 중의 하나가 불면증이에요. 불면증은 정말 현대인의 질병이 되어 버렸는데, 면역력 약화의 주범 중의 주범이죠. 병도 병이지만, 사람이 잠을 못 자면 일단 비관적이 돼요. 잠을 못 잔다고 해서 '나는 이제 두 배로 살게 됐어', '수명 늘었어', '이제부터 공부를 두 배로 하고, 운동도 두 배로 하겠어', 이렇게 되지 않잖아요. 그냥 잠을 못 자는 상태로 멈춰 있는 거예요. 정말 이런 상태에서는 활기 있거나 명랑해질 수 없겠죠. 이것도 참 신기하죠. 잠이 안 오는 데 왜 이렇게 세상이 슬프고 괴로워질까요? 그냥 잠이 안 올 뿐인데, 누워 있으면 되는데 말이죠. 그런데 그게 아니라는 거예요.

잠을 자는 것도 아주 중요한 생명활동인 겁니다. 그래서 수행을 해야 깊은 숙면, 꿈 없는 잠을 이룰 수 있다고 하는 거죠. 그거야말로 능력인 겁니다. 잠을 자는 능력. 『동의보감』에서는 잠을 못 잔다고 하면 '음허화동'으로 진단합니다. 신장이 주관하는 수 기운에 장애가 있다는 것이죠. 그런데 이걸 치유하려면 역시 잠을 잘 자야 합니다. 자는 동안 진액이 생성되거든요.

아무튼 물은 생명의 원동력이지만 흐르지 않고 고이면 썩어요. 또 너무 많이 쓰면 말라 버려요. 썩거나 마르거나, 다 우리 몸의 균형을 깨뜨리게 됩니다. 고여서 썩으면 늘 몸이 무거워 아래로 가라앉게 될 테고, 진액이 말라서 음허 상태가 되면 늘 들뜬 상태가 되는데, 그 중에서도 불면증이 제일 위험하다는 거 명심하시기 바랍니다. 잠을 잘 자려면 어떻게 해야 하냐구요? 고전을 읽으시면 됩니다.^^

## 불의 기운은 언제나 넘친다!

그러면 인간이 왜 이렇게 열반의 평정과 수승화강의 상태를 유지하기가 어려운가? 그건 인류학적으로 탐구해 볼 만한 과제입니다. 인간이 동물과 다른 점은 문명을 진보시켰다는 것이겠죠. 그럼 문명이라는 건 뭐냐, 인간이 인위적으로 자연의 조건을 바꾸고 창조하는 행위를 할 때부터 문명이 시작되는데, 이때 제일 중요한 게 불입니다. 불이 문명의 출발이고 혁명의 시작이에요. 지금 우리가 겪고 있는 디지털 혁명도 불의 혁명보다 더 큰 혁명일 수는 없어요.

이 불의 원리가 『주역』에서는 '중화 리'(重火 離, ☲)라는 괘에서 잘 드러나는데요. 8괘 중에서 불을 나타내는 리괘 두 개가 겹쳐져서 만들어진 괘입니다. 그래서 중화 리라는 이름이 붙었고요. 8괘 중에서 리괘의 모양(☲)을 보면 양(━)이 두 개 있고 사이에 음(╌)이 있어요. 그러니까 안에 음을 품고 있는 거예요. 물을 품고 있는 불. 이게 불의 원리라는 겁니다.

불이라는 게 세상을 비추잖아요. 세상을 비추니까 물질의 원리를 밝히고 그걸 바탕으로 각종 도구와 기계 등을 만들어 내게 됩니다. 문명은 이렇게 해서 우리에게 주어진 조건을 계속 재구성합니다. 땅을 뚫고 고속도로를 깔고 비행기 만들고 이런 게 전부 다 자연을 관찰하고, 자연의 원리를 응용해서 인간에게 이롭게 만드는 것이잖아요. 이렇게 불의 힘으로 시작된 문명은 비약적으로 발달을 했고, 그 결과 우리가 동물하고 굉장히 다른 존재가 되어 버렸습니다. 그런데 문제는 내면이 굉장히 공허하다는 거죠. 밖을 환하게 비추는 방향으로만 마음을 쓰면 자기 내면에 대한 통찰이 안 돼요. 이게 지금 인류가 처해 있는 상황 아닐까요? 그리고 외부의 물질조차도 마음대로 컨트롤이 잘 안 되죠. 이번에 확실히 알게 되었잖아요. 인간이 바이러스를 컨트롤할 수 없다는 걸. 전 세계의 부를 다 모아도 코로나를 퇴치할 수 없다는 것을. 기계문명의 진화를 보면 엄청난 위업을 달성한 거 같은데 어느 순간에 보면 다시 제자리에 있고, 역사가 엄청 진보한 듯한데 또 돌아보면 한 걸음도 못 나간 거 같고, 뭐 이런 상황인 거죠.

그러다 보니 물질적 풍요를 누리는 대가로 우리는 자신이 왜 이러고 사는지도 모른 채 살고 있다는 겁니다. 우리가 원래 출발했던, 생명과 존재의 베이스인 자연과 우주를 망각하고, 어디서 왔는지도 모르고 산다는 거죠. 그래서 스님들은 막 바쁘게 어디를 가는 사람을 보면 '니가 어디서 왔는지도 모르는데 어디를 그렇게 바쁘게 가냐'는 질문을 던져서 많은 사춘기 청년들을 출가시키더군요.^^

그 말이 정말 맞잖아요. 어디서 왔는지, 어디로 가는지도 모른 채로 막 살죠. 그렇게 굉장히 열심히 살다가 어느 날 갑자기 죽습니다. 그런 점에서 모든 죽음은 돌연사라고 할 수 있어요. 언제 어떻게 죽을지 예측할 수 없다는 것도 문제지만, 죽음에 대한 아무런 이해도 없이 죽음을 맞이한다는 점에서 정말 무명의 극치입니다. 우리가 죽는다는 것을 정확히 예측할 수만 있어도 이렇게까지 불안하진 않을 거 같아요. 또 죽음이 무엇인지를 이해한다면, 이렇게 욕망을 불태우면서 자연을 난개발하지는 않을 거 같습니다. 불교사에 등장하는 선승들은 어느 날 몇 시에 마지막 호흡을 마치는지를 다 아신다고 하는데, 그렇게까지는 몰라도 됩니다. 다만 우리가 '죽는 존재' '매 순간 죽어가는 존재'라는 것만 잊지 않으면 이 삶이 참 소중하고 그러면 저절로 선하게 살게 되지 않을까 싶습니다.

이렇게 불의 속성은 문명과 연결되는데요. 이런 특성은 서양 문명이 훨씬 더 강합니다. 동양은 문명이 출발하는 시기부터 화 기운이 치성해지는 것을 경계하고 조절하는 고도의 윤리적 장치를 마련해 왔는데, 서양은 오히려 화 기운을 좀더 다이내믹하게 쓴 것 같다는 생각이 듭니다. 서양에서는 프로메테우스의 불이 문명의 시작인데 프로메테우스는 반인반신이라고 합니다. 인간과 신들의 경계에 있는 존재인 거죠. 그런데, 프로메테우스가 신들의 향연을 보고 거기에서 불을 훔쳐서 인간에게 준 거예요. 그 대가로 간을 쪼아 먹히잖아요. 그런데 간은 날마다 재생이 되니까 영원히 그 형벌을 받는다고 합니다. 굉장히 끔찍한 스토리인데, 다른 한편 영웅적인 희생이나 숭고함 같은 서양식 미학의 특징이 잘 드러나는 신화입니다. 그런데 프로메테우스가 불을 왜 훔쳤는지 아시나요? 신들이 불로 고기를 익혀 먹는 걸 보고 인간도 고기를 익혀 먹게 하려고 불을 훔쳤다는 거예요. 문명의 시작부터 육식의 향연이 시작되는 겁니다. 불의 문명과 육식의 향연. 오늘날 육식산업의 기원을 알려 주는 셈이죠.

정말 이 육식산업이야말로 현대인들의 무시무시한 까르마가 되었죠. 이제는 서양인들뿐만 아니라 전 세계가 맥도날드와 햄버거 없이는 살 수 없게 되었죠. 우리나라는 어느새 치킨공화국이 되었구요. 동양에서는 그런 식의 도축이 가능하지도 않고 상상도 해본 적이 없었는데, 현대로 오면서 오로지 고기를 생산하기 위한 끔찍한 산업이 동양에서도 일반화되었습니다. 코로나 바이러스의 출발도 따지고 보면 육식에 대한 탐닉에서 비롯되었고, 기후재난 역시 마찬가지죠. 더 중요한 건 이런 육식은 사람들의 내면에 엄청난 폭력성을 야기하고 그로 인한 범죄와 질병,

각종 심리적 징후들은 이루 말할 수가 없습니다. 이런 식의 구조를 바꿀 수 없다면 포스트 코로나 이후의 비전은 불가능할 거 같습니다. 그래서 요즘 10대들은 자발적으로 비건을 선택하는 경우가 늘어난다고 하더라구요.

어쨌든, 프로메테우스의 불은 혁명의 비유로 많이 쓰였습니다. 마르크스의 전기 중에 '프로메테우스'라는 제목의 책이 잘 알려져 있는데요. 마르크스의 계급혁명이 프로메테우스의 신화적 숭고함에 비할 수 있다고 보는 거죠. 하긴 20세기 이후 인류는 양차대전과 홀로코스트, 각 지역의 혁명과 기술혁신 등등 다 맹렬한 불꽃에 휩싸여 있었죠. 개인들도 마찬가지죠. 모두들 꿈꾸는 것은 불타는 사랑과 낭만, 젊음을 불사르는 예술혼 등등 온통 화 기운에 감싸여 있었죠. 물의 유동성, 진리의 파동, 심연으로의 항해 같은 말은 거의 없었던 거 같습니다.

이런 문명의 성격 때문에 우리는 양생적으로 항상 불이 태과할 수밖에 없는 조건 안에서 태어나게 됩니다. 말하자면, 이미 불이 넘치는 상태인 거죠. 동양의역학에서는 자연의 기상학적 흐름을 오운육기(五運六氣)라는 원리로 보는데, 오운은 목화토금수, 육기는 풍한서습조화(風寒暑濕燥火)라고 합니다. 그런데 육기는 오운(목화토금수)에서 불이 하나 늘어나서 여섯 개가 되는 겁니다. 불이 하나 더 더해져 있는 거죠. 지구의 조건도 지구가 기울어져서 자전과 공전을 하고 있잖아요. 겨우 균형을 잡고 있긴 하지만 매번 조금씩 조금씩 어긋납니다. 한 번도 동일하게 돌지를 않아요. 이걸 불이 넘치는 걸로 보는 거고요.

이런 시공의 원리에 상응하여 우리 몸에도 불이 하나 더 있는 것으로 파악합니다. 그래서 심장에 있는 불을 '군화'(君火), 간과 신장에 있는 불은 '상화'(相火)라고 합니다. 군화는 생명을 유지하는 데 핵심이 되는 불로 몸 전체에 따뜻한 기운을 보내 주는 불인데, 상화는 잉여의 불로 계속 유동적으로 움직입니다. 그렇다면 이 잉여적 화기를 어떻게 쓸 것인가? 그게 관건입니다. 크게 보면 둘 중 하나겠죠. 욕망의 원료로 쓸 것인가, 아니면 창조적 에너지로 쓸 것인가.

일단 이 상화의 불을 창조적으로 썼기 때문에 지금까지 문명의 발전이 가능했다고 할 수 있습니다. 그런데 자본주의는 거기에 욕망을 극대화하는 불을 더 보태고 말았습니다. 그와 동시에 모든 것이 지나쳐 버렸죠. 지나치게 편리하고, 지나치게 아름답고, 지나치게 화려하고…. 이렇게 살다 보면 다들 상화를 지나치게 소모할 수밖에 없습니다. 이건 음허화동을 넘어 상화망동, 심하게는 허화망동이라고 합니다. 잉여의 불꽃이 제멋대로 날뛴다는 뜻이죠.

사실 기술이 고도화될수록 삶은 점점 더 소박해져야 해요. 그렇지 않습니까? 기계가 노동을 대신하고, 디지털이 세상을 다 연결시켜 주는데, 왜 우리가 더 복잡하고 화려하고 더 많은 것을 소유해야 할까요? 그건 우주의 이치에 완전히 어긋나는 겁니다. 해도해도 너무한 거죠. 신체적으로 보자면, '음허화동'의 극치예요. 그래서 코로나 이후의 삶은 정말 소박하게 바뀌지 않으면 안 됩니다.

오늘날 물질의 풍요로움은 정말 대단하죠. 인터넷이 얼마나 대단합니까. 방 안에 앉아서 수천 리 떨어진 대륙과 연결된다는 것이. 소통과 공감의 길이 이렇게 드넓게 열렸다는 사실, 이것만으로도 충분한 거예요. 이런 지복을 누리려면 그 허화망동하는 것들은 그만 내려놓아야 합니다.

# 번뇌의 독화살을 뽑아라

## 이 세상도 저 세상도 다 버린다

그래서 동양의 모든 고전은 '중'(中)을 매우 강조했습니다. 『주역』에서는 특히 중정(中正)이라는 개념이 핵심이죠. 『주역』을 배워 보면 중과 정이 얼마나 중요한지 실감이 됩니다. 『주역』의 모든 괘의 해석에서 중의 자리에 있는지 없는지가 핵심입니다. 그리고 음양의 순서에 맞게 제 자리를 지키고 있는 것이 정이고요. 서로 짝이 되는 효들끼리의 관계를 '응'(應)이라고 합니다. 중, 정, 응 등 이런 식의 배치를 통해 각 효 사이의 역동적 스릴을 만들어 내는 것이 주역의 이치입니다. 그리고 『중용』은 아예 그런 이치를 바탕으로 인간이라면 지켜야 할 윤리적 준칙을 만든 거죠. 동서양 고전의 지혜를 한 단어로 집약한다면 '중'이라고 할 수 있습니다. 중은 단순히 가운데나 절충이 아닙니다. 고도의 긴장 속에서 구성되는 균형점이라고 할 수 있죠. 그때그때 현장에서 구성되는 것이라 정해진 룰도 없어요.

이렇게 모든 고전이 중을 강조하는 것도 문명 자체가 불에서 시작했기 때문일 겁니다. 불은 항상 넘칠 소지가 많은 데다가 그동안 계속 넘치게 써 왔죠. 그리고 우리 몸에도 상화가 하나 더 있는데 상화를 잘 조절해서 창조적 에너지로 쓰기보다 주로 쓸데없는 데 과열해서 써 온 거죠. 그러니까 수승화강이 얼마나 어려운 건지 알 수 있습니다. 술 담배 안 하고 몸에 이로운 것만 먹으면 될 거 같지만 그걸로는 부족합니다. 마음을 쓰는 방식, 사람들과 관계 맺는 방식 등을 들여다보면 거의 다 '상화망동'에 가깝습니다. 어떻게 해야 이 허망한 불꽃을 끌 것인가?

부처님의 깨달음도 중도를 설파하십니다. 여기서 중이란 아주 다양한 의미를 내포하고 있습니다. 일단 양쪽 극단에 치우치지 않는 겁니다. 예를 들면, 비파나 기타의 줄이 너무 팽팽하면 끊어지고, 너무 느슨하면 음을 낼 수가 없죠. 그러니까 이걸 소리가 나게 맞추려면 적당히 조여야겠죠. 팽팽하지도 않고 느슨하지도 않게. 그래야 계속 안정적으로 연주를 할 수 있겠죠.

우리의 삶도 마찬가지입니다. 평소에는 대체로 산만하고 느슨한 상태로 살아요. 산만한 것은 편안한 게 아닙니다. 멍하고 흐릿한 상태예요. 줄이 다 늘어져 있는 셈이죠. 그러다가 갑자기 '이렇게 살 수는 없어', 하면서 목표를 설정합니다. 그때부터는 또 너무 팽팽하게 조여 버립니다. 갑자기 이를 악물고 목표를 향해 질주하는 거죠. 스트레스가 이만저만이 아니겠죠. 결국 못 견디고 한순간에 다 놔 버립니다. 그 전에 몸이 먼저 무너질 수 있구요. 이런 극단의 상태를 오락가락하지 않으려면 중심을 잡아야 합니다. 방심도 아니고 몰두도 아닌, 일상의 자연스러운 리듬 속에서 긴장을 유지할 수 있는 포인트, 그게 중도겠죠.

그다음으로 『숫타니파타』에 이런 구절이 자주 등장합니다. "이 세상도 저 세상도 다 버린다." 앞에서 인용한 '무소의 뿔처럼 혼자서 가라', '소리에 놀라지 않는 사자처럼 그물에 걸리지 않는 바람처럼 진흙에 물들지 않는 연꽃처럼' 그렇게 가라고 한 뒤에 후렴구처럼 붙는 말입니다. "이 세상도 저 세상도 다 버린다." 그런데 이 말이 참 어렵잖아요. 이 세상을 버리는 건 알겠는데, 그다음에 저 세상, 즉 피안에 이르는 게 아니었나, 라는 생각이 드는데 말이죠. 그런데 저 세상도 버려야 한다는 겁니다. 이 세상을 버린다는 건 세속적 삶에 대한 집착을 내려놓으라는 뜻인데, 그럴 때 우리가 흔히 하는 생각이 내세에 천국이나 극락에 태어나고 싶다는 마음이에요. 바로 그 욕망에서도 벗어나라 이런 뜻입니다. 세속적 욕망이나 내세의 지복을 바라는 마음이나 다 탐진치의 연장이기 때문이죠. 이 세상과 저 세상이라는 이분법에서 벗어나는 것, 그것도 역시 중도의 가르침에 속합니다. 둘 사이에서 전혀 새로운 길을 찾아 내는 거죠.

불교는 참 특이한 게 무신론이잖아요. 앞서도 말씀드렸다시피, 신들의 세계에 가거나 신이 되어 태어나는 것조차 윤회의 한 코스라고 여기거든요. 인간, 아수라, 신, 축생, 아귀, 지옥, 이렇게 육도윤회(六道輪廻)를 하는 거예요. 대부분의 종교는 죽은 다음에 신들의 세계에 태어나는 걸 목표로 하죠. 그래서 많은 제물을 바치고 날마다 예배를 드려서 그 신에게 사랑을 받아야 합니다. 그래야 신들의 세계에 갈 수 있으니까요. 하지만 불교는 그것을 목표로 하지 않습니다. 내세에 대한 표상을 강하게 갖고 있으면 거기에 다시 끄달리게 됩니다. '과연 구원을 받을 수 있을까, 아닐까', 이런 걸 의식하면서 자기검열에 빠지게 되겠죠. 그럼 일단 마음이 늘 초조합니다. 생리적 균형도 깨지게 됩니다. 이런 상태가 지속되면 음허화동이나 상화망동의 상태에 빠지기 십상이에요.

그래서 이런 상태는 깨달음과는 아주 거리가 멉니다. 붓다의 깨달음은 일단 그 어떤 욕망, 기대, 표상에도 걸리지 않는 것입니다. 그러니까 '무소의 뿔처럼 혼자서 가라', 다시 말해 그 어떤 세상의 관습과 가치에도 걸리지 않으려면, 이 세상에서 누리는 세속적인 욕망과 성공에도 집착하지 않아야 하지만 동시에, 저 세상에 대한 미련, 환상, 기대도 다 버려야 한다는 겁니다. 그래야 비로소 누구에게도 의지하지 않고 혼자 갈 수 있겠죠. 그때 누리는 지극한 평온함과 자유, 그게 열반이라는 겁니다.


## 일체가 다 불타고 있다

수행승들이여, 일체가 불타고 있다. 수행승들이여, 어떻게 일체가 불타고 있는가? 수행승들이여, 시각도 불타고 있고 형상도 불타고 있고 시각의식도 불타고 있고 시각접촉도 불타고 있고 시각접촉을 조건으로 생겨나는 즐겁거나 괴롭거나, 즐겁지도 괴롭지도 않은 느낌도 불타고 있다. 어떻게 불타고 있는가? 탐욕의 불로, 성냄의 불로, 어리석음의 불로 불타고 있고, 태어남 늙음 죽음 우울 슬픔 고통 불쾌 절망으로 불타고 있다고 나는 말한다. 『쌍윳따니까야』 「연소에 대한 법문의 경」

이게 그 유명한 산상설법(山上說法)입니다. 불의 신 아그니를 섬기던 외도의 무리를 한꺼번에 굴복시킨 후, 붉게 물든 산을 보면서 가르침을 설했기 때문에 산상설법이라고 합니다. 예수의 산상수훈과 종종 비교되는 대목이기도 하구요. 부처님이 보기에 인간은 존재 자체가 온통 불입니다. 시각, 형상, 느낌, 생로병사의 모든 과정이 불타고 있습니다. 정말 리얼한 표현 아닙니까. 지금이야말로 전 세계는 말 그대로 불구덩이죠. 여기저기 대륙에서 몇 달씩 산불이 나고, 화산이 폭발하고, 그 불꽃들로 북극이 녹아 내리고 만년설이 사라지고…. 어디 그뿐입니까. 사람들의 마음에는 탐진치의 불꽃이 경연을 벌이고 있습니다. 이렇게 열심히 살고 있는데도 결론은 늘 슬픔과 절망입니다. 그래서인지, 자기 삶을 긍정적으로 해석하는 경우가 정말 드뭅니다. 늘 불평과 한탄을 멈추지 않습니다. 거기에서만 벗어나도 마음의 불을 꽤 끌 수 있어요.

자, 이와 같이 해서 청각과 소리, 후각과 냄새, 미각과 맛, 촉각과 감촉, 정신과 사실에 대하여도 동일하게 반복됩니다.『쌍윳따니까야』 이렇게 우리라는 존재는 끊임없이 불타고 있죠. 마치 영원히 살 것처럼, 늙지도 않고 죽지도 않을 것처럼 말입니다. 하지만 "태어나 죽지 않고자 하나, 그 방도가 결코 없습니다. 늙으면 반드시 죽음이 닥치는 것입니다. 뭇 삶의 운명은 이러한 것입니다."『숫타니파타』「화살의 경」 바로 그 때문에 싯다르타 왕자가 출가하게 된 거죠. 나도 늙는다는 것, 나도 늙으면 병든다는 것, 병들면 고통스럽게 죽어야 한다는 것을 알게 된 겁니다. 그러니까 젊은이들은 그 젊음이 지속되고 고통이나 늙음이 오지 않을 거라고 생각을 하기 때문에 몸에 있는 물과 불을 막 함부로 쓰는 거죠. 그런데 노병사를 피할 수 없다는 걸 눈으로 목격했을 때, 싯다르타 왕자는 청춘, 건강, 장수에 대한 모든 환상과 교만에서 벗어납니다. "결국 익은 과일처럼 떨어져야 하는 두려움에 처합니다. 이 처럼 태어난 자들은 죽어야 하고 항상 죽음의 두려움에 떨어집니다. 옹기장이가 빚어 낸 질그릇이 마침내 깨어지고 말 듯, 사람의 목숨도 또한 그렇습니다. 젊은이도 장년도 어리석은 이도 현명한 이도 모두 죽음에는 굴복해 버립니다. 모든 사람은 반드시 죽습니다. […] 세상 사람은 죽음과 늙음에 삼켜져 버립니다. 그러므로 현명한 사람들은 세상의 이치를 알아 슬퍼하지 않습니다." 『숫타니파타』「화살의 경」

이 구절이 참 재밌죠. 누구나 죽는다는 이치를 알면 죽음 앞에서 슬퍼하지 않는다, 이게 정말 역설입니다. 절대 안 죽을 것 같이 사는 사람들은 자기 주변에 누가 죽거나 자기에게 죽음이 다가오면 말할 수 없이 고통스러워합니다. 정작 늘 죽음을 생각하며 산 사람들은 죽음 앞에서 대체로 덤덤할 수 있죠. 티베트나 인도 사람들은 죽음은 거대한 윤회의 사이클이라 여기니까 애도와 동시에 다음 생에 대한 기원을 함께 한다고 합니다.

우리도 가끔, '다음 생에 다시 만나, 그때도 엄마의 딸로 태어날게', 이런 식의 애도사를 하긴 하는데, 솔직히 말하면 그건 일종의 레토릭에 불과하죠. 죽음에 대한 깊은 탐구가 수반되지 않아서 그렇습니다. 더 결정적으로 거기에는 지금 나와의 인연을 계속 잇고 싶다는 욕망이 포함되어 있어요. 죽음, 그리고 다음 생을 통해 우리는 더 나아가야 합니다. 새로운 인연을 만나고 영적으로 더 진보하고. 그래야 하는데, 그걸 계속 붙잡고 싶은 마음에 머물러 있는 거죠.

또 한 가지 우리가 흔히 하는 애도사 중에서 천국에서는 더 행복하기를, 부자되기를, 아프지 말기를, 이런 말들을 종종 하는데, 이 또한 허망하긴 마찬가지입니다. 지금 누리지 못했던 행복, 주로 물질적이고 감각적인 즐거움을 누리라는 염원인데, 아무리 생각해도 그건 좀 이상합니다. 죽음은 몸이 사라지는 건데, 그 상태에서 물질적·감각적 즐거움이 무슨 의미가 있을까요? 그럼 결국 다음 생에서 몸을 가진 다음에 그런 즐거움을 누리라는 뜻일 텐데, 그게 과연 참된 기원이 될 수 있을까요? 우리는 사실 그렇게 복을 타고난 사람들을 좋아하기보다 질투하고 미워하지 않습니까? 이렇게 묻기 시작하면 아마 다들 뭐 그렇게까지 생각해야 하나? 아, 잘 모르겠고, 등등의 반응이 나옵니다. 맞습니다. 우린 별로 생각하지 않습니다. 죽음에 대해, 애도에 대해, 죽음 이후의 생의 변전에 대해. 그래서 지금부터라도 생각을 해야 합니다. 생각 정도가 아니라 생사에 대한 깊은 통찰이 필요한 시점입니다.

작년에 저희 어머니가 돌아가셨어요. 아버지는 몇 년 전에 돌아가셨고, 어머니마저 세상을 뜨신 거죠. 그래서 저는 마침내

고아가 되었습니다.^^ 경자년(1960년)에 스무 살의 나이로 저를 낳으시고 경자년(2020년)에 떠나신 거예요. 저는 환갑을 맞이했고, 저희 어머니는 생을 마치신 셈이죠. 코로나에 어머니의 죽음까지, 정말이지 2020년은 제 인생사 최고의 변곡점이 될 거 같습니다. 저희 어머니, 아버지는 낳아 주고 길러 주신 것뿐 아니라 제가 하는 공부를 전폭적으로 지원해 주셨어요. 그러면 어떻게 하는 게 보답일까요. 가장 우선적으로 제가 좋은 사람이 되어야 합니다. 그러면 저희 엄마, 아버지는 낳고 기르고 뒷바라지 해준 보람이 있으시겠죠.

그런데 어떤 사람이 좋은 사람이죠? 자기도 좋고 세상에도 이로운 삶을 사는 사람이겠죠. 불교식으로 말하면, 자리이타(自利利他), 곧 자기도 이롭고 남도 이롭다는 윤리입니다. 자기가 지금 너무 힘들고 부족한데 남을 도울 수는 없는 거죠. 그러니까 남을 이롭게 한다. 그러면 우리는 당장 부자가 되어 가난한 사람들을 돕는 것을 떠올리거나 나는 힘들지만 억지로 타인 혹은 가족을 위해 희생하는 것을 떠올리는데, 그것과는 좀 다릅니다. 자리이타라는 건 재물이나 권력으로 돕는 게 아닙니다. 희생이나 헌신과도 다릅니다. 내가 행복하지 않은데, 나의 헌신을 받는 대상들이 행복할 수가 있을까요? 그럼 어쩌라는 거냐? 간단합니다. 내가 마주치는 모든 사람이 지혜와 깨달음을 향해 나아가도록 돕는 겁니다. 그래야 진정한 자유, 진정한 복을 누릴 수 있으니까요. 그러려면 당연히 나 자신이 그 방향으로 나아가고 있어야겠죠. 그러면 물질적 순환도 자연스럽게 이루어집니다. 내가 넉넉하면 나누면 되고 내가 좀 모자라면 도움을 받으면 되고. 주고받음이 자유로운 그런 삶을 살 수 있다면 그게 정말 좋은 사람일 겁니다.

저희 부모님은 광산촌에서 참 가난하게 사셨는데, 제가 공부하는 걸 진짜 좋아하셨어요. 대학 졸업하고 취직도 못하고 빌빌거리다가 대학원 진학을 했는데, 그때도 어찌나 좋아하시던지 제가 당황스러울 지경이었습니다. 박사학위 받고도 대학에 취업을 못했는데도, 아버지는 박사면 충분하다고 하셔서 저를 또 당황시키셨고요. 어쩌면 그냥 내 딸이 공부를 계속 하는 게 참 좋다, 그걸로 충분하다, 그런 마음이셨던 거 같아요. 그런데 정작 본인들은 공부를 못 하셨단 말이에요. 제가 그렇게 많은 책을 쓰고, 전국 곳곳에서 강의를 했는데도, 정작 부모님들과는 책에 담긴 내용을 주고받지 못했습니다. 그게 가장 아쉽고 마음이 아픕니다.

그래서 엄마가 돌아가셨을 때, 이제 보답할 길은 하나밖에 없다, 이제부터 정말 좋은 사람이 되어야겠다는 결심을 했어요. 내가 한심하게, 이기적으로 살아간다면 저를 낳고 기르고 공부시킨 평생이 참 허무해지지 않겠습니까? 그리고 그 허무함과 배신감이 이 허공에 가득하지 않을까요? 그러면 그런 마음의 파동이 우리 부모님의 다음 생에도 따라다닐 테고.

그래서 자리이타의 삶을 사는 것으로 애도를 하고 작별을 하려고 합니다. 여러분도 언젠가는 다 부모님과 작별을 해야 하고 혹은 이미 하신 분들도 많을 텐데 슬픔과 상실감에 빠져 있는 건 누구에게도 도움이 되지 않아요. 망자가 그런 것을 원한다는 착각에 빠져 있다면 당장 벗어나시길 바랍니다. 진정한 애도는 죽음에 대한, 그래서 지금 여기의 삶에 대한 탐구라는 걸 잊지 마시고요.


## 비우는 만큼 공감한다

그대는 오거나 가는 사람의 그 길을 알지 못합니다. 그대는 그 양끝을 통찰해 보지 않고 부질없이 슬피 웁니다. […] 울고 슬퍼하는 것으로서는 평안을 얻을 수 없습니다. 다만 더욱더 괴로움이 생겨나고 몸만 여윌 따름입니다. 자신을 해치면서 몸은 여위고 추하게 됩니다. 그렇다고 망자를 수호할 수 있는 것도 아니니, 비탄해 한들 아무 이익이 없습니다. 사람이 슬픔을 버리지 않으면 점점 더 고통에 빠져듭니다. 죽은 사람 때문에 울부짖는 자들은 슬픔에 정복당한 것입니다.「화살의 경」

제가 오늘 달라이라마에 대한 책을 읽다가 왔는데, 달라이라마는 평소에 하도 찾아오는 사람이 많으니까 분초 단위로 접견을 한다고 합니다. 그런데 누구를 만나든 그 사람의 눈과 말에 집중한다는 겁니다. 그러니까 신통력이라는 게 무슨 이적을 일으키는 것이 아니라 지금 눈앞에 펼쳐진 현장을 삶의 전부로 받아들일 수 있는 힘인 거죠. 그런데 참 어려운 일이잖아요. 달라이라마가 만나는 사람들이 즐거운 소식만 가지고 오는 게 아니고 굉장히 무거운 마음을 가지고 오는 사람도 있을 거 아니에요. 그러면 그 슬픔에 깊이 공감해 줘야 하겠죠. 그리고 가장 괴로운 건 뭐겠어요. 티베트 사람들이 겪은 고난일 거 아니에요. 그 이야기들을 읽으면 눈으로 글자를 읽는 것만으로도 오장육부가 뒤틀릴 정도로 고통스러워요. 그런 체험들을 달라이라마께 와서 막 쏟아 내는 거죠. 그 설움, 그 비탄이 오죽할까요? 그런 감정에 계속 휩싸이다 보면 몸을 추스르기도 어렵겠다, 이런 생각이 들지 않나요? 그런데 저런 세월을 무려 60년이나 겪었는데도 어떻게 달라이라마의 얼굴에 자비와 공감이 흘러넘칠 수가 있을까요? 각종 평전을 읽다가 이런 궁금증을 풀어 줄 만한 대목이 눈에 띄었어요.

접견실에서 달라이라마가 사람들을 만나는 장면을 오랫동안 관찰한 분의 증언인데요. 달라이라마는 저런 슬픈 이야기를 들으면 깊이 공감을 합니다. 그 연민과 자비로 충분히 위로를 해

주는 거죠. 그러고는 그 사람이 나가잖아요. 그러면 다른 사람이 오기까지의 시간에 이전의 감정을 완전히 비우는 명상 자세에 들어가신다는 거예요. 아주 짧죠. 그 짧은 순간에 완전히 비운 채로 다음 사람을 만나는 거예요. 이 사람은 또 이전과 전혀 다른 맥락과 감정으로 이야기를 할 테죠. 당연히 거기에도 전폭적으로 공감을 표합니다. 그리고 다시 그 사람이 나가고 다른 사람이 들어오는 그 짧은 시간에 자세를 잡고 바로 이걸 싹 비워서 이전의 감정의 흔적이 사라지게 하는 겁니다.

와, 이래서 관세음보살의 화신이라고 하는 거겠죠? 1959년에 라싸를 탈출할 때도 마지막 순간까지 엄청난 고민을 하다가 결국 탈출하기로 결정하고는 자신의 수호신이 있는 불당에 들어가서 부처님의 경전을 읽습니다. 그런데 경전을 폈는데, "담대하고 용기를 잃지 말라"였어요. 그 대목을 읽고는 딱 멈춥니다. 그리고 불당을 나오는 순간 모든 감정이 싹 비워집니다. 그렇게 표현되어 있어요. 그때 자신에게는 어떤 감정도 남아 있지 않았다고. 이런 게 수행의 힘이겠죠. 무슨 이적을 행사하는 게 아니잖아요. 집중과 비움이 동시적으로 이루어지는 그런 마음의 상태를 유지하는 거죠. 그러니까 누구든 수행을 한다면 모두 그런 경지에 도달할 수 있을 겁니다. 그게 언젠지 알 수가 없다는 게 좀 아쉽지만. 그러니까 앞의 인용문에서 우리가 슬픔에 울부짖고 두려움에 떨고 아우성치고 하는 건 슬픔에 정복당하는 것일 뿐 아무 의

미도, 소용도 없다고 한 것입니다. 그런 점에서 불교는 정말 '까칠하게' 느껴질 정도로 논리적입니다.


## 일어나서 앉으라

> 스스로 지은 업으로 인해 다시 태어날 운명에 처한 다른 사람들, 죽음에 정복당해 전율하는 세상의 뭇 삶들을 보십시오. 가령 사람이 백 년을 살거나 그 이상을 산다고 할지라도 마침내는 친족들을 떠나 이 세상의 목숨을 버리게 됩니다. […] 단호하고 지혜롭고 잘 닦인 현명한 님이라면, 불난 보금자리를 물로 끄듯, 바람이 솜을 날리듯, 생겨난 슬픔을 없애야 합니다. 「화살의 경」

우리가 오래 산다는 것의 개념이 참 모호합니다. 우리가 100세를 산다 해도 언젠가는 떠나야 하는 때가 오는 거죠. 요즘에는 50~60대에 죽으면 '좀 아깝다', 이런 생각을 하는데, 20대에 죽은 청년을 기준으로 하면 상당히 오래 살았다고 볼 수 있죠. 이런 식으로 유추해 보면, 80, 90대가 되어도 마찬가지입니다. 나이에 상관없이 어느 때건 모든 죽음은 느닷없고, 돌연하고, 허무합니다. 왜 그럴까요? 죽음에 대한 탐구를 하지 않았기 때문이죠. 죽음에 대한 아무런 준비가 없어서 그런 겁니다. 그러면 슬픔에 휘둘리는 것 말고는 방법을 잘 모릅니다. 그게 바로 번뇌의 화살입니다.

"자신을 위해 행복을 구하는 님이라면, 자신에게 있는 비탄과 애착과 근심과 자기 번뇌의 화살을 뽑아 버려야 합니다. 번뇌의 화살을 뽑아, 집착 없이 마음의 평안을 얻는다면, 모든 슬픔을 뛰어넘어 슬픔 없는 님으로 열반에 들 것입니다."「화살의 경」 이런 이야기들이 계속 이어지는데, 슬픔에 빠지는 사람은 삶의 쾌락에 대한 집착이 그만큼 크기 때문입니다. 이걸 놓는 연습을 안 했기 때문에 갑자기 크나큰 상실감에 휩싸이면서 비탄에 빠지는 거죠. 그러니까 치달리지 않으면 뒤처지는, 이걸 왔다 갔다 하는 거죠. 이 양극단을 벗어나서 평정에 도달하기 위해서는 부질없는 슬픔을 버려야 한다는 겁니다. 그리고 그게 바로 열반이라는 겁니다. 그럼 번뇌의 화살을 뽑아서 열반에 도달하려면 어떤 수행을 해야 할까요?

"일어나서 앉으라. 평안을 얻기 위해 철저히 배우라. 그대들이 방일(放逸: 제멋대로 방탕하게 놂)하여 그 힘에 굴복한 것을 죽음의 왕이 알고 현혹하지 못하게 하라. 거기에 신들과 인간들이 기대고 바라는 그 애착에서 벗어나라. 찰나를 그냥 보내지 말라. 순간을 헛되이 보내면, 지옥에 떨어져 슬퍼하기 때문이다. 방일하는 것이야말로 언제나 티끌이다. 티끌은 방일하는 것 때문에 생긴다. 방일하지 않고 명지(明知)로써 자기에게 박힌 화살을 뽑아라.」「용맹정진의 경」 신들은 복락을 더 지속하고 싶어 하지만 그것도 결국 끝이 있는 거고, 인간은 어떻게든 신들의 세계에 들어가서 더 큰 복락을 누리겠다는 집착을 버리지 못하는 겁니다. 이렇게 탐진치의 화살에 박혀 있는 한 늘 열광과 비탄 사이를 오가는 그런 삶을 반복하면서 스스로를 괴롭힌다는 겁니다. 거기에서 벗어나려면 어떻게 해야 할까요? 일단 일어나서 앉아야 합니다. 허리를 곧추 세우고 앉아서 철저히, 찰나를 그냥 보내지 말고 배워야 합니다. 그래야 수승화강이 되면서 평정을 향해 나아가겠죠. 물론 어렵습니다. 대개는 욕망의 흐름에 몸을 맡겨 버립니다.

여기에는 어떤 패턴이 있습니다. 어떤 사건을 겪어서 한 번 비탄에 빠졌다고 하면, 그건 어느 정도 시간이 지나면 생리적으로 조절이 돼요. 아무리 큰 슬픔을 겪어도 사람의 몸은 자기 지속성을 우선으로 삼기 때문에 거기서 벗어나는 시스템으로 바뀝니다. 무엇보다도 가장 중요한 게 배고픔이에요. 비탄에 빠지면 에너지 소모가 많아져서 허기를 느끼게 되고 그러면 자기도 모르게 막 먹게 됩니다. 스무 살 무렵 제 친구가 정말 드라마 같은 연애를 하다 실연을 당했는데, 몇날 며칠을 엄청나게 울면서 보냈죠. 그런데 놀랍게도 그 친구는 한 끼도 거르지 않았어요. 왜냐하면, 울다 보면 배가 너무 고프니까 먹고 다시 울고 또 먹고 울고, 그랬다는 거죠. 이게 생명활동이에요. 그런데 진짜 식음을 전폐하고 잠도 이룰 수 없다, 그러면 그 슬픔의 힘에 완전히 정복당한 겁니다. 그게 누군가의 죽음 때문이라면, 그건 망자를 지극히 사랑해서가 아닙니다. 그건 사랑이 아니라 애착에 빠졌던 것입니다. 그래서 그 사람의 부재를 견디지 못하는 겁니다. 그게 바로 죽음한테 정복당한 거예요. 생의 의지를 완전히 상실해 버리는 거죠. 그래서 짝사랑하다가 상사병으로 죽는 사람들. 그건 사랑의 미학이 아니라 의학적 병증에 속하는 겁니다. 그 사람은 자기가 원하는 대상에 대한 애착이 너무 깊어서 그걸 갖지 못하는 상태를 견딜 수가 없는 거예요. 거기에 정복당하면 먹지도 못하고 잠도 못 자고, 그래서 시름시름 앓다가 죽는 겁니다.

그래서 화살이 박혔다는 비유는 '감정의 골이 깊게 패었다', '특정한 경로로 패턴화되었다'라고 할 수 있습니다. 슬픔과 비탄 속에서 삶의 의미를 찾는 경우가 종종 있어요. 이런 사람은 연애를 해도 꼭 자기한테 진짜 나쁜 짓을 하는 사람만 선택합니다. 그런 사람이 너무 멋있어 보인다는 거죠. 자기를 편하게 해주는 상대한테는 전혀 매력을 못 느끼는 겁니다. 남자도 마찬가지예요. 자기 재산 다 털어먹는 여자한테 홀딱 빠지는 겁니다. 10년 동안 사업하면서 뼈빠지게 모아 놓은 거 3개월이면 다 털어먹습니다. 그런데도 그런 여자를 끝내 못 잊어요. 패가망신할 정도로 내 몸과 마음을 화끈하게 불살라 주는 상대. 이런 상대한테 중독된 채로 사는 거죠. 일종의 매저키즘이라 할 수 있는데, 이 정도면 그냥 화살이 아니라 독화살이 박힌 거죠.

자, 이 독화살을 뽑으려면? 일단 일어나서 앉아야 합니다. 불교 수련에서 선정에 들면 초선, 2선, 3선, 4선까지 들어간다고 하더라고요. 더 깊은 경지에 들어갈수록 기쁨과 환희, 그리고 평정의 단계가 더욱 깊어진다고 합니다. 그때 "과거는 소멸하고 새로운 태어남은 없으니, 마음은 미래의 생존에 집착하지 않고, 번뇌의 종자를 파괴"「보배의 경」한다고 합니다. 이전에 생겨난 것이나 앞으로 생겨날 것에 매달리지 않아야 번뇌의 씨앗이 더 불어나지 않는다는 겁니다. 사실 우리는 늘 지나간 것 때문에, 그리고 앞으로 다가올 것들 때문에 '지금-여기'에 집중할 여력이 없어요. 번뇌의 불꽃이 늘 타고 있는 거죠.

당장 그 상태를 바꿀 수는 없더라도 그 불길 속에 장작이나 덤불을 더 밀어넣지는 말아야 합니다. 당장 꺼 버릴 수는 없어도 번뇌의 불이 스스로 소멸할 때까지 조용히 기다려야 합니다. 그런데 대개는 장작더미를 마구 밀어넣습니다. 과거의 온갖 부정적인 것들과 앞으로 다가올 온갖 걱정과 염려를 모아 모아 불쏘시개를 만들어서 계속 타게 하는 겁니다. 그러면 처음엔 아주 조그만 불꽃이었는데, 어느샌가 집을 태우고 산을 태우는 불이 되어 버리는 거죠. 실제로 이런 식으로 일어나는 사건사고가 엄청 많습니다. 전국을 충격에 빠뜨리는 엽기적인 사건도 그 단서를 추적해 보면 정말 어이없을 정도로 사소해요. 애초의 잔불에 계

여덟번째 강의 _ 수승화강과니르바나

속 불쏘시개를 밀어넣고 바람을 일으켜 대형 산불로 키워 버린 셈이죠. 어디서 시작했는지 본인도 잘 몰라요. 그런 걸 생각하면 우리 마음에 일어나는 이 작은 번뇌도 언제든 그렇게 타오를 수 있겠구나, 하는 생각이 들면서 등골이 좀 서늘해집니다. 그래서 저는 번뇌에 휩싸일 때 빨리 끄려고 하기보다 그냥 이 수준으로 만 타게 하자, 장작을 더 던져 넣지 말자, 그런 생각을 합니다. 그 러면 시간이 흐르면서 자연스럽게 불길이 약해져요.

연애의 열정도 그래서 위험한 겁니다. 그때의 열정은 정말 말 그대로 성욕에 불이 붙은 거거든요. 성욕은 그 자체로 자연스 러운 상태일 때도 이미 좀 넘치는 경향이 있어요. 그러다가 딱 대상을 만나면 불길이 확 치솟게 됩니다. 그런데 거기에다 운명 이니 전생이니 해서 불을 더 붙이면 정말 통제불능이 되어 버립 니다. 그런데 대부분 그렇게 해요. 그래야 더 멋져 보이기도 하 고. 결과는? 둘 다 타 버리는 거죠. 그래서 정염에 휩싸이더라도 부디 불쏘시개를 더 제공하지는 말라는 겁니다.

그리고 또 이런 대목이 있어요. "욕망에도 탐착하지 않고, 욕 망을 떠났다는 것에도 탐착하지 않는다. 이 세상에는 최상이라 집착할 만한 것은 없다."「청정에 대한 여덟 게송의 경」이 이야기는 그 무엇 에도, 그러니까 부처님한테도 집착해서는 안 된다는 거죠. 대승 불교를 예견하는 구절들입니다. 『금강경』에 보면 '상에 집착하 지 마라. 여래는 상이 아니다'라고 하죠. 그런데 불상이 엄청 많잖아요. 이게 대승불교의 역설입니다. 어쨌든 상이 여래가 아니니 거기에 집착하지 말라는 거죠. 여기까지는 충분히 이해가 됩니다. 근데 그다음이 더 있어요. '상을 떠났다는 사실'에서도 떠나야 합니다. 상에서 벗어나는 것도 어렵지만 일단 거기에서 벗어나고 나면 '상에서 벗어났다'는 그 사실에 또 집착을 하게 된다는 거죠. 이게 바로 언어의 주술입니다. 이 주술에 걸려들지 말라는 뜻이죠.

그런 점에서 수승화강과 니르바나(열반)는 어떤 상태나 위치를 말하는 게 아니라 일종의 과정 혹은 운동 그 자체라고 할 수 있습니다. 붓다의 표현을 빌리면, 치달리지도 않고 뒤처지지도 않는, 유동하는 흐름으로서만 표현될 수 있습니다. 가장 능동적이고 가장 역동적인 운동이라고 할 수 있겠죠. 이상으로 이번 강의를 마치겠습니다.

# 사주팔자와
# 까르마

# 사주팔자, 운명의 지도-그리기

## 윤회, 영원한 죽음의 되풀이

오늘의 주제는 '사주팔자와 까르마'입니다. 그런데 이건 삼사라, 즉 윤회에 대한 이야기이기도 합니다. 불교에서는 이 세계를 연기조건 안에서 보잖아요. 상호의존적인 방식으로 원인과 결과가 설정이 된다고 봅니다. 그러니까 주체나 자아가 영속되는 게 아닌데, 삶은 계속 반복되고 있다고 하면, 그건 탐진치라는 욕망의 어떤 구조와 패턴이 계속 되풀이된다고 보는 거예요. 그러니까 시간적으로 몇 억 겁이든, 공간적으로 삼천대천세계에서든 모든 유정무정의 생물들은 이 세계의 무상함 속에서 계속 존재 형태를 바꾸면서 지속이 되는 겁니다. 그러면 '이건 영생이 아닌가?'라고 물을 수 있겠죠. 그런데 이게 영생이 아니라 영사에 가깝죠. 탄생하고 또 탄생한다는 의미보다는 죽고 또 죽는다는 의미가 들어 있으니까요. 생로병사의 괴로움을 되풀이하면서도 그것에 대한 애착을 버리지 못해, 계속 죽고 태어나고 또 죽고 태어난다는 거죠. 이걸 삼사라, 윤회라고 하는 겁니다.

우리는 몇 만 년 전부터 끊임없이 진화를 해왔고 문명기술의 차원에서 보면 점점 나아지는 거 같지만, 다른 한편, 역사 공부를 해보면, '정말 인간은 대책 없이 동일한 욕망, 동일한 괴로움을 반복하고 있구나'라는 생각을 하지 않을 수가 없어요. 그러니까 지금도 끊임없이 무기를 만들고 전쟁을 벌이고 있잖아요. 예전에는 워낙 생산력이 낮아서 약탈하지 않고는 살아갈 수 없어서 그렇다 쳐도 지금 전 세계의 부는 차고 넘치는데도 또 그러고 있는 거죠. 역사로부터 배웠다면 이렇게 하겠습니까? 1, 2차 세계대전이면 충분한 거 아닐까요? 그런데 어떻게 또 3차 세계대전이 일어날 수 있는 상황을 자꾸 만드는 걸까요? 예전에 비하면 생산력이 얼마나 비약적으로 발전했습니까? 그런데도 거의 모든 사람들이 다 가난하다고 생각합니다. 선진국이 더하고, 상류층이 더합니다. 이런 게 윤회라는 거예요.

저는 제 인생에 굉장히 만족합니다. 너무 만족스러워서 솔직히 좀 미안해요. 60년 전의 나는 강원도 오지에서 가난한 광부의 딸로 태어났는데, 지금 나는 의식주 걱정이 없고, 나를 정신적으로, 영적으로 나아가게 해주는 활동만 하면서 살아가고 있습니다. 워낙 게을러서 진보가 영 더딘 게 좀 아쉽긴 하지만. 정말 이렇게 살아도 되나 싶은 마음이 들 정도인데, 왜 저보다 훨씬 좋은 조건에서 사는 분들이 왜 다들 그렇게 일상적 괴로움에 빠져 있을까요? 앞으로 시스템이 더 좋아지고 우리나라 GDP가 더 올라가서 세계 일등국이 된 다음에, 그때 태어나시면 만족이 될까요? 아니겠죠. 그땐 갈증이 더 심하겠죠. 이런 식이면 설령 천국에 간다 해도 불만은 끝나지 않을 겁니다. 불만족의 끊임없는 반복, 이게 윤회의 핵심입니다.

## 점성술과 예측불가능성

『동의보감』에도 윤회와 비슷한 개념이 있습니다. 사주팔자가 그것이죠. 인류의 모든 문명권에는 점성술이 있어요. 문명의 출발이 점성술이라고 할 수 있습니다. 아마 터미네이터들이 사는 세상에서도 점을 칠 거예요. 왜냐하면 산다는 건 다가올 일에 대한 예측을 바탕으로 하기 때문입니다. 그런데 이게 정말 어렵습니다. 세계의 무상함에 존재의 무상함이 중첩되기 때문에 그래요. 나는 가만히 있고 자연현상만 변한다면 관찰하기 쉽죠. 또 세계는 고정되어 있고 인간의 삶만 변해 간다면 그 또한 어렵지 않습니다. 그런데 이게 동시적으로 진행된다는 겁니다. 그러니까 미래나 운명을 예측한다는 건 몇 차원의 운동과 흐름을 같이 살펴야 합니다.

지금 일 년 반 이상 겪고 있는 코로나 바이러스의 변이를 한 번 보세요. 이놈의 바이러스는 너무너무 빨리 움직이는데 우리의 몸도 동시에 움직이잖아요. 또 몸과 몸 사이의 공간도 계속 움직이고 있어요. 기계적 예측이라는 건 고정된 상태를 수치화하는 건데, 조건이며 주체며 모두가 계속 움직이니까 변수가 끊임없이 생기는 거죠. 그 변수가 지극히 미미하더라도 바이러스 숫자는 수조 개이기 때문에 엄청난 변이가 일어날 수 있는 겁니다. 게다가 세계 각국의 나라 상황이나 풍속, 기질적 특성 등이 다 다르기 때문에 바이러스가 활동하는 패턴이 또 다 다를 수밖에 없어요.

그래서 지금 전 인류가 이렇게 우왕좌왕하면서 생고생을 하고 있는 겁니다. 코로나가 던져 준 메시지가 참 많은데, 그 중에서도 우리가 맹신했던 과학기술이 생명의 세계에선 잘 통하지 않는다는 걸 여실하게 보여 주었죠. 코로나 이전만 해도 귀가 따갑게 듣던 4차혁명, AI 등에 대한 이야기가 작년부터 쑥 들어갔더라구요. 대신 기후문제, 환경재난, 탄소중립 등이 전면에 떠오르게 되었죠. 코로나가 아니었다면 이런 변화가 과연 가능했을까 하는 생각이 듭니다. 아무튼 생명계의 변화무쌍함은 기계적 예측으론 접근하기 어렵다는 것, 점성술이 수천 년 동안 인류를 떠나지 않은 이유일 겁니다.

운명이라는 영역도 그렇습니다. 이게 딱 고정되어 있다면 나름대로 예측이 가능하겠죠. 외모라든가, 두뇌나 학벌, 신분과 계층 등을 기준으로 이 사람은 어떤 인생을 살 거 같다, 뭐 이런 견적이 나오겠죠. 그런데 그게 불가능하다는 겁니다. 그게 대충 맞았다면 역사의 대변동 같은 건 없었을 겁니다. 또 주술적 기원이나 부적 같은 것으로 액운을 막고 행운을 부를 수 있다면 왕이나 황제들은 절대 죽지도 않고 나라를 잃지도 않았겠죠. 말하자면 한 사람의 인생에는 그 사람과 연관된 수많은 정보들이 동시적으로 연동되어 있다는 겁니다.

특히 마음의 영역은 너무나 광대무변합니다. 자신도 자신의 마음을 모를뿐더러 그 마음이 다른 마음과 이어지고 멀어지는 양상들은 정말로 상상을 초월하죠. 예컨대, 미모가 연애의 핵심적 척도라면 미남미녀 배우들은 연애와 결혼의 천국을 누려야 맞습니다. 하지만 아니잖아요. 어떻게 보면 보통사람들보다도 연애와 결혼의 수난을 더 많이 겪곤 합니다. 대체 왜 그럴까요? 알 수가 없죠. 적어도 우리가 학교에서, 상식으로 배운 것들을 가지고는 도무지 짐작이 안 됩니다. 그래서 점성술 가운데서도 명리학의 영향력이 지속되는 이유일 겁니다.


## 운명의 베이스는 몸!


앞서 살펴보았듯이 『동의보감』은 음양오행론을 바탕으로 하는데, 먼저 자연의 변화현상을 오운육기로 설정해서 변화의 양상을 그립니다. 그리고 오장육부로 의학적 지도를 그리는 거고요. 그리고 오륜을 비롯해 모든 인간관계를 오행 안에서 설정하는데 거기에도 변수가 너무 많습니다. 우선 상생상극이 있고, 살(殺), 충(沖), 합(合), 이런 게 수두룩해요. 왜냐면 사람 하나하나가 소행성이라면 소행성들 사이의 충돌이 다이내믹하게 일어나는 겁니다. 끌어당기고 밀어내고 부딪치고…. 그리고 그 소행성 내부도 고정되어 있지 않습니다. 하나의 소행성 내부에 있는 에너지들도 막 충합을 변주하는 거예요. 명리학이 이런 영역에 도전을 한 겁니다. 이 영역을 탐구해서 한 사람의 운명의 기본틀, 10년마다 바뀌는 변화의 리듬, 활동과 관계의 강밀도, 이런 걸 추출해 낸 게 사주팔자 이론인 거예요.

이 이론의 기본적인 전제는 몸이 운명의 토대라는 겁니다. 자기가 자기 운명의 근간, 베이스라는 게 핵심입니다. 저도 이걸 배우기 전까지는 사주팔자라는 말을 들으면 뭔가 저 멀리 어딘

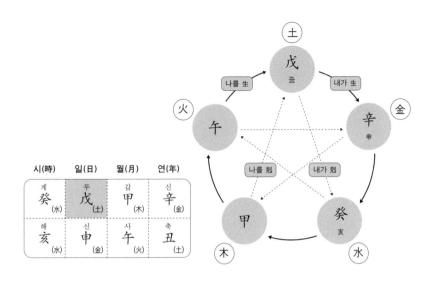

가에서 내 운명에 개입하는 주술적 힘 같은 걸로 생각했습니다. 그랬는데, 막상 공부를 하고 보니 사주(四柱)는 네 개의 기둥, 팔자(八字)는 여덟 개의 글자라는 뜻이더라구요. 말하자면, 사주팔자는 내가 태어난 연/월/일/시를 갑자력으로 표현한 겁니다. 너무 쿨하죠. 여기에는 무슨 신비로운 작용이나 주술적 개입이 일어날 여지가 전혀 없습니다.

이렇게 여덟 글자를 가지고 오행의 동그라미를 그리는 겁니다. 목화토금수의 순서로 동그라미가 돌아가는데, 태어난 날의 천간에 따라서 이 동그라미에 변형이 생깁니다. 만약 무신일(戊申日)에 태어난 사람의 오행을 그린다면 위의 그림처럼 되겠죠.

이 사람은 무신일에 태어났으니, 자기의 일간은 무토(戊土)가 되는 겁니다. 그럼 맨 위의 무토에서 시작하는 거죠. 토생금, 금생수, 수생목, 목생화, 화생토, 이런 순서로 돌아갑니다. 이렇게 배치된 팔자의 지도를 보고 해석을 하는 겁니다. 우선 무신(戊申)에서 '신'(申)은 역마살을 나타내죠. 이것도 무슨 특별한 징조가 아니라 사계절 중에서 변화의 움직임이 강한 날이라는 뜻이에요. 예컨대 봄이 시작되는 달[寅月]은 천지의 기운이 다이내믹하니까 이런 글자를 가지고 태어나면 역마살을 타고 났다 이렇게 보는 겁니다. 정말 심플하죠. 이런 식으로 여덟 개의 글자를 하나씩 해석해 가는 겁니다.

그다음 사주팔자의 동그라미는 가장 먼저 그 사람의 오장육부를 표현합니다. 일간이 무토잖아요. 이러면 이 사람은 비위의 활동성이 아주 강합니다. 당연히 소화력이 좋겠죠. 무토 자체가 넓고 높은 땅, 큰 산을 상징하거든요. 그러면 당연히 성격도 그런 식으로 작용하게 됩니다. 포용력이 넓고 듬직하고 그릇이 크고…. 이런 식의 성격패턴이 나오는 거죠. 생리와 심리가 서로 연동되어 있기 때문에 그런 겁니다. 그런 식의 기초적 해석을 바탕으로 나머지 일곱 글자와의 관계를 읽어 내면 체질적 특징 및 정신적 지향성, 그리고 욕망의 패턴이 나옵니다. 결론적으로 말하면 결국 운명의 토대는 내 몸이라는 겁니다.

그래서 명리학을 배우면 운명 이전에 내 몸에 대해서 많은 것을 알게 됩니다. 달리 말하면, 우리는 우리 몸을 잘 모른다는 거죠. 맞습니다. 우리 몸에는 엄청난 양의 정보가 있습니다. 하지만 우리는 그걸 주시하지 않습니다. 그저 몇 가지 표면적인 특징을 가지고 성격 유형을 나누는 정도인 거죠. 운명을 파악하려면 몸을 훨씬 더 심층적으로 주시해야 합니다. 마음의 행로야 말할 것도 없구요.

## 운은 내 안에 있다

제가 10년쯤 전에 『나의 운명 사용설명서』라는 책을 썼는데요. 그 책을 쓸 때는 명리학을 인문학적으로 얘기하는 게 굉장히 낯설었던 것 같아요. 물론 역술가들의 책은 시중에 많이 있었지만 전문적인 용어들로 가득해서 일반 대중들이 접근하기에는 좀 장벽이 높았어요. 그래서 명리학과 인문학을 결합해서 음지에서 양지로 끌어내게 되었습니다. 최근에는 명리학을 학문적으로 다루는 책들이 꽤 나온 거 같구요. 원래 조선시대에는 생활과학으로 다 썼던 거예요. 그리고 지금도 결혼할 때면 사주단자를 주고받잖아요. 그래서 그길 가지고 역술원에 가서 물어보는 거죠. 거기서 궁합이 안 좋다, 살이 꼈다 이런 말을 하면, 그게 뭔 말인지를 모르니까 그냥 운이 좋다는 거야, 나쁘다는 거야? 이렇게 이분법적으로 묻게 되고, 그러면 결국 길흉문제로 환원되어 버립니다.

제가 명리학을 배운 다음에 보니까 궁합이 중요한 게 아니라 자기 운에 배우자 운이 어떻게 작용하는가가 더 중요하더라고요. 자기 팔자에 배우자와의 관계에 대한 운이 다 있거든요. 앞의 동그라미를 다시 볼까요. 남성이라면 재성이 배우자 운이거든요. 재성은 재물이잖아요. 배우자도 돈하고 관련이 있는 겁니다. 그래서 내가 돈에 대한 욕망이 반듯하고 성실하면 당연히 그런 배우자를 만나요. 그런 배우자에게 저절로 끌리게 되어 있습니다. 만약에 그렇지 않은 사람을 만나잖아요. 그러면 그 관계가 자연스럽게 어그러져요. 이걸 결정하는 게 누구죠? 바로 자기 자신이죠.

만약 돈에 대한 욕망이 지나친 남성이라면 성실한 배우자보다는 화려하고 섹시한 상대한테 끌리게 되어 있어요. 성실한 내조형 여성은 따분하게 느껴지는 겁니다. 자기 재산을 다 털어먹더라도 사치스러운 여성이 더 좋은 겁니다. 이런 커플이 만나면 궁합이 좋을까요? 나쁠까요? 좋은 것도 나쁜 것도 아니죠. 그저 서로가 원하는 상대를 찾았을 뿐이죠. 당연히 결혼생활이 순탄치 않겠죠. 그럼 그게 누구 탓인가요? 법적으로야 시비를 가릴 수 있겠지만, 운명론적으로 보면 자기의 욕망이 그런 행로를 만들었다고 볼 수밖에 없습니다.

여성의 경우에는 관성이 배우자 운이라고 되어 있어요. 관성이 사회적 활동력이나 책임감, 리더십 이런 속성과 연결되어 있기 때문에, 관성이 많거나 혹은 발달한 여성은 남편이 아무리 잘해 줘도 집안에 있을 수가 없어요. 그럼 이 사람하고 궁합이 좋은 건 어떤 사람일까요? 여성의 사회 활동을 적극 지원해 주거나 아니면 다소 무관심하거나 그래야겠죠. 여성에게 내조를 요구하거나 가사에만 전념하기를 바라면 당연히 불협화음이 일어나겠죠. 그건 누가 옳고 그르냐의 문제는 아니에요. 어떤 리듬이 어떻게 마주쳤느냐의 문제인 거지. 그래서 팔자에 대한 해석은 절대 길흉화복의 문제로 환원될 수가 없다는 겁니다.


## 좋은 팔자란 무엇인가?


사주팔자는 내 몸에 있는 음양오행의 리듬, 그러니까 생리와 심리가 결합이 된 건데 그러면 제일 먼저 체질과 관련해서 생각을 해볼 수 있습니다. 체질은 타고나면 바꾸기가 어렵죠. 미각 하나만 바꾸려 해도 한 10년은 걸릴 걸요. 습관은 더합니다. 다이어트 같은 게 그렇죠. 만약 1년에 1kg을 줄일 수 있나면 10년이면 10kg이 줄죠. 이렇게 생각하면 참 쉽습니다. 근데, 1년에 1kg이라면 한달에 약 100g이잖아요. '이 정도야 뭐', 이런 생각이

들지만 절대 그렇지 않습니다. 그렇게 보면 '하루'라는 단위가 정말 대단한 거 같아요. 하루를 어떻게 사느냐가 1년 뒤, 10년 뒤의 내 모습을 완전히 탈바꿈하게 할 수 있다는 건데, 그 하루를 다르게 살기가 정말 어렵다는 거죠. 그래서 팔자가 뭐냐고 묻는다면, 일단 체질과 습관의 패턴이라고 할 수 있습니다.

그런데 좋은 팔자라는 게 뭐죠? 좋은 부모 밑에서 똑똑하게 태어나고, 남들보다 우수해서 출세하는 걸까요? 또 좋은 부모라는 건 무슨 뜻일까요? 인성이 좋다, 지혜가 넘친다, 이런 뜻이 아니라, 돈이 많다는 겁니다. 그리고 출세의 내용은 또 뭐죠? 역시 부와 지위죠. 건강하게 오래 사는 게 정말 좋은 팔자일까요? 건강하기 때문에 오히려 다양한 사건사고에 휘말릴 수 있잖아요. 어쨌든 부와 권력, 건강, 이건 누구나 원하는 거죠. 그런데 거기에 인격적 완성에 대한 바람이 있나요? 우리 애가 좋은 운명을 타고났으면 좋겠다, 건강했으면 좋겠다, 총명했으면 좋겠다, 이런 욕심들은 사실 자연스러운 것이지만 그 안에 인격적으로 훌륭해서 많은 사람들을 돕고 세상을 이롭게 하는 존재가 되면 좋겠다, 이런 비전은 없습니다. 그래서 사람들이 생각하는 좋은 운은 결국 물질적 풍요, '출세하라'입니다. 그런데 모두가 그렇게 되면 세상은 온통 전쟁터가 되잖아요. 전쟁에는 승패가 갈리니까, 결국 극소수만 살아남고 나머지는 다 실패하겠죠. 승자는 또다시 전투에 참여해야 하고, 역시 언젠가는 패자가 되죠. 결국 모두가 '지는' 게임을 하는 겁니다.

그리고 소위 출세를 했다는 건 어떤 점에선 체질을 잘 타고 나야 하고, 결단력이 있든 악바리든 그런 성격도 다 타고나야 돼요. 가난한 집 자식이라고 해서 다 자수성가를 하는 게 아닙니다. 가난한 집에서 태어나도 그냥 느긋한 사람이 있어요. 그런데 자수성가했다고 하는 사람이 자기는 치열하게 해서 남들 다 놀 때 열심히 했다고 그러는데 그것 자체가 타고난 체질이에요. 욕망과 체질이 한 세트인 거죠. 그리고 결정적으로 성공을 하려면 시절인연이 맞아야 합니다. 타이밍이 맞지 않으면 아무리 노력을 해도 무망합니다. 그래서 그런 말이 있죠. 운칠기삼(運七技三)이라고. 운이 결정적 요인이란 뜻인데 그 운이 바로 '시절, 때'를 만났다는 겁니다.

결국 이런 과정을 주욱 훑어 보면, 타고난 것 이상의 정신활동을 더 플러스하거나 방향을 크게 바꾼 건 없다는 거예요. 그냥 타고난 대로 산 거예요. 그러니까 가난한 집에 태어나서 그냥 백수로 산다. 이것도 타고난 거예요. 그렇게 해도 편한데 뭐 어쩌라고.^^ 또 자수성가하면 대단하다고 하는데, 그 또한 원래 기질이 남한테 지고는 못 살고, 뭐든지 이겨야 되고, 그래서 죽어라고 한 거잖아요. 그리다 시절을 만나서 성공한 서구요. 그런 사람은 열심히 사는 게 체질이라 쉬는 걸 못합니다.

그래서 결국 눈에 드러나는 성공이나 실패는 좋은 인생이냐 아니냐와 별 상관이 없다는 거예요. 다 팔자대로 산 겁니다. 그런데 팔자는 태과불급이 있어서 뭐가 넘치면 뭐가 모자라기 마련이죠. 악바리처럼 성공한 사람은 인간적 여유나 관용 같은 미덕은 당연히 부족하겠죠. 그런 미덕을 닦아야겠다 이런 생각 자체를 못했을 거고, 그래서 성공한 대가로 각종 비난을 받게 됩니다. 그냥 좀 느긋하게 산 사람은 성공은 못했지만 세상에 큰 해를 끼치지는 않았죠. 그리고 본인도 스트레스 별로 안 받았을 테고. 그래서 더 낫고 못하고 할 게 없어요. 이게 태과불급. 넘치면 모자라고 넘치지 않으면 모자라지 않고 둘 사이를 왔다 갔다 한다는 겁니다. 결국 우리가 겉으로 보는 팔자는 뭐예요? 물질적 성공과 그것이 주는 감각적 즐거움. 이걸 기준으로 길흉화복을 나누고 있다는 겁니다. 그렇게 되면 결국 미신이나 주술의 영역에 불과한 거죠. 운명에 대한 탐구와는 한참 멀어졌죠.

불교의 윤회도 그렇습니다. 이전 생에서 쌓은 조그마한 선업으로 그다음에 좀 잘살게 되거나 아니면 조그마한 악업으로 가난하게 태어나거나. 어쨌든 다 원인은 있어요. 원인이 있어서 결과가 있는 거니까요. 이렇게 윤회는 전생에 원인이 있는 것이고, 팔자는 타고난 기질과 욕망이라는 차원에서 또 이전 생과 관련이 있죠. 결국 서로 통하는 바가 있습니다. 그런데 좋은 팔자로 산다는 게 부귀영화를 누리는 거라면 죽음 앞에서는 그게 참 별게 아닌 거죠. 생로병사의 차원에서만 보면 죽음 앞에서 의미 있는 게 대체 뭐가 있을까요? 내가 엄청난 업적을 남긴다 해도 100년 안에 다 사라집니다. 왕조건 제국이건.

팔자가 좋아서 자손들을 100명쯤 퍼트렸다고 해 봐요. 뿌듯하겠죠. 팔순잔치 하는데 100명이 왔어! 하지만 좀 시간이 지나면 결국 다 뿔뿔이 흩어져서 서로가 친척이라는 것도 몰라요. 요즘은 4촌도 너무 멀고 3촌 정도가 친척에 속한다고 하더라구요. 설령 서로 문중을 이루고 같이 간다 해도 그럴 경우는 내가 남긴 유산을 둘러싸고 혈족끼리의 전쟁이 그치지 않겠죠. 어떤 경우든 허망하긴 마찬가지입니다.

이런 케이스도 있죠. 양귀비로 태어났습니다. 그래서 황제를 두 명이나 섬겼습니다. 그런데 둘이 부자관계야. 그래서 나는 며느리였다가 첩이 된 거죠. 그래서 너무 사랑을 받습니다. 당현종이 양귀비에게 온갖 목욕탕을 다 지어 줬다고 하죠. 목욕하는 장면을 훔쳐보는 게 황제의 취미였다고 합니다. 그걸로는 만족할 수가 없어서 안녹산이라는 젊은 장군과 눈이 맞았어요. 그래서 어떻게 되었죠? 안녹산의 난이 일어나 천하가 도탄에 빠지게 됩니다. 당현종은 피난 가다가 양귀비를 죽여야 했고…. 이런 운명이 부러우신가요? 황제의 사랑, 궁정의 부귀영화, 젊은 장군과의 로맨스, 이런 깃들과 전란과 희생양, 이건 마치 굴비 두름처럼 연결되어 있어요. 이 중에서 좋은 것만 고르고 나머지는 버릴 수 있는 게 아닙니다. 이것을 얻으면 저것을 버려야 하고, 이것을 누리면 저것을 혹독하게 치러야 하고. 동시적인 것이죠. 그래서 결국 모두가 괴롭고 슬프다는 겁니다.

결국 길흉화복을 기준으로 운명을 접근하면 결론은 하나입니다. 좋은 팔자란 없다! 팔자대로 살면서 평생 팔자타령하다가 마치는 셈이죠. 윤회론적으로 보면 이런 사이클이 다음 생에도 또 반복된다는 거고요.


## 자기 팔자를 구하는 것은 자기뿐


이런 얘기를 듣는 순간 "그래, 다 소용없어, 즐기는 거야. 아모르파티". 그러면서 뭘 하냐면 온갖 감각적 즐거움을 탐하기 시작합니다. 그러면 어떻게 될까요? 더 지독한 윤회의 사슬에 얽매이게 됩니다. 술과 육식을 탐하고 날마다 쇼핑에 파티를 즐기다 보면 그 공허함으로 말할 수 없는 고통을 느끼게 되어 있어요. 대개는 불면증을 앓게 되죠. 그래서 그냥 내 밋대로 살다가 죽을 거야. 이런다고 해결될 문제가 아닙니다. 대가가 너무 커요. 그래서 오도가도 못 하는 형국이 됩니다. 세속적인 성공을 향해 달려가자니 거기에 도달하기도 어렵지만 도달해도 허무에 빠지게 되고, 그냥 멋대로 살려고 하면 몸이 감당을 하지 못하는 겁니다. 그래서 부처님이 윤회로부터 벗어나는 길을 찾으신 거예요. 사회적 성취에 매달리지도 않고, 감각적 쾌락에 빠지는 것도 아닌 그 길. 그게 붓다의 열반이에요. 그럴 때만이 윤회로부터 벗어날 수 있다는 겁니다.

팔자의 차원에서 보자면, 사람들은 모두 좋은 팔자를 원하지만 그 좋다는 것들도 결국 인생무상에 도달한다는 겁니다. 『구운몽』이라는 우리나라 최고의 고전 소설을 보면 주인공인 양소유는 천하를 다 평정하고 팔선녀를 다 만나서 사랑을 나누고, 그리고 황제 바로 아래 벼슬까지 올라가서 부귀와 영화를 모두 누립니다. 그러고 나서 은퇴를 했는데, 은퇴를 하고 나서 하는 일이란 게 맨날 팔선녀가 이끄는 가무단이 하는 공연을 보고 있는 거죠. 이걸 보면 팔선녀는 우리 시대 기획사의 원조 같아요. 팀을 짜서 가요 배틀 같은 것을 매일 벌이면서 상벌을 주고 그러면서 노는 거죠. 요즘 미디어에 자주 등장하는 오디션 프로그램하고 아주 비슷합니다. 양소유가 그런 유의 지극한 즐거움을 날마다 즐기다가 어느 날 석양이 지는 걸 보고는 눈물을 막 흘리면서 삶이 허무하다는 것을 깨닫는 겁니다. 도대체 뭐가 부족한 거죠? 부귀공명과 감각적 즐거움을 다 누렸는데, 왜 저렇게 청승맞게 눈물을 흘리는 걸까요? 그 정도로 누렸으면 아, 참 잘 살았다, 이 길로 충분하다, 이래야 될 기 같은데 말이죠. 이런 식으로 동양에서는 과연 인생에서 그 많은 걸 누린다는 것이 무슨 의미가 있는가라는 질문과 성찰이 늘 있었습니다. 그게 『노자』, 『장자』가

불멸의 고전이 된 이유고요.

그렇다고 '그 팔자나 이 팔자나 다 그게 그거야'라는 식으로 냉소적으로 끝나면 안 되겠지요. 명리학에는 타고난 팔자를 바꾸기 위한 용신(用神)이라는 개념이 있어요. 용신은 말 그대로 정신, 마음을 활용하라는 뜻입니다. 우리의 마음은 정말 광대무변합니다. 보이지도 않고 잡을 수도 없지만 무한한 잠재력을 가지고 있구요. 이걸 적극 활용하라는 뜻인 거죠. 더 쉽게 말하면, 우리 몸에 들러붙어 있는 심리적 구조, 감정이나 욕망의 패턴이 있잖아요. 이걸 잘 제어하고 변환하면 더 심층에 있는 무형의 잠재력이 작용하게 되고, 그때의 마음은 전 우주와 연결된다는 이치입니다.

생리적 조건을 바꾸는 건 정말 어렵습니다. 타고난 유전자 구조를 어떻게 바꾸겠어요? 그런데 이 주어진 생리를 최대한 잘 쓰는 방법은 아주 많죠. 일단 용법은 바꿀 수 있잖아요. 이 용법을 바꾸는 것이 정신활동이죠. 예를 들어, 허약한 체질의 경우, 그게 운명 전체를 다 주관하는 게 아니고 타고난 체력을 어떻게 활용하느냐에 따라 전혀 다른 삶을 살 수 있다는 겁니다. 헬렌 켈러(Helen Keller)가 대표적인 경우죠. 눈도 귀도 다 멀었지만 훌륭한 삶을 살았잖아요? 반대로 건강한 체질로 태어나도 용법을 거칠게 쓰면 어떻게 돼요? 범죄자가 되는 거죠. 이럴 때 정말 운이 좋은 건 첫번째 범죄를 할 때 바로 잡히는 거예요. 그냥 초범

때 잡혀서 생고생을 해서 다시는 이런 짓을 하고 싶지 않게 된다면 그게 천지가 돕는 겁니다. 보통은 안 잡히는 게 운이 좋은 것 같지만, 그렇지 않다는 거죠. 그러니까 뭐가 운이 좋은 건지 알 수 없는 거예요.

그러니까 불교에서도 업장을 덜어 내기 위해선 선업을 쌓고 수행을 하라고 하는데, 그게 바로 용신의 핵심입니다. 선한 일이란 다른 게 아니라 나의 협소한 자아를 벗어나 타자에게로 시야를 확대하는 겁니다. 그런 마음을 일상적으로 키워 가는 것이 수행이겠죠. 그러면 자연스럽게 나의 타고난 체질과 욕망, 습관이 변하게 됩니다. 결정적으로 자기 운명에 대한 해석이 바뀌게 되는데, 해석이 바뀌면 비로소 운명도 바뀝니다.

팔자 자체의 구조적 외형을 바꿀 수는 없습니다. 부모를 바꿀 수 없는 것과 같은 이치입니다. 용신을 쓴다, 수행을 한다는 것은 그런 외부적 조건이 아니라 내부, 내적인 역량을 바꾼다는 의미가 있죠. 핵심은 선업과 수행, 두 가지죠. 자아에서 벗어나 외부와 공명하는 장을 더더욱 넓혀 가는 것이 선업이라면, 자신의 운명을 그 자체로 충만하다고 바라볼 수 있는 것이 수행이죠. 부와 귀를 다 누리고도 '삶은 결국 허무하다'라고 해석된다면 그 팔자는 사나운 거죠. 『구운몽』의 양소유가 그랬던 것처럼. 하지만 아무것도 가진 게 없지만, 자신의 삶을 무한긍정할 수 있다면, 그게 예수께서 말씀하신, '마음이 가난한 자여, 천국이 너희들의 것이니'라는 그런 경지가 아닐까요. 쾌락도 허무도 아닌 존재 자체로 충만한 상태! 그래서 자기 팔자를 구하는 건 자기밖에 없다고 하는 겁니다.

## 운명을 구성하는 다섯 개의 스텝

앞서 그린 사주팔자의 동그라미를 보면 명리학은 인생의 스텝을 다섯 가지로 나누고 있죠. 처음 명리학을 배울 때 이 사실이 너무 흥미진진했어요. 우리는 흔히 이렇게 생각합니다. '인생은 너무 복잡해, 천 길 물속은 알아도 한 길 사람 속은 모른다잖아?' 일종의 불가지론에 빠져 버리는 거죠. 아니면 '성공했어? 실패했어?' 같은 이분법으로 재단을 하거나. 하지만 명리학은 이 모든 과정을 다섯 개의 스텝으로 정리하고 있습니다. 어떤 인간이든, 언제 어디서 태어나든 인간으로 태어나는 한 이 흐름을 벗어날 수 없다고 보는 겁니다. 왜냐면, 자연이 음양오행으로 순환하는 한 그 시공간 속에서 살아가는 인간의 활동도 그 범주 안에서 구성될 수밖에 없다는 거죠.

다섯 개의 스텝을 하나씩 살펴보겠습니다. 첫번째는 비겁(比劫)인데요. 비겁은 나와 어깨를 나란히 하는 존재, 즉 형제, 동료를 말합니다. 활동의 속성으로 말하면 자존감에 해당하는 영역

## 운명의 다섯 스텝

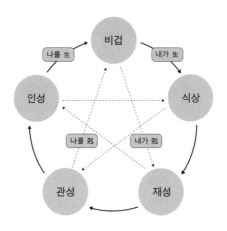

입니다. 내가 형제가 많거나 동료가 많으면 굉장히 여유가 있죠. 어깨에 힘이 들어갑니다. 저는 독거노인이지만 독거노인의 자유와 여유를 만끽하고 있거든요. 왜 그럴까요? 감이당과 남산강학원에 있는 멤버들이 다 저의 비겁이잖아요. 그러니까 든든한 거죠. 살아가려면 누구든 이런 식의 네트워크가 반드시 필요합니다. 하지만 현대인들에게는 이 영역이 상당히 축소되어 버렸어요. 형제가 거의 없거나 한두 명에 불과한 경우가 대부분이고, 그나마도 소통과 공감이 잘 되는 것 같지 않아요. 오히려 서로에게 짐이 되는 경우가 더 많죠. 학교나 직장에 가도 역시 마찬가지입니다. 친구나 동료를 만나려는 생각을 전혀 하지 않습니다.

모두가 경쟁자거나 나를 주인공으로 만들어 주는 엑스트라에 불과하다고 여깁니다. 그래서인지 요즘 청년들은 특히 자존감이 현저하게 낮아요. 인생이라는 길을 가는데 친구와 동료는 필수적입니다. 길벗이 없다면 내가 아무리 잘나도 늘 허전하고 불안합니다. 그게 인간의 원초적 속성이에요. 사람은 사람과 연결되는 만큼 존재감이 커지는 법입니다.

두번째는 식상(食傷)인데, 식상은 나의 소질, 끼를 말합니다. 그리고 이건 식욕, 성욕이기도 한데, 내가 세상에 내놓는 활동, 에너지를 말합니다. 비겁이 자존감이라면 식상은 표현력에 해당합니다. 이게 여성한테는 자식에 해당됩니다. 세상에 내놓는 것 중에 자식보다 더 큰 게 없겠죠. 그래서 자식을 낳고 기르는 걸 좋아하는 분들이 좋은 어머니가 되는 거죠. 돈이 많아야지 자식을 잘 키우는 게 아니에요. 실제로 애를 낳고 기르는 것 그 자체를 좋아하는 여성들이 많습니다. 물론 우리 시대는 식상 천국입니다. 먹방과 노래, 예능, K-pop, 게임과 야동 등 온통 욕망을 분출하는 데 몰두하고 있죠. 사주에 식상을 가진 분들이 엄청 많다는 뜻입니다. 하지만 출산율은 현저히 떨어지고 있죠. 무슨 뜻이겠습니까? 식상을 모성으로 쓰는 경우보다 재능과 끼로 훨씬 더 많이 쓴다는 뜻이죠. 이것 자체야 시대적 흐름이니 어쩔 수 없지만, 식상 기운을 이렇게 계속 발산하다 보면 어느 순간 방전이 됩니다. 이미 그런 증상들이 많이 나타나고 있고요. 깊이 고찰해 볼 만한 사항입니다.

이렇게 소질이나 끼를 발휘한 다음에 재물을 이루는 거죠. 그게 세번째 스텝인 재성(財星)입니다. 그러니까 재성이 많으면 돈을 많이 번다고들 하는데, 그건 너무 피상적인 해석이고, 사실 뭘 하든 잘 해낸다는 뜻입니다. 속성의 차원에서 보자면 구성력에 해당한다고 할 수 있죠. 그래서 이런 분은 일단 일복이 많아요. 당연하죠. 일을 잘하니까요. 저처럼 재능도 없고, 일머리도 없으면 일복이 들어오다가 나가 버립니다. 취직운이 없어 평생 백수로 살고 있지만, 대신 평생 과로에 시달릴 일은 없어요. 이런 게 참 팔자의 반전인 거죠.

반대로 사주에 재성이 많으면 일복이 끝도 없이 들어옵니다. 평생을 돈과 사업의 현장에서 보내게 됩니다. 직장 하나로 만족을 못하고 투잡, 쓰리잡 등등 일종의 워커홀릭 상태에 빠지는 거죠. 일을 하지 않는 상태, 화폐와 무관한 활동을 견디지 못합니다. 그러다 자칫하면 투기, 도박, 이런 식으로 흘러갈 수도 있습니다. 아, 그리고 앞에서도 말했듯이, 육친 관계의 면에서 보면 재성은 남성에겐 부인과 아버지, 여성에겐 아버지에 해당합니다. 이것도 참 재밌는 게, 남성의 경우, 여성에 대한 욕망과 화폐에 대한 욕망이 함께 간다는 것, 또 남성, 여성 모두 아버지와 경제력이 깊이 연관되어 있다는 겁니다. 자신의 가족관계와 경제력을 잘 헤아려 보면 뭔가 감이 올 겁니다.

그다음에 관성(官星)은 책임감, 리더십에 해당합니다. 다른 사람들의 삶을 이끌고 싶다는 욕망의 표현입니다. 속성으로 본다면 통솔력이라 할 수 있습니다. 그러니까 돈을 많이 버는 것보다 내가 리더가 되는 게 더 좋은 사람들이 있잖아요. 이런 사람이 어릴 때부터 있어요. 이런 사람들이 정치인도 되는 거죠. 정치인은 돈 버는 직업이 아니에요. 그래서 돈 문제에 얽히면 정치인은 특히 비난을 많이 받아요. 기업인들은 오히려 덜하죠. 기업인들에 대해서는 돈 문제가 생겨도 '좀 봐줘야 하지 않나?' 하는 정서가 있지만, 정치인이 돈을 꿍쳐 놨다 이러면 명예가 땅에 떨어지게 되는데, 그 이유는 정치인은 모으는 게 아니라 돈을 쓰는 직업이기 때문입니다. 자신의 돈이 아니라 공공의 예산을 가지고 쓰는 거잖아요. 그래서 관성을 제대로 쓰려면 돈과 성, 이 두 가지 측면에서 사심을 가지면 안 됩니다. 화폐와 성욕이 사리사욕의 핵심이니까요. 대부분의 조직이나 리더들이 무너지는 것도 이 지점에서죠.

관성은 여성에게는 남편, 남성에게는 자식 운이기도 한데요. 앞에서 남성한테 배우자는 재성이라고 했잖아요. 돈에 대한 태도가 그 사람의 배우자 운과 연결된다는 뜻입니다. 반면, 여성들은 남편의 지위에 따라 자신의 사회적 지위가 결정되죠. 그래서 남편복이 있으려면 관운이 있어야 한다고 해석한 겁니다. 하지만 요즘은 이런 사회구조가 많이 바뀌었어요. 여성들이 남편한테 그렇게 의존할 필요가 없어요. 남편이 나보다 더 지위나 계층이 높아야 될 이유가 없다는 겁니다. 전 세계 국가 지도자도 점차 여성들이 늘어나는 추세고, 우리나라도 조만간 그렇게 되리라고 봅니다. 디지털 문명 자체가 여성들의 리더십을 요구하기 때문에 그렇습니다. 그러니 이젠 여성들이 남편을 통해 신분적 상승을 꾀하거나 할 필요가 없는 거죠.

관성에서 유념해야 할 사항은 리더십이 부정적인 방향으로 나아가면 권력욕이나 지배욕이 되기도 한다는 겁니다. 그러니까 인간은 소유욕하고 지배욕이 가장 세요. 소유욕은 재성이잖아요. 재물을 막 모으고 싶다, 얼마건 간에 모으는 것 자체가 너무 좋은 겁니다. 그런데 또 하나가 뭐냐면 다른 사람을 지배하는 거예요. 다른 사람이 나에게 의존하고 나의 명령과 지도에 따라 움직이고 하는 걸 원합니다. 남성들이 더 강하긴 하지만 요즘은 여성들도 만만치 않습니다. 이것도 참 신기한 게, 남성들에게 관운은 자식이라고 했죠. 그런데 요즘은 자식을 많이 낳지도 않지만, 아들보다 딸을 더 선호하는 분위기입니다. 남성들이 사회적 관계망에 들어가기보다 자기만의 방에서 마냥 즐기고 싶어하는 양상과 여러 모로 연결됩니다. 대신 여성들은 정치, 군사, 행정 등, 금단의 영역을 과감하게 깨뜨리면서 진출하고 있지 않습니까. 바야흐로 여성의 시대가 도래하고 있는 셈인데, 그런 점에서 관성의 슬기로운 용법은 정말 중요하다고 할 수 있습니다.

그래서 어떤 조직의 지도자건 관성에만 머물러 있으면 끝이 다 좋지 않습니다. 아무리 대단한 권력을 누려도 결국에는 파국이 옵니다. 절대로 놓으려고 하지 않으려 하다가 결국에 빼앗기는…. 『주역』의 첫번째 괘인 중천건(重天乾)의 마지막 6효를 보면 "항룡유회"(亢龍有悔)가 나오죠. 은퇴할 시기가 되었는데도 계속 높은 자리에 있으려고 한다면 후회막심하다, 이런 뜻입니다. 물러나야 할 때를 아는 것, 이게 정말 중요한데, 쉽지가 않은 거 같아요.

그런데 이 관운이 그다음 스텝인 인성(印星)으로 이어지더라고요. 관성이 통솔력이라면 인성은 통찰력입니다. 인성은 나를 근원적인 것으로 인도하는 것으로, 내적 성찰, 공부, 지혜, 이런 것들이고, 인간관계에서는 엄마인 겁니다. 엄마의 운이 자식들을 지혜와 성찰로 이끌어야 하는 건데, 지금 엄마들 중에 이런 엄마를 찾아보기가 너무나 힘들죠. 성찰은커녕 거의 다 성적과 성형으로 이끌고 있죠.^^ 대학 갈 때까지는 성적을 다 관리해 주고, 좋은 대학에 합격하는 순간부터 얼굴을 전면개조해 주는 이런 일을 엄마가 하더라고요. 그건 인성을 쓰는 게 아니죠. 식상과 재성을 쓰는 겁니다. 자식이 엄마의 끼와 소유욕의 대상인 겁니다. 그러다 보니 엄마하고의 관계가 다 좀 안 좋습니다. 엄마와 자식 간에 애증이 어지럽게 교차하고 있어요. 그런 점에서 엄마의 모성이 불모화된 시대라고 할 수 있습니다. 모성의 핵심은 자식으로 하여금 지혜와 통찰로 인도하는 거예요.

저는 이 인성이라는 항목이 있는 걸 보고, 명리학 공부를 해야겠다는 결심을 했어요. 인간의 운명 안에 공부운이라는 게 있다니, 그게 참 감동적이었습니다. 운명하면 부와 귀, 길과 흉, 이렇게만 생각했던 것을 크게 반성하게 되었죠. 인성, 즉 지혜와 통찰의 영역이 있다는 겁니다. 그리고 그게 육친으로는 엄마복에 해당한다는 사실에도 탄복했습니다. 저희 어머니를 비롯하여 역사를 장식하는 많은 어머니들이 떠올랐습니다. 한석봉의 어머니는 그렇게 가난한데도 어떻게 아들을 그렇게 치열하게 공부를 시켰을까. 굳이 그 깜깜한 밤에 떡을 써시면서 말이죠. 대낮에 해도 되는데 왜 밤에 그렇게 하셨는지.^^ 또 맹자 어머니는 왜 또 자식 교육을 위해 그렇게 이사를 다니셨는지….

더 나아가 왜 홀어머니들은 한결같이 자식을 공부시키려 하는지, 그걸 이해했어요. 홀아버지는 가난하면 뭘 시키죠. 알바를 시킵니다. 장돌뱅이로 만들어요. 아니면 사냥터나 전쟁터로 데리고 다니죠. 가난해서 그렇다고요? 아닙니다. 몽골제국과 청제국의 황제들도 다 그렇게 했습니다. 바로 물질적 이익을 얻는 현장에 투입하는 겁니다. 이건 지금도 크게 다르지 않다고 봐요. 아버지는 재성에 해당한다고 했잖아요. 그래서 역사든 전설이든 한석봉 아버지, 맹자 아버지는 없는 겁니다.

이렇게 명리학은 인간이 밟아야 할 삶의 가장 중요한 스텝

다섯 개를 지도로 보여 주고 있습니다. 그러니까 누구든 자존감(비겁)을 가지고 활동과 재능을 표현하고(식상), 그걸로 뭔가를 구성해 내서 경제활동을 하고(재성), 그러다 나이가 들면 사회적 장으로 나아가 통솔력을 발휘해야 합니다(관성). 그러다 노년이 되면 생사에 대한 통찰력으로 나아가야 합니다(인성). 다시 요약해 볼까요. 비겁(자존감)-식상(표현력)-재성(구성력)-관성(통솔력)-인성(통찰력). 식상·재성이 발산하는 방향이라면, 관성·인성은 수렴하는 방향입니다. 자존감을 고양시키려면 발산과 수렴이 조화롭게 이루어져야 합니다.

이렇게 정리하고 보면 현대인들은 주로 식상·재성에 주력하고 있다는 게 바로 나타나지 않습니까. 청년기에만 그런 게 아니라 중년, 노년이 되어도 여전히 식상과 재성 사이를 정신없이 오갑니다. 그렇게 내적 에너지를 발산하다 보니 자존감이 낮을 수밖에 없죠. 내부에 충전되는 느낌이 전혀 없는 겁니다. 그리고 관성, 즉 사회적 연대나 책임감의 영역이 현저히 낮다 보니 세대갈등이 전면화되는 거죠. 중년이 되면 내 자식은 다 컸잖아요. 그러면 이제 세상의 자식을 키우러 나가야 돼요. 그런 생각을 안한다는 게 놀라운 일인 거죠. 오히려 청년들과 경쟁을 하려고 한단 말이에요. 그러니 서로간에 혐오감이 늘어날 밖에요. 최소한 중년에는 관성의 기운을 쓰셔야 합니다. 내가 타인과 사회를 이롭게 하는 일이 뭘까, 청년세대에게 어떤 길을 열어 줄까 이런 생각을 해야 합니다. 그러면 할 수 있는 일이 참 많습니다. 그렇게 청년세대와 소통하다 보면 자연스럽게 인성의 장으로 들어가게 됩니다. 노년이 되면 인생을 긴 시선으로 볼 수 있는 안목과 경륜, 그리고 죽음에 대한 통찰이 가능하게 되고 그게 바로 노년의 지혜, 노년의 기쁨입니다. 그래야 청년들도 '아, 저렇게 늙어가고 싶다'라는 생각을 하게 되지 않을까요?

이렇게 다섯 가지 스텝을 인생 전체로 놓고 봐도 되고, 하루에 적용해도 됩니다. 아침에 눈을 떴을 때 자존감에 따라서 액션이 달라질 거 아닙니까? 몸에 차오르는 자존감이 있다면 활기차게 시작할 테지만, 자존감이 낮으면 더 움직이기 싫겠죠(비겁). 그리고 누구든 오전과 오후에는 활동을 합니다(식상과 재성). 돈이 되든 안 되든. 그러면서 다양한 방식으로 사회적 관계를 맺죠(관성). 그러다 해가 져서 집에 들어오면 책 읽고 명상을 하고 지혜를 일구는 시간(인성)을 가져야 합니다. 그렇게 하루가 마무리돼야 깊은 수면에 들고 다음 날 아침 다시 태어날 수 있는 겁니다. 그래서 운명의 지도는 하루도 되고 일 년도 되고 십 년도 되고 평생의 전 과정도 다 설명해 줄 수 있는 그런 밑그림입니다.

그런데 이 다섯 가지 스텝에서 뭐가 넘치면 뭐가 모자라는 거는 변함없는 법칙입니다. 그래서 각자 다 자기가 자기 리듬을 조율하는 활동을 시도해야 합니다. 이게 용신이고 개운법이라고 하는 겁니다. 개운법이라고 하면 길한 운을 불러들이고 흉한 운을 멀리하기 위해 어떤 색깔이 좋냐, 방향이 좋냐, 숫자가 좋냐 이런 걸 찾는데, 가장 중요한 건 내 마음의 방향과 기운이에요. 그건 딱 고정시켜 놓고 온갖 좋다는 개운법을 써 봐야 운명의 지도는 절대 바뀌지 않습니다. 오히려 더 탁하고 무거워져서 애초의 그림보다 더 나쁘게 작용할 수 있습니다. 대출로 돌려막기 하는 거랑 다를 바가 없죠.

이런 이치를 알려면 직접 배워야 합니다. 역술가한테 상담을 하면 일단 알아듣기가 어려워요. 전체 지도를 잘 모르기 때문에 코끼리 다리 더듬는 격이거나 당장 눈앞의 이익을 쫓아가려고 하게 됩니다. 절대 근본적인 해결이 될 수 없어요. 그러니 부디 스스로 배우세요. 자기가 자기 사주를 읽어 내면 얼마나 편합니까. 아주 전문적인 내용은 아니어도 일단 기본만 배워도 상담할 때 깊은 이야기를 나눌 수 있지 않습니까.

# 까르마와 업의 지도

## 윤회의 수레바퀴는 멈추지 않는다

선업에서 수행, 그리고 자기 자신에 대한 탐구 등을 향해 나아가다 보면 어느새 불교에서 말하는 윤회로부터의 해탈이라는 지점에 도달하게 됩니다. 불교에서는 탐진치 삼독의 덩어리가 업장이고 윤회는 까르마를 되풀이하는 거예요. 까르마, 업이죠. 억겁의 세월 동안 내가 생시를 반복했다고 할 때, 여기에는 내가 벌레였을 때부터 해당이 돼요. 그러면 억겁이라는 시간이 그렇게 황당한 시간은 아닙니다. 아메바처럼 단세포 생물부터 시작해서 다른 종간 이동을 하기까지 얼마나 많은 시간이 걸렸겠습니까. 무수한 태어남과 죽음이 있었던 거죠. 그렇게 해서 인간이 되기까지 어떤 종류의 업, 즉 탐진치를 계속 증식한 거죠. 물론 선업도 있긴 있어요. 인간으로 나아가기 위한 진화의 열망, 탐진치를 벗어나 세상 모든 것과 소통하고 공감하고 싶은 그런 열망도 강렬했겠죠. 하지만 정작 인간이 된 다음에는 다시 삼독에 빠져 왜 인간이 되려고 했는지를 까먹은 거죠. 그래서 이런 식으로 윤회를 거듭하다 보면 탐진치가 더욱 강화되어서 언젠가는 다시 축생이나 아귀의 상태로 태어나게 된다는 겁니다.

그러면 어떻게 해야 이 윤회의 수레바퀴로부터 벗어날 것인가. 기존 종교에는 제사를 잘 지내라, 공양을 잘 드려라, 보시를 해라, 나그네를 잘 섬겨라, 이런 식의 계율이나 윤리가 있습니다. 전 세계 종교를 살펴보면 거의 다 '지나가는 길손을 잘 모셔라'라는 게 있어요. 왜냐면 너도 한때는 나그네였기 때문에 그렇게 하라는 겁니다. 이런 역지사지가 종교적 윤리의 핵심입니다. 네가 원하는 것을 남에게 베풀라는 거죠. 『논어』에서는 좀 다르게 표현하는데, "너 자신이 원하지 않는 일을 타인에게 행하지 말라"고 합니다. '네가 원하는 것을 타인에게 베풀라'하고 '네가 원하지 않는 일을 타인에게 행하지 말라'하고. 어느 게 더 고차원적일까요? 후자입니다. 전자도 훌륭하긴 한데 내가 원하는 것을 남에게 강요할 소지가 있습니다. 내가 좋으니까 너도 좋아야 돼.

내가 맛있는 걸 만들었으니까 무조건 맛있게 먹어야 돼, 내가 이렇게 베풀어 주는데 왜 감사를 안 해? 이런 식이 될 수 있는 거죠. 예컨대 복숭아를 너무 좋아하면 복숭아 알레르기 있는 사람한테도 막 갖다 주는 거죠. 상대가 거절하면 막 섭섭해하고 그럴 수 있습니다. 제가 복숭아 알레르기라 종종 겪는 일입니다.^^

그런데 『논어』에서처럼 내가 원하지 않는 일을 타인에게 행하지 않는다는 것은 나의 고통, 나의 어려움을 견주어 타인을 헤아리는 것이니까 앞의 경우보다 한 걸음 더 들어갔다고 할 수 있죠. 그런 게 선업이라고 할 수 있는데, 서양 종교는 유일신 사상으로 인생은 단 한 번뿐이고 인간하고 동물 사이에는 어마어마한 장벽이 있어서 서로 완전히 격절되어 있다고 봅니다. 단 한 번의 생애를 살고 그다음 신에게 선택을 받으면 천국, 그렇지 못하면 지옥, 절대적 이분법이죠. 그냥 all or nothing인 거예요. 다음 생, 이런 거는 생각할 필요가 없는 거죠. 인도 종교에 오면 그건 윤회의 프로세스일 뿐입니다. 열심히 교회 다니고 열심히 기도를 하면 천국에 갑니다. 천국에 가면 신들의 안락과 즐거움을 누리겠죠. 그런데 천국도 언젠가는 또 끝난다는 겁니다. 왜냐면? 우주는 무상하게 변하고 흘러가는 법이니까요.

그래서 붓다는 천국에 태어나거나 천신이 되는 건 답이 아니라고 본 겁니다. 그 또한 윤회의 한 과정에 불과하니까요. 윤회의 사이클 자체를 벗어나는 길을 찾고자 한 겁니다. 해탈과 열반이 바로 그런 의미를 담고 있죠. "이 세상도 저 세상도 다 버린다", "더 이상 태어나지 않겠다" 등의 표현이 바로 그것입니다. 운명론 가운데 이보다 더 원대하고 무량한 비전은 없습니다. 붓다가 보기엔 삶의 괴로움을 끝장내는 길은 천국에 가는 것도, 신선이 되는 것도 아닙니다. 그런 기대나 열망 자체에서 벗어나는 것입니다. 운명을 가두는 어떤 그물, 어떤 구속도 용납하지 않는 거죠. 이쯤 되면 '무소의 뿔처럼 혼자서 가라'의 의미가 확! 다가오지 않습니까. 일단 가능성 여부를 떠나 너무 멋지지 않습니까?

## 업장의 현주소─행위와 말과 생각

그런데 이런 사유는 너무 근본주의적이고 너무 원대해서 꼭 저렇게까지 해야 하나, 아니면 저게 진짜 가능해? 이런 생각이 들 겁니다. 그런데, 여기 반전이 있어요. 업장을 덜어 내는 길이 아주 간단합니다. 불교에서 말하는 업장은 세 가지가 핵심이에요. 앞의 강의에서도 몇 번 나왔는데, 신구의(身口意) 삼업이라고 하는데, 신은 행동, 구는 말, 의는 생각 혹은 의도, 이걸 바꾸면 되는 겁니다. 업장소멸이 이렇게 간단하다고? 그렇습니다. 좀 당황스럽죠? 너무 어려우면 대충 살아볼까 했는데, 핑곗거리가 없어졌네요.^^

여기서 부처님의 말씀을 직접 들어 볼까요. 당시에 카스트 제도를 해체하면서 하신 말씀입니다. "출생을 묻지 말고 행위를 물으십시오. 어떠한 땔감에서도 불이 생겨나듯, 비천한 가문일지라도 성자는 지혜롭고, 고귀하고, 부끄러움을 알고, 자제합니다."「쑨다리까 바라드와자의 경」 행위가 중요하지 무슨 계급이냐, 누구 자식이냐 이게 중요하지 않다는 거고요. 행위를 바꾸면 업장이 소멸된다는 겁니다.

그다음에 "날 때부터 천한 사람인 것이 아니고, 태어나면서부터 고귀한 님인 것도 아니오. 행위에 의해서 천한 사람도 되고, 행위에 의해서 고귀한 님도 되는 것이오."「천한 사람의 경」 여기서도 행위가 중요하다고 하십니다. 그리고 길 위를 유행하고 계실 때, 어떤 바라문이 "당신은 누구냐"고 묻죠. 그러니까 "나는 결코 바라문도 아니고 왕자도 아닙니다. 나는 평민도 아니고 혹은 어느 누구도 아닙니다"「쑨다리까 바라드와자의 경」라고 대답하시는 거죠. "I am nobody"라고 대답을 하는 겁니다. "사람들의 가문의 성에 대해서는 잘 알지만, 아무것도 없이 지혜롭게 세상을 거닙니다. […] 바라문이여, 그대가 내게 성을 묻는 것은 옳지 않습니다."「쑨다리까 바라드와자의 경」 이건 진짜 2500년을 앞선 철학적 선언이에요.

완전히 주체를 해체하고 있잖아요. 철학사에서 보면 20세기 중반, 미셸 푸코에 와야 나오는 이야기입니다. 푸코가 "나는 누구인가"라고 묻고는, 나는 이것이고 저것이고 하다가 "나는 그 누구도 아니다. 당신이 생각하는 그 어느 곳에도 나는 있지 않다", 이런 식의 말을 하거든요. 주체는 없고 오직 행위만 있다는 뜻이죠. 문제는 정체성이 아니라 내가 지금 하는 행동과 그 행동을 야기하는 생각이 나라는 말입니다.

그런데 우리 같은 중생은 행위에 자신이 없죠. 행위는 거칠고 생각은 아주 불결해. 삼독에 물들어 있으니 당연하죠. 그럼 그걸 청정하게 바꾸면 되는데, 거기에는 관심이 없고 자꾸 출신이나 학벌을 이야기하는 겁니다. 어느 성씨의 몇 대 손이야. 이런 건 행위를 말하는 게 아니잖아요. 최종학력이 뭐다, 자산규모가 얼마야, 의사 집안이야, 이런 것도 마찬가지죠. 아주 근본적으로 행위를 물어야 한다는 겁니다. 사실 팔자나 업의 핵심도 출신, 신분 이런 게 아닌 거죠. 바라문으로 태어났다고 계속 바라문으로 태어나는 게 아닙니다. 다음 생을 그렇게 세습할 수 있었다면, 이 세상의 신분이나 왕조는 하나도 바뀌지 않고 똑같이 지속되었겠죠. 전생에 굉장히 거친 폭력배였던 사람도 왕자로 태어나지만 결국 그 행위를 고치지 못하면 폭군이 되잖아요. 이게 얼마나 다행입니까. 죽은 다음에 업의 흐름이 헤쳐 모여 해서 다시 태어날 때, 자기의 욕망과 행동에 따라 태어나니까요. 당연하죠. 죽은 다음에 무슨 신분이나 출신의 표지가 있겠어요. 형체가 다 없어지는데.

그래서 계급이라든가 외모라든가 학연, 지연 이런 거로는 그 사람의 업의 현주소를 알 수가 없어요. 몸으로 한 행동(신), 말(구), 의도(의), 이것이 이 사람의 업의 현주소예요. 그래서 업장을 해소하려면 이 신구의 삼업에서 변화가 일어나야 하는 거죠. 이건 너무 당연하고 쉬운 얘기 아닌가요? 그런데 문제는 사람들이 여기에 대한 확신이 없어요. 집안이 좋거나 외모가 탁월하거나 이력서가 그럴 듯하면 왠지 그 사람은 다음 생도 잘살 거 같다는 착각을 하는 겁니다. 그래서 자기도 자꾸 그런 식의 지표에 매달리는 거죠. 그런데 만약 행동이 업장을 바꾼다는 것을 확실하게 믿는다면 어떻게 할까요? 신구의 삼업을 바꾸는 데 전력을 기울일 겁니다. 행동과 말과 의도를 고결하게 해서 고결한 존재가 되겠다는 마음을 낼 거고, 그러면 탐진치 삼독의 업장이 해소되고 다음 생은 저절로 고귀한 존재로 태어나겠죠. 그렇게 영적 진화를 이루다 보면 언젠가 해탈이 가능하지 않을까요. 붓다의 전생담이 바로 그 증거죠. 무수한 생애 동안 보시와 수행을 쉬지 않고 한 덕분에 이번 생에 마침내 모든 윤회를 끝내는 해탈을 이루셨으니까요.

이제 마지막 글을 읽어 보겠습니다. "현자들은 이와 같이, 있는 그대로 그 행위를 봅니다. 그들은 연기(緣起)를 보는 님으로서, 행위와 그 과보에 대하여 잘 알고 있습니다. 세상은 행위로 말미암아 존재하며, 사람들도 행위로 인해서 존재합니다. 뭇 삶은 달리는 수레가 축에 연결되어 있듯이, 행위에 매여 있습니다.

감관의 수호와 청정한 삶과 감관의 제어와 자제, 이것으로 고귀한 님이 됩니다."「바셋타의 경」삼사라, 업장, 억겁 동안 쌓인…, 이렇게 이야기를 하면 너무 막막하고, 그걸 어떻게 벗어나지 싶은데, 그걸 실천하는 방법은 너무 간단명료해서 변명의 여지가 없어요. 감관을 제어하라, 즉 시각, 청각, 후각, 미각 등에 대한 욕망과 거리두기를 하라는 겁니다. 이런 감각기관들이 내가 타고난 기질, 생리구조와 찰싹 달라붙어 있는 겁니다. 그래서 업이라고 하는 거고요.

앞서도 이 생리구조 자체를 다시 재구성하는 건 불가능하다고 했죠. 오직 정신을 활용해야 하는데, 다행히 정신작용에는 이런 감각기관의 활동만 있는 게 아니라는 것, 그것이 구원인 겁니다. 여기에 이성도 있고, 오성도 있죠. 지성, 영성, 무의식 등등. 이런 마음의 영역을 가지고 인간이 태어난다는 거예요. 그러니까 이제 이걸 『동의보감』에서는 정기신의 순환과 수승화강, 이렇게 이야기를 했었죠. 그러니까 바로 이런 영역을 운용하는 겁니다. 이렇게 해서 감각으로 쏠리는 힘을 바꾸게 되면, 마음의 세계로 지평을 넓힐 수 있습니다. 그러면 체질이 갖고 있었던 고착화된 탐진치가 조금씩 부서지는 거죠. 업이라는 게 무겁고 탁한 것이 꽉 뭉친 거잖아요. 그걸 조금씩 해체하는 겁니다. 그걸 할 수 있는 건 신구의 세 가지 스텝밖에 없다는 것이고요.

부연하면, 우리가 어떤 행동을 하느냐, 어떤 말을 하느냐, 어떤 동기를 갖고 있는가, 이런 것들을 바꾸지 않으면 삶이 거친 상태 그대로 흘러갑니다. 생각이 거칠면 말이 일단 거칠게 나오고 행동이 당연히 거칠죠. 그리고 불안정하죠. 그래서 실수를 하고 실수를 한 다음에 다시 화가 나죠. 자기한테도 화가 나고, 다른 사람들에게도 화가 나고 그렇잖아요. 그런 상태를 반복하다 보면 완전히 고립된 상태로 치닫게 됩니다. 존재 자체가 위태롭게 됩니다. 돈이고 건강이고 다 소용이 없죠.

그래서 다시 한번 말하지만, 정말 업장의 핵심이 신구의 삼업이라는 것을 믿으셔야 합니다. 믿음이라고 하면 신앙이라는 생각이 들 테니, 확신, 더 구체적으로 말하면 논리적 확신이라고 하는 게 좋겠네요. 논리적 확신이 생길 때까지 계속 탐구를 하셔야 합니다. 단순히 종교적 차원에서가 아니라 양자역학적으로 열심히 탐구하는 거, 이게 불교의 논리학이죠. 그래서 어떻게든 업장을 좀 덜어 내는 방식으로 살아야 하겠지요. 물론 해탈은 아득한 미래의 일이죠. 여러분이나 나나 견적이 안 나와요.^^ 하지만 그 방향을 보고 나아간다는 건 아주 멋진 일입니다.

명리학적으로 말하면 팔자에 새겨진 업장을 덜어 내 운명의 주인이 되는 것, 궁극적으로 해탈과 열반이라는 지평선이 있다는 것은 지금 나의 삶을 충만하게 해줄뿐더러 죽음의 두려움에서 벗어나게 해주는 유일한 비전입니다.

아홉번째 강의 _ 사주팔자와까르마

# 통즉불통과
# 고집멸도

# 고집멸도, 괴로움에서 벗어나는 길

## 무명을 타파하라

드디어 마지막 강의입니다. 오늘은 '통즉불통'(通則不痛)과 '고집멸도'(苦集滅道)라는 두 개의 키워드를 가지고 『동의보감』과 『숫타니파타』에 대한 지금까지의 강의를 전체적으로 정리해 보고자 합니다. '통즉불통', 즉 '통하면 아프지 않다'라는 뜻인데요. 『동의보감』 전체를 이 한 마디로 정리할 수 있습니다. 그리고 부처님이 성도하고 청년기에 유행을 하면서 처음 펼치신 설법을 초전법륜(初轉法輪)이라고 하는데요. 그 내용이 '고집멸도'입니다. 이걸 사성제(四聖諦)라고 하는데요. '네 개의 성스러운 진리' 라는 뜻입니다. 이 두 가지를 가지고 마무리를 해보겠습니다.

먼저 『숫타니파타』의 내용을 복습하면서 시작해 볼까요? 『숫타니파타』에서 제일 유명한 구절이 뭐였죠? "소리에 놀라지 않는 사자같이, 그물에 걸리지 않는 바람같이, 진흙에 물들지 않는 연꽃같이, 무소의 뿔처럼 혼자서 가라"라는 구절이 있었죠. 두번째 '그물에 걸리지 않는 바람'을 먼저 볼까요? '그물에 걸리지 않는 바람'은 걸림이 없다는 말이죠. 사람이 뭐에 걸릴까요? 관습, 제도, 규범, 표상 등 여러 가지 걸림이 있을 텐데, 그런 외부적인 것보다 자기 안에 있는 걸림이 굉장히 많죠. 나를 바람처럼 가지 못하게 하는 힘들이 어마어마하게 많아요. 그다음에 '진흙에 물든다'는 것은 내가 막 혼탁해지는 거죠. 혼탁한 진흙 속에 있으면서 자기를 지키는 힘이 약하면 진흙처럼 뭉개져 버리죠. 앞뒤가 꽉 막히면서 뭐가 뭔지 모르겠고, 그러면 만사가 다 두려워집니다. 원초적으로 죽음과 소멸에 대한 두려움이 있는데, 정신이 혼탁해지면 두려움이 더더욱 깊어집니다. '소리에 놀란다'는 게 바로 이런 의미입니다. 이 두려움을 타파하지 않으면 절대 자유는 불가능해요. 먼저 일상을 지배하는 두려움을 하나씩 타파하고 마침내 죽음과 소멸에 대한 두려움을 떨치게 되면 마음이 그야말로 태평하겠죠. 천둥이 울리고 번개가 쳐도 느긋하게 숲을 이동하는 사자처럼. 『숫타니파타』의 표현은 따져 볼수록 너무너무 구체적이고 리얼합니다. 이런 일들이 매일매일 우리 주변에서 일어나고 있어요.

이런 인연들은 전 세계와 따로 떨어져서 존재할 수가 없어요. 전 세계가 다 연결이 돼 있습니다. 우리에게 벌어지는 일들은 전 세계 인류, 전 세계 역사와도 다 연결이 돼 있는 거죠. 거기서 더 나아가서, 전 우주와도 연결되고 과거·현재·미래와도 다 연동이 되어 있다고 합니다. 이렇게 중중무진(重重無盡)으로 얽혀 있기 때문에 우리가 이 윤회의 굴레에서 벗어나기가 어렵고 그러다 보니 그냥 휩쓸려가기가 십상이죠. 세상만사 얽히고 설켜 있으니까 어쩔 수 없다고 핑계를 댈 수도 있지만 사실 그 안에는 '탐진치'라고 하는, 자기가 태어날 때부터 박혀 있는 화살을 뽑으려고 하지 않고 그 독이 내 몸을 지배하도록 내버려 두는 마음이 있다는 겁니다. 이런 걸 '무명'이라고 합니다. 어둠에 갇혀 버린 상태인 거죠.

불교는 바로 이 무명을 타파하는 길을 열고자 하는 겁니다. 그 무명을 하나씩 따져서 타파하지 않으면, 고통에서 벗어날 수도 없고 자유는 상상할 수도 없는 겁니다. 그런데 우리는 '자유'를 전부 물질적인 것과 쾌락으로밖에 생각하지 못합니다. 쾌락은 감각기관에서 느끼는 거잖아요. 이건 정신활동의 가장 낮은 단계입니다. 훨씬 더 고차원적인 것들이 많은데, 그걸 활용하거나 거기에 도달하려고 하는 사람이 드문 거죠. 감각적 쾌락이 절대 자유를 줄 수 없다는 건, 당장 감기만 걸려도 알 수 있는 거죠. 조금만 아파도 몸이 자유롭지 않잖아요. 특히 나이 들면 온몸의 여기저기가 다 불편해지고, 그런 상태에서 죽음을 생각하면 완전히 두려움에 빠져 버립니다. 바로 이런 것이 무명의 상태인데, 부처님이 무명에서 벗어날 길을 열어 주신 거죠. 그래서 불교는 신을 믿는 종교가 아니라 스승을 따르는 종교라고 할 수 있습니다.


## 통하면 아프지 않다

'통즉불통'은 『동의보감』 양생술의 가장 핵심적인 원리에 해당합니다. '통하면 아프지 않다', 그러면 무엇이 통해야 할까요. 일단 경락이 통해야겠죠? 비위가 막히면 당장 소화가 안 됩니다. 두통이 생기거나 어깨가 아주 심하게 결리거나, 이런 통증들도 다 몸 어디에선가 기운이 뭉쳐 버린 거예요. 일시적인 경우에는 그걸 풀면 되는데, 그게 장기지속되면 피부조직에 자리를 잡게 되고, 그러면 염증이 되고, 질병이 되는 거죠. 그런데 이런 문제는 생리적인 영역에서만 벌어지는 게 아닙니다. 신체의 어떤 부위에서 불통이 일어난다는 건 나의 심리와 습관이 어느 한 방향으로 치우쳐 있다는 뜻이기도 한 겁니다. 마음이 움직이지 않는데, 신체가 그렇게 될 리가 없잖아요.

물론 태어날 때부터 모든 인간은 태과불급을 타고나죠. 예외가 없습니다. 설령 태과불급이 최소화되어서 균형과 조화를 이루고 태어난다 해도 나이가 들거나 어떤 사고를 당하면 역시 마찬가지예요. 결국 태과불급에서 오는 불통은 인간의 근본적 조건이라 할 수 있습니다. 그렇다면 뭘 어떻게 해야 할까요? 태과불급을 벗어나서 통즉불통의 상태를 위해 노력해야겠죠. 넘치는 기운을 계속 더 넘치게 하고, 모자라는 기운은 더더욱 후달리게 해서 태과와 불급의 간극을 넓혀 버리는 짓은 하지 말아야겠죠. 너무 지당한 말이지만 결코 쉽지 않습니다. 공교롭게도 일단 한쪽으로 타고나면 아주 자연스럽게 그쪽으로만 생리적 리듬이 쏠리게 되어 있어요. 재능이라고 생각하기 때문에 더더욱 그렇게 되는 것 같습니다. 그래서 몸이 건강한 분들이 익스트림 스포츠에 과격하게 몰입하시는데, 이런 분들은 사실 스포츠보다 명상이나 요가 같은 정신활동을 더 많이 하셔야 돼요. 이를테면, 책을 보거나 글쓰기를 하셔야 합니다. 그래야 리듬이 보완이 되죠. 반대로 저처럼 게으르거나 몸쓰는 데 영 젬병인 사람들은 현장에서 활동을 해야 합니다. 많이 움직이고, 사람들과 소통하고, 그러면서 지지고 볶고. 그냥 홀로 지적 활동만 하면 자폐 상태에 빠질 수 있어요. 제가 자주 말씀드리지만, 공동체를 하지 않았다면 제 인생이 얼마나 한심했을지 생각만 해도 끔찍합니다.

여기에는 또 정서적인 순환도 당연히 연관이 됩니다. 기운을 쓸 때 어떤 경락을 많이 움직이면, 거기서 일어나는 감정들이 있는데 그러다 보면 결국 감정적 불통도 심해지기 마련입니다. 이 감정의 패턴이 바깥으로 열리고 확장되지 않으면 타인이나 세계에 대해서 공감하는 능력이 굉장히 협소해집니다. 제가 늘 얘기하지만 인간이 두 발로 서 있는 건, 천지인을 연결하는 마음의 표현이에요. 이 거룩한 본능을 포기하고 왜 한쪽으로 쏠리고 치우친 것을 찬양하고 부추기는지 모르겠어요. 그러니까 '통즉불통'은 생리와 심리, 그리고 윤리적인 것까지를 포함하는 개념입니다. 이 모든 것 안에서 존재와 세계가 공감하고 소통해야 하는 것이고, 그래서 '도'(道)를 얘기하는 거예요. '도(道)로써 병을 치료한다'는 게 바로 그런 뜻이죠.

그런데 내가 마주치는 모든 것과 공감하려면 나의 자아를 점점 비워야 되겠죠. 사심이 가득하면 공감도 불가능할뿐더러 감정적 폭력을 행사하게 돼요. 타자에 대한 부정적 인식으로 가득 차는 겁니다. 그래서 마음을 비우는 게 교육과 문화의 핵심이에요. 어떤 사람이 내공이 있다는 것은 그 사람이 무엇을 잘한다는 것이 아니라 '능동적이고 자율적으로 마음을 비울 수 있는지'에 달려 있는 겁니다. 하지만 현대인들은 반대로 합니다. 무엇이든 꽉꽉 채우려고 해요. '좋은 것이 많으면 좋지 아니한가', 이런 생각인 거죠. 아닙니다. 좋은 것이 많아도 역시 태과불급입니다. 좋다는 것의 기준도 항상 상대적인 것이라 사람에 따라, 시절에 따라 계속 달라지는 거고요. 누구한테는 좋지만 다른 누구한테는 나쁠 수 있고, 지금은 좋지만 내후년에는 '극혐'이 될 수도 있지요. 그래서 기준을 좋은가 나쁜가로 삼지 말고, 비울 것인가 채울 것인가로 설정해야 합니다. 채우면 한 주먹도 안 되지만, 비우면 이 세계 전체가 된다, 이게 『동의보감』의 사유입니다.

『동의보감』의 사상적인 기원을 따지고 들어가면 노자와 장자로 대표되는 도가적 이치에 가닿습니다. 노자와 장자는 무(無)와 허(虛), 무용지용(無用之用), 이런 것들을 삶의 기준으로 삼은 철학이잖아요. 우리가 가진 기존의 가치척도를 완전히 전복한 거죠. 도교에서는 무언가가 있으려면 빈 공간이 있어야 한다고 합니다. 그렇죠. 밤하늘의 별을 보기 위해서도 별과 별 사이의 허공이 있어야 하잖아요. 허공의 크기는 얼마나 될까요? 무한대입니다. 그 무한에서 별들이 탄생하는 거죠. 인간도 마찬가지입니다. 사람과 사람, 사람과 사물 사이엔 텅 빈 공간이 있어야 합니다. 그 텅 빔이 우리를 살리고 있는 거예요. 집이든 어디든, 아무리 좋은 공간이라도 꽉꽉 채워져 있으면 거긴 창고 아니면 쓰레기더미가 됩니다. 숨이 막히죠. 요즘 사람들은 집에 뭘 많이 채워 놓죠. 이리면 집이 아니라 저장고가 되는 거예요. 마음을 비우는 게 어렵다면 일단 집부터 비워 보시면 어떨지. 물건 하나 버리는 것도 부들부들 떠시는 분들이 많아요. 정작 그 물건이 집에 있는지도 잘 몰랐으면서요.

우리가 어떤 집이 '참 좋다'는 건 빈 곳이 많다는 뜻이죠. 정말 부잣집은 창문으로 숲이나 호수, 아니면 하늘 같은 게 보여야 하잖아요. 그러니까 결국은 빈 것들이 그 건물의 가치를 결정하는 겁니다. 그 원리를 적용하면 됩니다. 아무리 작은 집에 살아도 공간을 비워 놓으면 그 집은 아주 큰 집이 되는 거죠. 그래서 저도 매일 한 가지씩 버립니다. 그날 눈에 띄는 것 중에 아무거나 버리는데, 그때마다 기분이 아주 시원해져요. 한데, 어이없게도 버리고 나면 뭘 버렸는지 금방 잊어버립니다. 그러니까 있으나 마나였다는 거예요. 알지도 못하면서 버리질 못한다? 이거야말로 무명이 아니고 뭡니까?

이렇게 '통하면 아프지 않다. 아프면 통하지 않는다', 이걸 기준으로 삼아서 내가 몸이 아프면 '어디가 막혔나'를 돌아보는 것과 동시에 내 감정이 또 어디로 치달리고 있는지, 내 생활 패턴이 어떤 식으로 쳇바퀴를 돌고 있지나 않은지 예의 주시해야 한다는 겁니다. 우리가 흔히 취미를 여러 개 가지고 문화생활을 많이 하면, 다양하고 화통하게 살고 있다고 생각하기가 쉬운데, 이것도 쳇바퀴 도는 거나 다를 바가 없습니다. 좋은 걸 많이 한다고 좋은 삶이 보장되지 않는 이치입니다. 리듬을 잘 타는 것, 그래서 매 순간의 강밀도가 높아지는 것이 중요해요.

# 괴로움은 삶의 실상

이렇게 『동의보감』의 '통즉불통'을 간단히 살펴보았고요. 이 번에는 '사성제'를 보겠습니다. 불교에서는 마음의 해방을 위해 고성제(苦聖諦)·집성제(集聖諦)·멸성제(滅聖諦)·도성제(道聖諦), 이렇게 '사성제'를 이야기합니다. 불교는 『동의보감』과 달리 양생이 아니고 '우리의 마음이 왜 이렇게 괴로운가?', '우리의 삶은 왜 이렇게 괴로운가?'에 초점을 맞추고 시작한다고 했죠. 이렇게 괴로운 것이 허무주의나 비관주의가 아니고 삶의 실상이라는 겁니다. 태어나는 것 자체가 사실 어머니를 굉장히 괴롭게 하면서 태어나는 거잖아요. 그런데 부처님은 탄생할 때 어머니 마야부인의 옆구리로 나왔다고 합니다. 여기에는 여러 가지 의미가 있는데, 무엇보다 산통이 없다는 것이 핵심입니다. 달라이라마나 린포체 같은 고승이 돌아가시고 환생자를 찾는 과정을 보면, 그들의 공통적인 특징이 뭐냐면, 임신에서 출산까지 어머니에게 아무런 고통이 없었다는 사실이 꼭 등장합니다. 어머니는 물론이고 병들었던 아버지, 또 역병으로 고생하던 동네사람들이 다 나아 버려요.

그런데 우리의 태어남은 엄청난 괴로움을 수반하잖아요. 이거는 자연스러운 게 아니라는 거죠. 그리고 또 늙음 앞에서는 다 괴로움을 겪죠. 늙음이라는 것이 아프고, 무기력해지고, 허무해지고 이런 거니까. 병이 들면 말할 것도 없고 죽음은 이미 참혹한 재앙이라고 전제하고 있죠. 그래서 자신의 죽음이든 타인의 죽음이든, 죽음은 무조건 고통으로 간주하고 있어요. 뭔지도 잘 모르면서 말이죠. 이게 참 신기한 겁니다.

그런데 불교는 생사여일, 곧 죽음과 삶이 하나다, 그러니까 죽음과 죽음 이후 몸이 사라진 다음 의식이 어떻게 변하는지 알 수 있다는 거예요. 이에 대한 최고의 지혜서가 『티베트 사자의 서』일 겁니다. 여기에는 죽은 다음에 49일 동안 인간의 의식이 어떤 변화 과정을 겪는지가 상세하게 서술되어 있어요. 전에 한 세미나에서 『이집트 사자의 서』와 함께 읽었던 적이 있었는데, 『이집트 사자의 서』에 비해서 『티베트 사자의 서』는 굉장히 수준이 높고 치밀했습니다. 한 페이지, 한 페이지 읽어 나가는 게 몹시 힘들더라고요. 그런데 『이집트 사자의 서』는 딱 우리 수준이더라고요. '천국에 가면 캐러멜과 초콜릿이 많다' 이런 식이었습니다. 물론 거기도 중간 중간 '아, 이런 게 죽음을 생각하는 이집트 인들의 지혜구나' 하는 걸 느낄 수는 있었는데, 전체적으로 보면 서양인들은 육체와 물질이라는 실체에 집중하는 느낌이었어요. 티베트불교는 정반대죠. 마음과 우주를 기준으로 생사를 바라봅니다. 동의하든 않든 이 지혜는 인류의 공유자산으로 적극 활용되어야 해요.

티베트에는 카일라스 산(Mt. Kailash)이라는 성산(聖山)이 있는데, 그 산은 세계 여러 종교의 메카라고 합니다. 그런 산과 4천 미터 이상의 고원의 기운 때문인지 죽음에 대한 지혜가 높은 수준에 도달한 거 같습니다. 그런 성취는 어느 문명권에도 없는 거 같아요. 그러니까 달라이라마의 환생을 제도화해서 법왕국가를 만들 수 있었겠죠. 그만큼 죽음과 환생에 대한 확신이 있는 겁니다. 그 험난한 역사를 겪으면서도 티베트 인들이 대체로 낙천적이고 유머러스한 이유도 거기에 있을 겁니다. 죽음에 대한 두려움에서 벗어나 있다는 것. 소리에 놀라지 않는 사자의 여유가 느껴집니다.

## 집착은 허망하다

아무튼 생로병사가 다 고통스럽다, 이게 고성제입니다. 그럼 그다음엔 이런 질문이 이어지겠죠. '이 괴로움은 대체 어디서 발생하는가?', 거기에 대한 대답이, 집(集), 집착하기 때문이라는 겁니다. 그러니까 모든 무명에서 생명으로 이어지는 과정을 하나로 얘기하면 '집착'이라는 거고요. 생로병사 그 자체가 괴로움을 주는 게 아니라, 집착이 모든 과정을 괴로움으로 만들어 버린다는 거죠. 이게 집성제입니다. 그럼 해결책은 뭐겠습니까? 이 집착을 버리면 괴로움은 소멸한다는 것이 '멸'(滅)입니다. 와, 간단하네요. 집착만 버리면 됩니다. 그러면 우리는 '고'에서 해방됩니다. 이게 멸성제죠. 그게 어떻게 가능해? 집착 없이 무슨 낙으로 살란 말인가? 물론 집착을 몽땅 버리는 건 당장 어렵죠. 하지만 우리가 겪는 세세한 괴로움들도 시간이 지나면 옅어지고, 끔찍한 고통도 때가 되면 다 사라져 버리잖아요. 시간과 함께 자연스럽게 집착을 버렸기 때문입니다.

실연을 당했거나 가족을 잃거나 하는 경우, 저는 그 친구들에게 이런 식의 조언을 종종 합니다. 절기 지날 때까지만 버티라고. 지금이 소서면 대서까지만 꾸역꾸역 삼시세끼 먹고, 움직일 수 있을 만큼 움직이다가 밤이 되면 그냥 잠들고 하는 식으로 살다 보면 그 사이에 절기가 바뀌면서 나의 생리와 심리의 행로가 바뀌고 괴로움은 상당히 소멸하게 됩니다. 완전히는 아니어도 그냥 살 만하네, 정도는 됩니다. 내 몸과 마음이 그 사건에 대한 집착에서 벗어났기 때문이죠. 그래서 '세월이 약이다'라고들 하는데, 거기에 더해 아주 중요한 게 하나 더 있어요. 세월도 약이지만, 배고픈 게 또 약이에요. 아무리 괴로운 일이 있어도 배가 고파요. 그러면 사는 거예요. 정말 죽고 싶을 때 딱 두 끼만 굶어 보세요. 배고파서 뭘 먹게 돼요. 먹고 나면, 아 정말 이 맛으로 살아야겠다, 이런 마음이 들죠. 부모님이 돌아가셔서 슬프다고 더 크게 운 사람이 더 많이 먹어요. 울면 배가 더 고프거든요.

이런 원리를 삶 전체에 유추해 보면 멸성제, 즉 '괴로움이 소멸하는 원리가 있겠구나'라고 생각할 수 있습니다. 그러면 모든 집착에서 벗어나는 그 길을 닦겠다고 하는 것이 바로 '도성제'입니다. 사성제, 즉 '고집멸도'는 이렇게 구성되어 있습니다. 이게 초전법륜인데, 느낌이 어떠세요? 저는 참 단순명료하다, 그리고 참 논리적이다, 이런 생각이 들었습니다.

그리고 이런 구절도 나옵니다. "보라, 신들을 포함한 세계의 사람들은 내가 아닌 것을 나라고 생각하여 정신, 신체적인 것에 집착해 있다. 이것이야말로 진리라고 생각한다."「두 가지 관찰의 경」 '신들을 포함한 세상의 사람' 그러니까 불교에서는 신들도 윤회의 한 과정으로 여긴다고 했죠. 그러니까 신으로 태어난다, 혹은 천신의 세계에 태어난다 이거는 뭐겠어요? 아주 좋은 선업을 많이 닦았다는 뜻입니다. 보시도 많이 하고, 공공의 이익을 위해 노력한 건데, 이것도 사실 쉬운 일은 아니죠. 하지만 그렇게 해서 신들의 세계에 탄생해도 '나'에 대한 집착은 여전하다는 겁니다. '내가 아닌 것'을 나라고 여기면서 그 자아에 대한 애착을 떨치지 못한다는 거죠. 그래서 결국은 윤회의 사이클에서 벗어날 수 없다는 겁니다. 『서유기』를 봐도 저팔계나 사오정도 다 최고의 내공을 닦아 하늘나라에서 살게 되었지만 결국 다시 지상의 요괴로 떨어지고 말죠. 핵심은 자아를 버리지 못한 때문이죠.

탐진치 삼독을 벗어나지 못하는 것도 자아에 대한 집착이라고 할 수 있습니다. "그런데 그들이 이렇다 저렇다고 여기더라도 그것은 생각과는 다른 것이 된다. 참으로 그것은 허망한 것이요, 허망한 것이 변하기 때문이다."「두 가지 관찰의 경」 신들도 이러한데, 우리 중생은 얼마나 자아에 대한 집착이 견고하겠어요. 그런데 대체 무엇이 나라고 하는 것을 보장해 주는가, 이렇게 물으면 참 막막해요. 몸, 표정, 소리, 이름…, 사는 동안에도 모든 것이 변해가고, 죽으면 그 모든 것이 다 해체되어 버리는데 대체 나는 어디에 깃들어 있는가, 이런 생각을 해보라는 겁니다.

그래서 미세하지만, 아주 근본적으로 변하지 않는 뭐가 있을 거라고 오래도록 생각했어요. 물질세계에도 그런 원소가 있을 거라고 생각해서 서양과학은 원소를 쪼개고 쪼개서 원자, 전자, 중성자…, 이렇게 나아간 겁니다. 영원히 변하지 않는 최종물질을 찾아내면 그것이 우주의 비밀을 풀어 줄 거라고 생각한 거죠. 이렇게 한 게 서양의 연금술이나 서양의 과학이었어요. 그게 원자론이잖아요. 그리고 물질세계하고 정신세계가 평형을 이뤄야 되니까. 물질세계에 변하지 않는 원자가 있다면 영혼이라는 것도 견고하게 존재할 거라고 생각을 했던 거죠. 이걸 표현한 것이 서양의 4원소설이잖아요. 물, 공기, 흙, 불을 근본적인 원소로 삼는 거죠. 이건 동양의 오행론과는 비슷한 듯 다른데요. 오행의 '행'(行)은 고정된 원소가 아닙니다. 에너시, 기운 같은 깃으로 끊임없이 움직이는 거예요.『주역』에서 '역'(易)이라는 글자도 변화를 뜻하잖아요. 서양이 물질의 최소단위를 찾아 헤맸다면 동양은 운동과 변화에 더 주목했다고 할 수 있습니다.

하지만 20세기 들어 상대성이론과 양자역학이 발전하면서 동서양이 마주치는 접점이 생겼습니다. 상대성이론에서는 시공이 절대적인 척도가 아니라는 것을, 양자역학에서는 아무리 쪼개고 쪼개도 최종입자가 나타나는 것이 아니라 어떤 방식의 프로세스, 패턴 등이 나타난다는 것을 발견하게 됩니다. 결론은 파동의 어떤 잠재적 패턴이 입자를 만들어 낸다는 거죠. 패턴이 달라지면 당연히 입자의 형태나 속성도 달라지겠죠.

그렇다면 자아나 영혼도 마찬가지겠죠. 고유하고 고정된 무엇이 있다기보다 끊임없는 상호작용과 운동성, 그것이 어떤 흐름이나 패턴을 만들면 거기에 따라 존재가 일시적으로 형성된다는 것이죠. 그러면 결국 자아란 없다, 주체는 그때그때 구성되는 것일 뿐이다, 이런 결론에 도달하게 됩니다.

그래서 모든 괴로움은 다 자아에 대한 집착 때문이에요. 나를 확장하고 계속 증폭시키려다 보니 괴로움을 겪는 거예요. 게다가 자본주의는 소유밖에 없는 거죠. 이렇게 '나'와 소유, 이런 자아에 대한 집착이 허망하다는 걸 불교는 계속 강조하는 겁니다. "열반은 허망한 것이 아니다. 고귀한 님들은 이것을 진리로 아는 님들이다. 그들은 진리를 이해하기 때문에 탐욕 없이 완전한 열반에 든다."「두 가지 관찰의 경」 내가 아닌 것을 나라고 우기지 않는 것이야말로 고귀한 것이고, 그러면 탐욕에서 벗어나 지극한 기쁨을 누릴 수 있다는 겁니다. 쉽게 말하면 자아로부터 해방되는 것입니다.

## 성인과 신선

다시 '통즉불통'에 대해 얘기를 해보면, 중화문명권에서는 유교와 도교가 핵심사상입니다. 유학은 정치경제, 사회적 윤리의 베이스가 됩니다. '인의예지신'을 수양해서 '수신제가치국평천하'(修身齊家治國平天下)로 나아가는 것이 인간의 도리라고 설정합니다. 목표나 방향이 아주 뚜렷하죠. 인간이 무엇을 해야 하는지, 어디로 나아가야 하는지를 명쾌하게 제시하고 있습니다. 이렇게 살아가는 존재를 군자 또는 성인이라고 부릅니다. 인간이라면, 특히 사대부나 선비라면 마땅히 군자와 성인의 길을 가야 하는 거죠. 최고의 롤모델이 바로 요임금, 순임금이기 때문에 모든 제국의 황제나 왕들에게는 요순시대를 열어야 할 소명이 주어졌습니다. 요임금과 순임금은 역사 이전, 고대사의 리더인데, 이들이 모든 리더가 도달해야 할 전범이 되었다는 건 참 흥미롭습니다. 그러니까 물질적으로는 계속 진화하고 있지만 인격적 완성의 측면에서 보면 역사는 오히려 퇴행하고 있다, 이렇게 보는 거죠.

예전에는 가족의 범주가 넓고 구성원도 많았죠. 친인척까지 포함해서 가문으로 생각을 했으니까. 이렇게 가문을 다스리고, 거기에서 또 수양을 해서 능력이 충분히 발휘되면 '치국'하고 '평천하'를 한다는 길을 상정한 것인데, 유교에서의 수양은 여기서 끝나지 않아요. 이건 사회적 존재로서의 역할이고 비전이죠. 그런데 사람에게는 생사가 있으니까 생사의 경계를 넘고 싶다는 염원, 이것에 대한 열망이 누구나 다 있는 거예요. 그러니까 이 경계를 도교 수련을 통해 넘어 보려고 했던 거죠. 도교의 비전은 '신선'인데, 신선술을 닦으려고 봤더니 세속의 모든 욕망에서 벗어나야 된다는 결론이 나온 겁니다. 익힌 음식을 먹지 않고 생식을 해야 하고, 그 생식의 양도 점점 줄여 가면서 공기만 마셔야 하고… 등등. 우리 몸이 가진 온갖 탐욕을 벗어나야 몸이 가벼워져서 우화등선(羽化登仙)할 수 있다는 것입니다.

이런 방향이 맞냐 틀리냐를 떠나서 식욕을 제어하는 힘이 없으면 자유로워질 수 없다는 건 여기서도 분명해 보입니다. 성욕도 마찬가지죠. 그러니까 도교에서는 단전호흡을 하잖아요. 단전호흡을 해서 내부에 있는 양기를 고도로 순환을 시켜서 경락을 다 뚫고 마침내 머리 꼭대기에 있는 백회혈이 뚫리고, 그래서 천지와 감응하는 신체가 되고, 그렇게 되면 호흡을 피부나 발뒤꿈치로 하고, 뭐 이런 식으로 이야기를 하잖아요. 핵심은 자유자재로 기를 순환할 수 있어야 한다는 겁니다. 단전에 있는 양기의 핵심은 성욕, 성적 에너지예요. 단전호흡을 하면서 이걸 다른 방향으로 쓰는 거예요. 이를테면, 인간의 원초적 욕망인 식욕과 성욕의 방향을 바꿔서 나를 자유롭게 하는, 내 몸을 완전히 가볍게 하는 방향으로 활용한다는 거죠.

그런데 이런 수련에 몰두하려면 사회적인 존재로 살아가는 데는 많은 제약이 있겠죠. 일단 결혼을 안 하거나 하더라도 부부 생활을 하지 않아야 하고, 산천을 주유하면서 수련에 몰두해야 하니까 유학자의 입장에서 보면 도무지 역사 발전에 도움이 되지 않는 겁니다. 그래서 도교를 은둔의 사상, 이단이라고 하면서 굉장히 비판했지만, 한편으로는 이 수련법이 지닌 의학적 성취를 적극적으로 활용을 했어요. 퇴계 선생이나 사대부들, 선조나 정조 같은 왕들은 의학적 수준이 아주 높았고, 특히 활인법(活人法)이라고 하는 도교 양생술을 적극 활용했습니다. 대표적인 게 음양탕이나 고치법 같은 거죠. 저도 아침마다 꼭 하는데요. 음양탕은 뭐냐 하면 따뜻한 물을 절반 넣고 그다음에 찬 물을 부어서 음양이 순환되도록 한 다음에 물을 마시는 거예요. 그러니까 물을 마실 때도 물 분자가 아니라 물의 활발한 기운을 먹는다는 원리인 거죠. 식전에 따듯한 물을 마시면 양기가 보충되는 느낌이 참 좋습니다. 그다음에 고치법은 윗니와 아랫니를 3~40번 부딪치고 침을 삼키는 건데, 아침에 버릇처럼 하고 있어요. 여러분도 각자 생활 속에서 자기만의 양생술을 개발해 보세요. 코로나와 공존하려면 무엇보다 면역력을 잘 유지하는 게 관건인데, 그런 점에서 『동의보감』의 이치와 기예를 적극 활용할 필요가 있습니다. 물론 양생술의 궁극적 목표는 인격적 완성, 다시 말해 대자유에 이르는 것임을 잊지 마시고요.

# 스승과 친구와 길

## 스승을 만난다는 것

불교는 초전법륜인 사성제에서 시작해서 삼법인(三法印)으로 나아갑니다. 앞에서도 언급했었는데, 제행무상, 제법무아, 열반적정을 삼법인이라고 하죠. 우선 제행무상은 모든 것이 무상하다는 겁니다. 어떤 것도 머무르지 않는다는 거예요. 이건 이론의 여지가 없죠. 그리고 제법무아, 나라고 할 것이 없다는 건데, 여기서부터는 만만치가 않죠. 나라고 하는 걸 놓기는 참 어려운데, 현대인은 특히나 개인 단위로 흩어져 있기 때문에 자아가 견고해요. 그런데 자아가 견고하면 그 안엔 슬픔밖에 없어요. 그리고 자아가 견고한 사람은 타인이 접근하기가 굉장히 어려워요. 그러면 다른 사람들이 그 사람하고 친구가 되려고 하지 않습니다. 나를 비우고 타인을 들일 수 있는 공간, 그 공간만큼이 내가 우정을 나눌 수 있는 영역입니다. 만약 내가 친구가 없다면, 자아로 꽉 차 있는 건 아닌지 돌아봐야 하는 거죠.

그리고 자아가 이렇게 작동하면 몸이 굉장히 괴로워요. 이건 누구나 느끼는 바입니다. 화가 나거나 의심에 휩싸이면 몸이 정말로 아픕니다. 어깨도 결리고 등이 뻐근하고 그렇습니다. 이게 번뇌인 거예요. 몸과 마음을 다 불태우는 번뇌. 그때 심호흡을 하거나 마음을 다스려서 '내가 왜 이걸 괴로움으로 해석하지?' '무엇이 내 몸을 아프게 하는 거지?' 등등을 생각하면 한결 나아집니다. 그러니 자아를 견고하게 사수하는 분들은 얼마나 괴롭겠어요. 자기도 모르게 병을 키우고 있는 셈이죠.

자아의 이런 구속으로부터 벗어날 때, 윤회를 벗어나서 열반에 이른다는 겁니다. 이게 삼법인의 세번째인 '열반적정'이죠. 열반을 이룬다고 하면 굉장히 신비로운 일인 것 같지만 사실 아주 논리적인 결과입니다. 이렇게 근원을 탐구하고 원리를 아는 데서 끝나는 게 아니라 그걸 내 삶에 적용을 하고 '아, 나라고 할 것이 없구나'라는 걸 몸으로 터득을 해야 돼요. 그러려면 어떻게 해야 할까요? 불교는 공부와 수행이 핵심적인 가르침인데, "많이 배우고 익히며 절제하고 훈련하여 의미 있는 대화를 나누니 이것이야말로 더없는 축복입니다"「고귀한 축복의 경」라는 대목이 나옵니다. 불교에서 고귀한 축복은 '배우고, 익히고, 절제하고, 훈련하고, 그런 대화를 나누는' 것이죠. 생각보다 너무 쉽지 않나요? '열반', '해탈', 이러면 몹시 아득해 보이지만, 배우고 익히고 절제하고 훈련하고 그것에 대한 대화를 나누는 건 사람이라면 누구나 할 수 있잖아요. 이게 부처님이 찬양을 받는 이유입니다. 사람이라면 누구나 실천할 수 있는 길을 열어 주신 거죠. 그래서 불교는 스승의 종교라고 하는 겁니다. "누군가에게 배워 진리를 알게 되었다면 마치 하늘사람이 제석천을 섬기듯, 그를 대하라. 많이 배운 님은 섬김을 받으면 기쁜 마음으로 그에게 진리를 밝혀 보인다."「나룻배의 경」 그러니까 진리에 대한 종교이기 때문에 그 진리를 가르쳐 주는 스승을 최고로 섬기라는 겁니다. 스승이 너무나 고귀한 거예요. 어떤 스승으로부터 배우는가가 삶을 결정하니까요.

여러분도 지금 당장 자기 삶의 스승을 찾으세요. 동시대의 스승이어도 되고, 책을 통해 만나도 되고, 아니면 유튜브에도 아주 많습니다. 크리슈나무르티, 달라이라마, 간디, 토마스 머튼 등 지금 수많은 구루들이 다 그 안에 있어요. 저는 매일 아침 달라이라마의 홈페이지에 들어갑니다. 영어가 대부분이라 잘 안 들리지만, 그래도 무언가를 배울 수 있다는 사실 자체가 얼마나 축복인지 모릅니다. 달라이라마는 부처님이나 직접 배움을 주신 린포체들을 생각할 때마다 그렇게 눈물이 난대요. 어머니가 돌아가셨을 때도 울지 않았던 분이 스승들을 생각하면서 눈물을 막 쏟아내십니다.

일본의 어떤 학자가 말했듯이, 인류학적으로 인간에게 가장 중요한 관계는 부모도 연인도 아닌, 사제관계라는 거예요. 그래서 티베트불교에서는 스승이 누구냐고 물었을 때 스승이 없다고 하면 '스승이 없다면 귀신이 아닐까' 이렇게 의심한다고 합니다. 귀신이 아니고 인간인데, 어떻게 스승이 없냐는 거죠. 그런 기준이면 한국인은 대부분 귀신이겠죠?^^ 그런데 스승은 꼭 동시대인이 아니어도 됩니다. 고전을 보면 정말 많은 스승들이 있어요. 그렇게 시공을 뛰어넘는 교감을 할 때 내 존재의 현장이 확 넓어지는 건 확실하지 않습니까?


## 지혜와 자비는 함께 간다

불교를 표현하는 핵심적 개념은 지혜와 자비입니다. 지혜와 자비가 같은 단어는 아니잖아요. 그런데 지혜와 자비가 따로 있으면 이건 지혜도 아니고 자비도 아닌 게 됩니다. 동양에서는 이럴 수가 없는 거예요. 처음에 원리를 탐구합니다. 해서 '나라고 할 것이 없다'는 제법무아를 깨달으면 그와 동시에 모든 중생에 대한 자비심이 일어난다는 겁니다. 그러니까 자비심을 그냥 친절하다, 착하다, 무조건 용서한다, 이런 개념으로 생각하시면 안 돼요. 그런 거에는 지혜가 없어요. 가족끼리 주고받는 사랑에 지혜가 있나요? 가까운 관계에서 주고받는 것은 자비가 아니에요. 감정적 집착을 바탕으로 하기 때문입니다. 그리고 나한테 잘해 주고 나한테 필요한 사람한테 잘해 주는 게 무슨 자비고 사랑이겠어요. 그건 일종의 교환관계라 할 수 있습니다.

그래서 적이나 원수한테 하는 게 사랑이고 자비라고 하는 겁니다. 왜 적이나 원수가 고마운 존재고 그래서 자비를 베풀어야 하는 걸까요. 나의 원수는 나에게 지혜와 자비를 훈련할 수 있는 기회를 주기 때문입니다. 적이야말로 가장 훌륭한 스승인 거죠. 이게 그냥 듣기 좋은 아포리즘이 아닌 것이, 실제로 나한테 친절한 사람은 나의 인내력을 키워 주지 않아요. 그런데 성숙하려면 당연히 인내가 필요하고요. 그래서 불교에서는 인욕(忍辱)이라고 욕됨을 견디는 힘을 이야기합니다. 자아가 없으니까 욕됨을 견딜 수 있어야 되잖아요. 우리가 욕됨을 못 참고 극단적 선택을 한다는 건 뭐죠? 자아의 훼손을 견디지 못하는 거예요. 그런데 무아를 깨닫게 되면 어떤 비난을 받아도 훼손될 자아가 없으니 상처를 받지 않는 겁니다. 인욕정진은 이 능력을 키우는 거예요.

부처님도 온갖 루머와 스캔들에 시달리는 일이 많았습니다.

특히 인도 최고의 미인들에게는 공공의 적이었습니다. 미인들의 무기는 미모인데, 그걸 전혀 인정해 주지 않았으니 모욕감을 느낀 겁니다. 붓다가 밤마다 여인과 동침을 한다, 붓다의 아이를 임신했다 등등, 별의별 루머가 돌았지만 붓다는 전혀 동요하지 않습니다. 제자들이 흥분할 때마다 7일 동안만 입 다물고 기다리라고 해요. 그런 모욕을 견디는 훈련을 하는 겁니다.

티베트가 중국의 식민지가 되면서 승려들이 굉장히 많은 고난을 겪었죠. 한 고승이 감옥에서 10년인가 갇혀 있다가 탈출을 했습니다. 히말라야를 넘어서 달라이라마한테 왔는데, 그때 나눈 대화가 참 감동적이에요. 달라이라마가 묻습니다. "감옥에서 두려웠느냐?"라고. 고승이 답합니다. "정말 두려웠습니다." 달라이라마가 뭐가 제일 두려웠냐고 물었더니, 그 승려가 이렇게 답합니다. "저를 고문하는 중국인들을 미워하게 될까 봐 두려웠습니다." 충격적이죠. 자기를 괴롭히는 사람을 미워하는 건 너무나 당연한데 그 미움이 일어나는 것을 스스로 점검할 수 있다는 것도 놀랍고 그게 일어날까 봐 두려웠다고 하다니, 인간의 마음작용이 어디까지 진화할 수 있는가를 되새기게 해줍니다. 자비란 바로 이런 것입니다. 부처님이 말씀하신 대로 진리에 대한 깨달음은 그 안이 무한한 자비로 가득 차기 때문에 나와 적, 사랑과 미움의 경계를 넘어설 수 있다는 것입니다. 이런 이원적 경계가 사라진다면 그게 곧 무아이자 자비심인 거죠.

이제 『숫타니파타』에서 '무소의 뿔처럼 혼자서 가라'만큼이나 유명한 부분을 읽어 보도록 하겠습니다. 지혜와 자비를 깨달았을 때 이렇게 기도합니다.

> 살아 있는 생명이면 어떤 것이나 동물이거나 식물이거나 남김없이. 길다랗거나 커다란 것이나, 중간 것이거나 짧은 것이거나, 미세하거나 거친 것이거나, 보이는 것이나 보이지 않는 것이나, 멀리 사는 것이나 가까이 사는 것이나, 이미 생겨난 것이나 생겨날 것이나. 모든 님들은 행복하여지이다. [⋯] 어머니가 하나뿐인 아들을 목숨 바쳐 구하듯, 이와 같이 모든 님들을 위하여 자애로운 한량없는 마음을 닦게 하여지이다. 그리하여 일체의 세계에 대하여 높은 곳으로 깊은 곳으로 넓은 곳으로 장애 없이, 원한 없이, 적의 없이 자애로운 한량없는 마음을 닦게 하여지이다. 서 있거나 가거나 앉아 있거나 누워 있거나 깨어 있는 한, 자애의 마음이 굳게 새겨지이다. 이것이야말로 참으로 청정한 삶이옵니다. 「자애의 경」

이 장면은 불교가 마음의 범주를 어디까지 상상하고 사유하는가를 보여 줍니다. 정말 마음은 한량이 없습니다. 그러니까 우리가 이걸 믿고 안 믿고를 떠나서 이런 식의 설정 자체에 경이로움을 느껴야 합니다. 우리는 이런 식으로 생각을 해본 적이 없거든요. 나에게 호의를 베푸는가 아닌가, 나의 친구인가 적인가, 나를 이롭게 하는가 아닌가를 계산하느라 정신이 없죠. 그 결과는 서로에 대한 극심한 불신뿐이죠. 그래서 마음은 더더욱 황폐해지고 각박해지고. 결과적으로 모두가 패배자가 되는 길을 열심히 걷고 있는 겁니다.

불교는 바로 그런 마음의 허무주의를 전복하고 있습니다. 인간은 물론이고 살아 있든 아니든 모든 존재에 대하여, 한량없이 자애의 마음을 가지고 대한다는 것. 그게 인간이 타고난 보편적 심성이라는 것입니다. 그 마음을 어떻게 써야 합니까? '어머니가 하나뿐인 아들을 구하듯이' 해야 합니다. 엄마가 외아들을 구할 때 이것저것 따지겠습니까? 그 즉시 온몸을 다 던지겠죠. 그런 자세로 중생을 구제해야 한다는 겁니다.

결국 지혜와 자비는 둘이 아니라는 겁니다. 지혜가 있어야 자비를 베풀 수 있고, 자비가 한량없이 이루어지려면 지혜 또한 그러해야 합니다. 진리가 무엇이냐 하면, '우주의 파동'이라고 할 수 있습니다. 파동도 멀리멀리 퍼지는 그런 파동이 있고, 그냥 소음 같은 파동이 있을 거 아니에요. 부처님의 이 진리는 그 파동만으로 사람을 구한다고 합니다. 그래서 관세음보살을 한 번 부르는 것만으로도 구원을 받을 수 있고, '나무아미타불'을 온 마음을 다해 단 한 번만 염송해도 아미타불이 바로 구해 준다고 하죠. 이게 바로 진리의 파동에 담긴 자비의 에너지인 것입니다.

# 집이 있는 곳에서 집이 없는 곳으로

그런 파동에 접속하려면 머무르면 안 됩니다. 몸도 마음도 흘러야 합니다. 그래서 집을 중심으로 살아가는 시대가 끝나고 있는 겁니다. 지금은 식구도 적잖아요. 가족이 있다고 해도 거의 한두 명 아닌가요? 그런데 왜 그렇게 큰 아파트에 연연할까요? 저는 독거노인이라 작은 빌라의 1.5룸에 살고 있는데, 정말 너무 쾌적하고 편안합니다. 집이라기보다 일종의 텐트 같은 느낌이 들어요. 제가 사랑한다는 말을 쓰는 유일한 대상입니다. 아침에 나올 때는 '잘 있어, 갔다 올게' 이렇게 대화를 해요. 만약 20평, 30평쯤 된다면 일단 청소가 너무 힘들 거 같아요. 그래서 물건들을 방치하다 보면 집이 아니라 쓰레기장이 되는 거죠. 이런 상태로 사는 분들이 의외로 많습니다. 그러면서 아파트 평수에 집착한다는 게 너무 어이없지 않습니까. 주거공간을 전혀 존중하지도 않으면서 오직 사이즈만 중시하다니 말이죠. 그게 바로 현대인들의 마음주소인 겁니다. 코로나는 그런 삶의 방식을 그만두라는 강력한 경고장입니다. 이제야말로 심플라이프가 문명의 비전이 되어야 해요. 그래서 먼저 주거공간부터 심플해져야 하는데, 그렇지 않으면 몸도 마음도 흘러가질 못하고 고여서 점점 혼탁해집니다. 고립과 단절로 가는 코스죠. 집이 있는 곳에서 집이 없는 곳으로! 이게 새로운 시대의 미션이자 비전임을 되새겨 보시기 바랍니다.

그다음으로 부처님의 오도송(悟道頌)을 살펴볼 텐데요. 이건 『숫타니파타』에 있는 글은 아닌데, 깨달음이 무엇인지를 생생하게 표현하고 있어서 한번 음미해 보겠습니다.

> 나는 모든 것을 이겼고 모든 것을 알았고 모든 것에 더럽혀지지 않았고 모든 것을 버렸다. 갈애가 다한 해탈을 얻었다. 스스로 깨달았으니 누구를 따르겠는가? 나에겐 스승이 없다. 천신을 포함하여 이 세상에 나와 같은 자는 없다. 어떤 자도 나와 동등하지 못하다. 나는 세상에서 완전한 자이므로 내가 최고의 스승이다. 나는 홀로 모든 것을 깨달아 적정한 경지에 이르렀고 열반을 얻었다. 『마하박가』 1, 56쪽

부처님이 싯다르타 왕자로 룸비니 동산에서 태어나셨을 때 했던 그 선언, "천상천하 유아독존 일체개고 아당안지"라는 그 예언이 비로소 구현된 것이죠. '인간이라는 존재는 그 자체로 존귀하다'라는 걸 완전히 알게 되었다는 겁니다. 그 어디에도 의존하지 않고 오직 스스로의 힘으로 깨달았기 때문에 스승이 없다고 하신 거죠. '스승이 필요없다', 이런 맥락이 아니라 본인이 가신 길은 이전에 그 누구도 가 보지 않은 길임을 강조하신 겁니다. 그야말로 무소의 뿔처럼 혼자서 가신 거죠.

그다음 스텝은 뭘까요? "법륜을 굴리기 위해 나는 카시로 간다. 어두운 이 세상에 불멸의 북을 울리기 위해"같은곳 그러니까 이 깨달음에 이른 다음에 할 일이 뭐예요? 중생들을 깨닫도록 이끄는 일을 하는 거죠. 생로병사의 괴로움과 윤회에서 어떻게 벗어날까를 고심하다가 출가를 하고 선정수행과 고행수행을 거쳐 마침내 모든 것에서 해방되는 자유에 이르렀다면, 이제 이 진리를 중생들에게 알려 주기 위해서 다시 세속을 향해 나아가는 거죠. 그래서 무려 270km인가를 걸어서 라자가하의 사슴동산으로 가서 다섯 명의 옛 동료들을 깨달음에 이르게 합니다. 그 다섯 명과 붓다를 포함해서 여섯 아라한이라고 부릅니다. 승가공동체가 시작된 거죠.

무소의 뿔처럼 혼자서 깨달았고, 다시 홀로 전법을 위해 길을 떠나잖아요. 그런데 가서 누구를 만납니까? 다섯 명의 도반을 만난 거죠. 이게 오늘 강의의 핵심입니다. 혼자서 가라고 하니까 사람들이 자꾸 오해를 하는 게, 불교를 고독한 은둔의 사상이라고 간주합니다. 좀 이상하지 않습니까? 그럼 부처님은 왜 무려 270km나 행군을 하신 걸까요? 그리고 소승이든 대승이든 그어떤 종파든 불교도라면 깨달음과 중생구제는 분리될 수가 없습니다. 지혜와 자비가 하나인 것처럼요. 그런데 어떻게 불교가 고독한 은둔의 사상이겠어요. 그러니까 '혼자서 가라'의 핵심은 그 어디에도 의존하지 않고, 이 세상도 저 세상도, 어떤 관습, 어떤 제도에도 의존하지 않는 오직 나의 두 발로 홀로서기를 하라는 의미인 겁니다. 왜? 모든 존재는 불성이 있고, 그 불성이 깨어나면 다 붓다를 이루는 법이니까요. 먼저 깨달은 이는 아직 깨닫지 못해 '무명의 고'를 겪고 있는 다른 이들에게 그걸 일깨워 주는 것이고요.

이렇게 해서 다섯 아라한을 깨닫게 했어요. 그 뒤로도 또 많은 제자들이 방래하여 1250명이 되었는데, 이때 제자들에게 다 각 지역으로 흩어지라고 합니다. 둘이 가지 말고 혼자서 가라고 합니다. 이때 '혼자서 가라'도 '고독하게 가라'가 아니에요. 둘이 가면 활동영역이 겹치는 겁니다. 그러니까 따로 가야 더 넓은 지역에 법을 전할 수 있는 거죠. 그래서 부처님 자신도 '나는 다시 우루벨라로 가겠다'고 선언하십니다. 제자들과 마찬가지로 이제 우루벨라에 가서 또 중생을 구제하겠다는 겁니다. 그래서 '혼자서 가라'예요.

어디에도 의존하지 않고 나아갈 때 누구를 만납니까? 벗을 만나죠. 함께 길을 가는 길벗. 그러면 그 벗과 함께 또 길을 떠나는 겁니다. "만일 어질고 단호한 동반자, 성숙한 벗을 얻는다면 어떠한 난관들도 극복하리니, 기쁘게 새김을 확립하여 그와 함께 가라."「무소의 뿔의 경」 그리고 이미 승가공동체 자체가 벗들과 함께 가는 길이잖아요. 서로 다른 곳에서 전법을 하더라도 이들의 마음은 다 연결되어 있습니다. 조금도 외롭지 않죠. 그럼 이런 질문이 나올 수 있어요. "어질고 단호한 동료 수행자, 현명하고 성숙한 벗을 얻지 못한다면" 어떻게 해야 합니까? 간단합니다. "왕이 정복한 나라를 버리고 가듯 무소의 뿔처럼 혼자서 가라."「무소의 뿔의 경」 참 단호하죠. 하지만 너무 당연한 겁니다. 중요한 건 길을 가는 것이지 벗들과의 교유가 아니거든요. 길벗의 참다운 의미는 '함께 길을 간다'에 있는 겁니다. 한데, 대개의 경우 교유는 길을 나서는 데 있지 않고 소유와 쾌락을 증식하는 데 있습니다. 그러니 그런 벗들이라면 단호히 버리고 가야 하는 거죠.

남산강학원의 청년 중에 한 명이 이런 질문을 하더라고요. 그런 성숙하지 않은 친구들도 중생인데 구해야 되지 않겠냐고. 참 마음이 따뜻하죠. 하지만 물에 빠진 친구를 구하려면 수영을 잘해야 하지 않겠습니까. 수영을 못하는데 뛰어들면 같이 죽는 거죠. 게다가 삿된 길을 가는 벗들을 만나면 수행에 크나큰 장애가 됩니다. 그럴 때는 단호하게 결별을 하는 게 맞습니다. 수행자가 아니면서 수행자인 체하는 이들은 "쌀겨처럼 키질하여 쓰레기처럼 날려 버려라".「정의로운 삶의 경」

와우~ 부처님이 이렇게 과격한 표현을 하시다니. 대반전이죠. '쓰레기'는 요즘 시대의 비하발언인 줄 알았는데, 달라이라마도 '쓰레기'라는 표현을 종종 쓰시더라고요. 티베트어로는 우리말처럼 그렇게 비하하는 말은 아닌데, 아무튼 직역을 하면 쓰레기에 해당하는 말이라고 합니다. 붓다건 달라이라마건 공부하지 않는 수행자는 쓰레기 같은 존재입니다. 이런 단호함, 참 멋지지 않나요? 또 이렇게 덧붙입니다. "우리는 참으로 친구를 얻은 행복을 기린다. 훌륭하거나 비슷한 친구를 사귀되 이런 벗을 만나지 못하면 허물 없음을 즐기며 무소의 뿔처럼 혼자서 가라."『무소의 뿔의 경』

그러니까 『논어』에도 자기보다 나은 사람을 친구하라고 하는데, 그러면 아무도 나와 친구가 되어 주지 않는다는 것이 문제죠. 그래서 좋은 친구를 만나려면 일단 내가 좋은 친구가 되어야 합니다. 그렇게 하지 않으면서 '내 주위엔 좋은 친구가 없어' '인생은 원래 고독한 거야' 이렇게 말하는 건 부질없는 착각 아니면 오만에 불과합니다. 그 말은 자신이 누구한테도 좋은 벗이 아니었음을 증언하는 꼴이거든요. 그런 한탄을 하기 전에 자신이 누군가를 진심으로 알아 준 적이 있는지를 먼저 질문해 보시면 좋겠습니다.

그런 점에서 『숫타니파타』는 벗에 대한 최고의 윤리적 에세이라는 생각이 드는데요. "널리 배워 가르침을 새길 줄 아는 고매하고 현명한 친구와 사귀고 유익한 길을 분명히 알아 의혹을 제거하여 무소의 뿔처럼 혼자서 가라."『무소의 뿔의 경』 그러니까 '무소의 뿔처럼 혼자서 가라'는 결국 '좋은 벗과 함께 가라'는 뜻인 겁니다. 그런데 좋은 벗을 만나려면 길을 나서야 되겠죠. 집에 있으면 친구를 만날 수 없으니까요.

길에 나선다는 것은 혈연과 애정관계를 떠나는 일입니다. 애정은 어떻게든 애착을 전제로 하죠. 남녀가 사랑한다고 하면 거기에는 엄청난 집착이 전제됩니다. 집착이 없이 연애가 유지되는 건 고도의 훈련과 상호존중을 해야만 가능한 거고, 대부분은 다 거기 휩쓸려 가서 서로를 괴롭히는 일을 하게 되거든요. 요즘은 그게 훨씬 더 심해진 거 같습니다. 가정폭력, 데이트폭력이 난무하고 있잖아요. 그러니까 둘만의 애착 속에 있는 건 너무나 위험한 거예요. 예전에는 두 남녀의 결혼에 온갖 인간관계가 다 개입을 해서 그게 참 괴로웠는데, 달리 보면 그렇게 많은 사람들의 시선 안에 있었기 때문에 둘 사이의 감정적 충돌을 조율할 수 있는 가능성도 많았어요.

　하지만 요즘은 반대로 연애든 결혼이든 주변에서 개입할 여지가 거의 없거나 현저하게 줄어들었는데도 왜 이렇게 폭력이 난무하는 걸까요. 제 생각엔 둘밖에 없어서 그런 거 같습니다. 혈연이나 친인척 관계가 줄어든 것은 바람직한데, 다른 종류의 소통도 다 막혀 버린 거죠. 공부건 연애건 그 무엇이건 수많은 사람들이 서로를 지켜보는 공공의 장이 있어야 합니다. '열 사람의 눈과 열 사람의 손가락이 가리키는 곳에서 공부하라'라는 말이 있거든요. 그래야 나의 삿된 감정의 쳇바퀴에서 벗어날 수 있습니다. 연애를 잘하려면 수많은 관계가 오버랩되어 있어야 돼요. 물론 성숙하고 현명한 벗들이 있어야겠죠. 그러면 둘만의 감정이 충돌할 때 그걸 조율하는 중재자 역할을 해주는 거죠. 하지만 요즘은 연애와 동시에 모든 친구관계는 끊어 버리더라구요.

연애건 결혼이건 오직 애착관계 안에서만 사람을 만나는 것, 정말 위험합니다. 그렇게 하면 성숙하고 현명해질 방법이 없어요. 그래서 사람은 누구나 길을 떠나야 합니다. 혈연 아니면 애착, 소유 아니면 쾌락이 지배하는 집을 벗어나야 비로소 나를 성숙시켜 줄 친구를 만날 수 있는 겁니다. 좋은 벗의 기준은 간단해요. 친구면서 스승이어야 하고 스승이면서 친구여야 하고, '우정'과 '배움'을 나눌 수 있어야 합니다. 그럴 때 나는 두려움 없이, 걸림 없이, 오염되지 않고, 두 발로 당당하게 홀로 갈 수 있다는 겁니다.


## 청년 붓다와 21세기 비전


'무소의 뿔처럼 혼자서 가라'가 첫번째 강의의 화두였는데, 마지막 강의의 핵심은 '좋은 벗과 함께 가라'입니다. 출발은 '무소의 뿔처럼 혼자서 가라', 마무리는 '좋은 벗과 함께 가라'. 뭔가 대칭을 이루면서도 반전의 매력이 있지 않습니까?^^

『숫타니파타』는 초기경전 중에서도 초기에 속하는 경전이라는 말씀을 드렸는데요. 부처님이 육성으로 남긴 경전이 빨리어로 기록되어 있는데, 부처님이 무려 45년 동안 북인도 전역을 종 횡무진하시면서 수많은 이야기를 하셨기 때문에 경전마다 겹치는 부분이 많습니다. 그래서 경전의 연대를 특정하기가 힘들다고 하는데, 『숫타니파타』만 연대를 특정할 수 있다고 합니다. 저는 그래서 이 경전이 참 매력적이었어요. 청년 붓다의 목소리를 들을 수 있다는 점에서 그렇습니다. 특히 이번 강의에서 붓다가 청년이라는 걸 강조하고 싶었습니다. 우리 시대 청년들에게 부처님이 깨닫고 많은 사람을 구제한 나이가 청년기였다는 사실, 그걸 꼭 환기시켜 주고 싶었습니다. 그러니까 삶을 고귀하게 하는 일, 지혜와 자비는 나이 먹은 다음으로 미뤄서 될 일이 아니고, '이번 생이 망했다'며 다음 생으로 미룰 일도 아닌 거죠.

또 하나 제가 불교를 공부하면서 티베트불교에 큰 감명을 받고 있는데요. 부처님은 크샤트리아였고 청춘이 누릴 수 있는 최고의 향락을 다 누리셨지, 나라가 망했다든가 모함을 받았다든가 난치병을 앓았다든가 그런 고난을 직접 겪으신 건 아니거든요. 그런데 티베트는 1950년 중국의 침략을 받은 이후 정말 온 나라가 지금까지 수난을 겪고 있잖아요. 달라이라마가 인도로 망명을 한 것이 24살 때였거든요. 그렇게 다람살라로 가서 60년 동안 그곳에서 난민을 이끌면서 세계적인 영적 지도자가 된 겁니다. 저는 이분의 삶 자체가 붓다의 가르침을 증명해 준다는 생각이 들어요. 인간의 마음이 얼마나 무한한가, 지혜와 자비의 힘이 얼마나 위대한가를 리얼하게 보여 주니까요. 그리고 또 얼마나 신비롭습니까. 달라이라마라는 존재가 무려 14대 동안 환생을 했다는 사실이. 이런 스토리는 '매직 리얼리즘'에 해당한 법한 건데, 티베트 사람들에게는 그게 백 퍼센트 '리얼'이에요.

그래서 제가 이전의 달라이라마들의 삶이 궁금해서 살펴봤는데, 지금 달라이라마는 앞의 달라이라마에 비해 굉장히 평범하신 분인 거예요. 물론 전 세계에 끼친 영향력은 가장 크지만 이전의 달라이라마들이 보여 준 신비로운 행적에 비하면 그렇다는 겁니다. 아무튼 티베트불교 덕분에 생사에 대한 많은 의문들이 풀려 가고 있는 중입니다.

그런데 여기서도 핵심은 청년이라는 거예요. 15살에(1950), 티베트민족이 최대의 위기에 처했을 때 통치권자가 되고, 24살이 되던 해(1959) 라싸를 탈출해서 인도에 망명정부를 세웁니다. 15살, 24살, 우리한테는 참 앳된 나이인데, 알고 보면 그 나이만으로 충분하다는 거죠. 영적 지도자와 통치자가 되기 딱 좋은 나이!^^ 뭔가 우리의 고정관념을 완전히 깨는 느낌이 들지 않습니까. 그리고 그게 머나먼 고대의 전설이 아니라 바로 우리와 동시대의 이야기라는 겁니다.

제가 『동의보감』을 가지고 '몸과 인문학'을 탐구하게 된 건, 현대인들이 너무 몸을 돌보지 않는 것이 안타까워서였는데, 불교에 입문하게 된 건 청년들 때문이었어요. 우리나라 청년들에게 도대체 어떤 비전이 있어야 청년들의 마음을 바꿀 수 있을까를 고민한 거죠. 다른 건 아무것도 효과가 없어요. 그러다 붓다의 전기를 읽고 나서 머리가 확 맑아졌어요. 부처님이 청년이었다는 사실, 29살에 출가하고 35살에 도를 깨우쳤다는 것을 보고, 와, 붓다가 청년이었네, 불교는 청년의 사상이었구나, 그래서 우리 시대 청년들에게 꼭 그걸 알려 주고 싶었습니다. 청년은 무기력과 불안의 시기가 아니라 진리에 대한 파토스가 흘러넘치는 시기라는 것. 그래서 저의 다음 작업은 '청년 붓다'입니다.

달라이라마와 티베트불교, 그리고 유목제국사에 대한 이야기는 작년부터 남산강학원에서 '행설수설'이라는 제목으로 강의를 하고 있는데, 그것도 언젠가는 꼭 글쓰기로 시도해 볼 예정입니다. 청년이라는 화두가 저로 하여금 붓다를 거쳐 티베트불교로, 다시 몽골제국사를 거쳐 중앙아시아로 이끌어 준 셈입니다. 그런 점에서 청년은 저에게 참 좋은 길벗입니다. 길 위에 나서면 이렇게 좋은 벗들을 만날 수 있어요. 여러분에게도 그런 행운이 깃들기를 바랍니다. 이상으로 강의를 모두 마치겠습니다. 감사합니다.